EBS

인터넷·모바일·TV
무료 강의 제공

초 | 등 | 부 | 터 EBS

예습, 복습, 숙제까지 해결되는

교과서 완전 학습서

만점왕

BOOK 1
개념책

사회 4-1

BOOK 1

개념책

BOOK 1 개념책으로
교과서에 담긴 **학습 개념**을
꼼꼼하게 공부하세요!

⬇ 해설책은 EBS 초등사이트(primary.ebs.co.kr)에서 다운로드 받으실 수 있습니다.

교재 내용 문의 교재 내용 문의는 EBS 초등사이트 (primary.ebs.co.kr)의 교재 Q&A 서비스를 활용하시기 바랍니다.

교재 정오표 공지 발행 이후 발견된 정오 사항을 EBS 초등사이트 정오표 코너에서 알려 드립니다. 교재 검색 ▶ 교재 선택 ▶ 정오표

교재 정정 신청 공지된 정오 내용 외에 발견된 정오 사항이 있다면 EBS 초등사이트를 통해 알려 주세요. 교재 검색 ▶ 교재 선택 ▶ 교재 Q&A

BOOK 1
개념책
만점왕
사회
4-1

이 책의 구성과 특징

1 | 단원 도입

단원을 시작할 때마다 도입 그림을 눈으로 확인하며 안내 글을 읽으면, 공부할 내용에 대해 흥미를 갖게 됩니다.

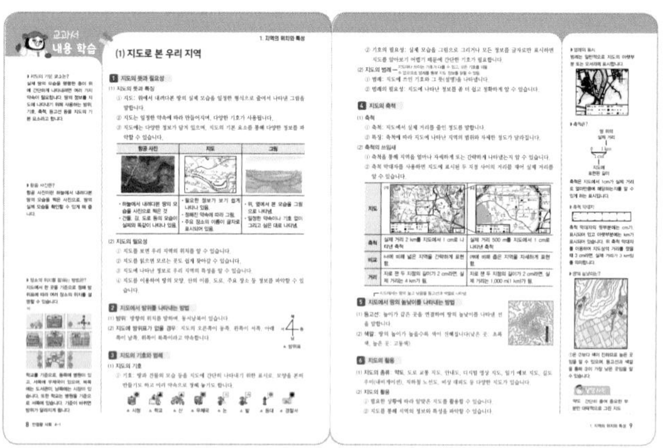

2 | 교과서 내용 학습

본격적인 학습을 시작하는 단계입니다. 자세한 개념 설명과 그림을 통해 핵심 개념을 분명하게 파악할 수 있습니다.

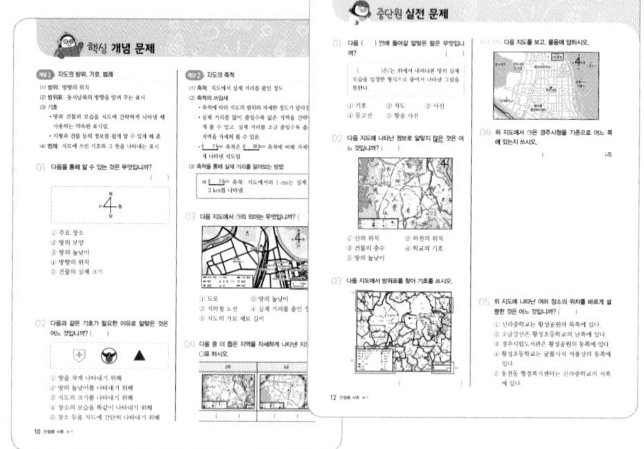

3 | 핵심 개념 + 실전 문제

[핵심 개념 문제 / 중단원 실전 문제]

개념별 문제, 실전 문제를 통해 교과서에 실린 내용을 하나하나 꼼꼼하게 살펴보며 빈틈없이 학습할 수 있습니다.

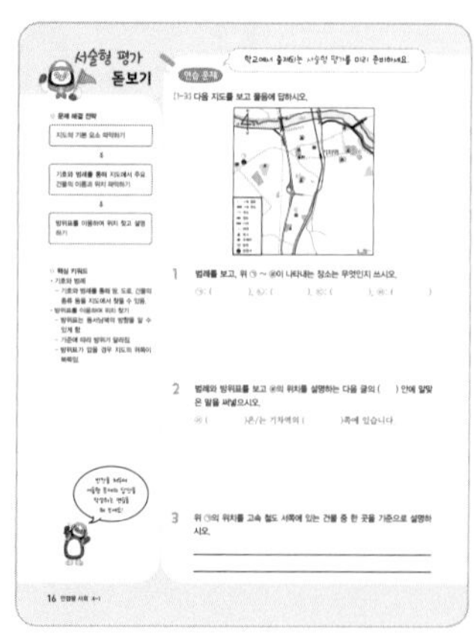

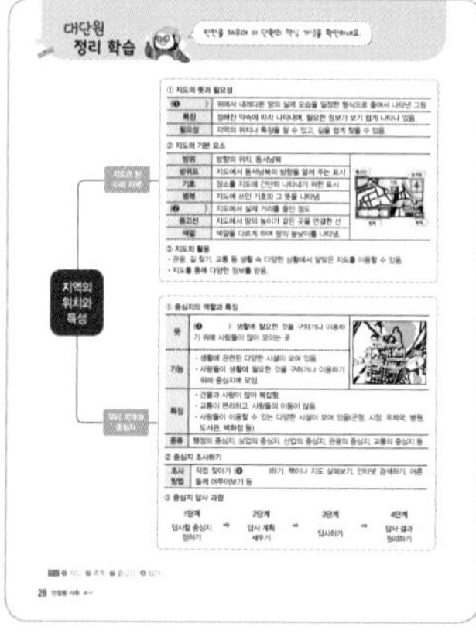

4 | 서술형 평가 돋보기

단원의 주요 개념과 관련된 서술형 문항을 심층적으로 학습하는 단계로, 강화될 서술형 평가에 대비할 수 있습니다.

5 | 대단원 정리 학습

학습한 내용을 정리하는 단계입니다. 학습 내용을 보다 명확하게 정리할 수 있습니다.

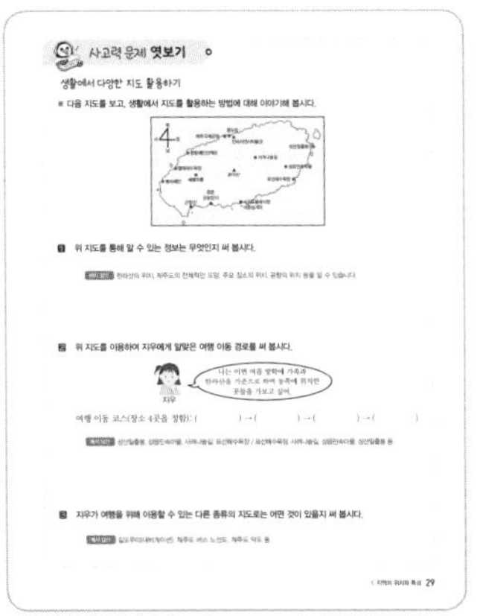

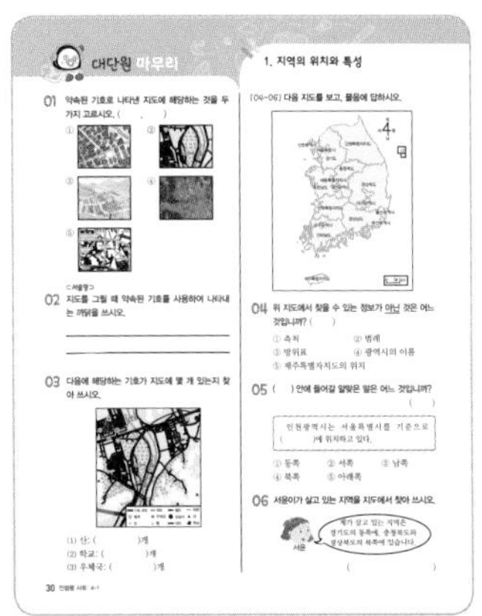

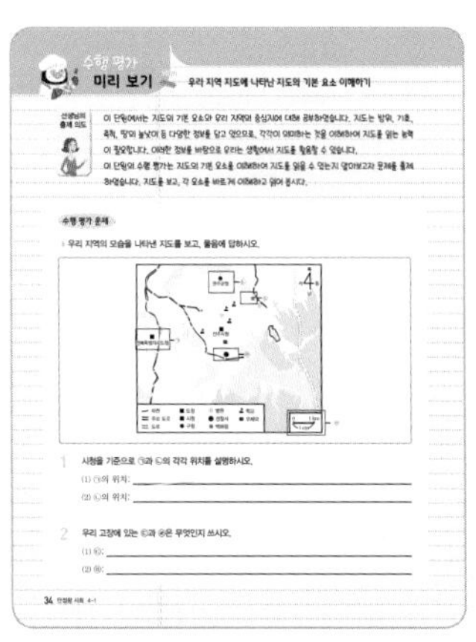

6 | 사고력 문제 엿보기

다양한 자료를 창의적인 활동을 하면서 생각하는 힘을 기를 수 있습니다.

7 | 대단원 마무리

평가를 통해 단원 학습을 마무리하고, 자신이 보완해야 할 점을 파악할 수 있습니다.

8 | 수행 평가 미리 보기

학생들이 고민하는 수행 평가를 대단원별로 구성하였습니다. 선생님께서 직접 출제하신 문제를 통해 수행 평가를 꼼꼼히 준비할 수 있습니다.

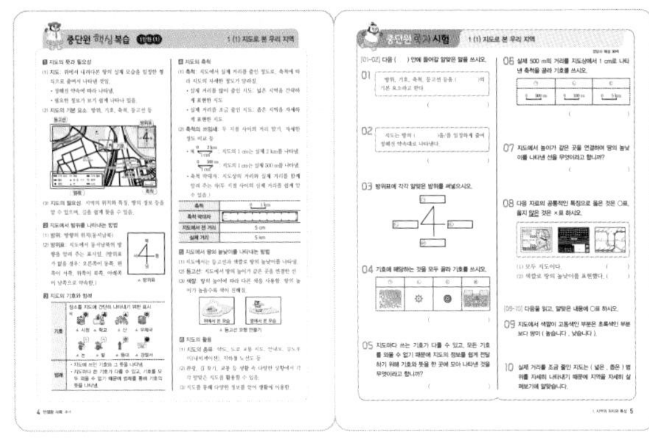

1 | 핵심 복습 + 쪽지 시험

핵심 정리를 통해 학습한 내용을 복습하고, 간단한 쪽지 시험을 통해 자신의 학습 상태를 확인할 수 있습니다.

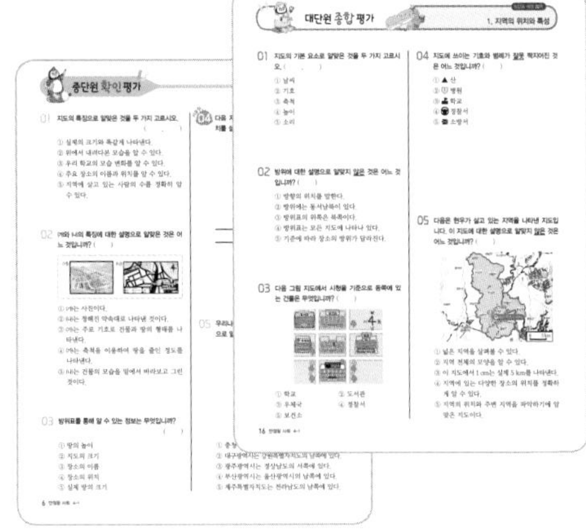

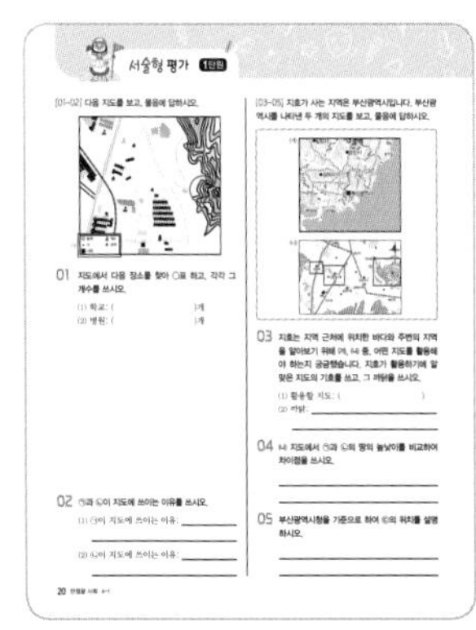

2 | 중단원 + 대단원 평가

[중단원 확인 평가 / 대단원 종합 평가]

앞서 학습한 내용을 바탕으로 보다 다양한 문제를 경험하여 단원별 평가를 대비할 수 있습니다.

3 | 서술형 평가

단원의 주요 개념과 관련된 서술형 문항을 심층적으로 학습하는 단계로, 강화될 서술형 평가에 대비할 수 있습니다.

자기주도 활용 방법

BOOK 1 개념책

평상 시 진도 공부는

교재(북1 개념책)로 공부하기

만점왕 북1 개념책으로 진도에 따라 공부해 보세요.
개념책에는 학습 개념이 자세히 설명되어 있어요.
따라서 학교 진도에 맞춰 만점왕을 풀어 보면
혼자서도 쉽게 공부할 수 있습니다.

TV(인터넷) 강의로 공부하기

개념책으로 혼자 공부했는데, 잘 모르는 부분이 있나요?
더 알고 싶은 부분도 있다고요?
만점왕 강의가 있으니 걱정 마세요.
만점왕 강의는 TV를 통해 방송됩니다.
방송 강의를 보지 못했거나 다시 듣고 싶은 부분이 있다면
인터넷(EBS 초등 사이트)을 이용하면 됩니다.

만점왕 방송 시간: EBS홈페이지 편성표 참조
EBS 초등 사이트: http://primary.ebs.co.kr

시험 대비 공부는 북2 실전책으로! (북2 2쪽 자기주도 활용 방법을 읽어 보세요.)

이 책의 **차례**

CONTENTS

BOOK 1 개념책

1 단원

지역의 위치와 특성

그림 속 친구들이 다양한 지도를 이용하며 길을 찾아가고 있어요. 여러분은 지도를 이용해 본 적이 있나요? 지도 안에는 어떤 정보가 담겨 있을까요? 지도에는 방위, 기호, 범례, 축척, 등고선 등 다양한 정보가 나타나 있습니다. 이러한 지도의 정보를 통해 우리는 지역의 위치와 특징을 알 수 있지요. 이번 단원에서는 지도의 기본 요소를 이해하고, 실제 생활에 지도를 활용하는 방법에 대해 알아볼 거예요. 또한 우리 지역 중심지의 위치, 기능 등을 살펴보고, 우리 지역의 중심지를 직접 조사하는 활동을 해 봅시다.

단원 학습 목표

1. 지도의 기본 요소를 알고 지도에 나타난 정보를 실제 생활에 활용할 수 있습니다.
2. 중심지의 위치, 기능, 특징을 알고, 우리 지역의 중심지를 조사할 수 있습니다.

단원 진도 체크

회차	학습 내용		진도 체크
1차	(1) 지도로 본 우리 지역	교과서 내용 학습 + 핵심 개념 문제	✓
2차		중단원 실전 문제 + 서술형 평가 돋보기	✓
3차	(2) 우리 지역의 중심지	교과서 내용 학습 + 핵심 개념 문제	✓
4차		중단원 실전 문제 + 서술형 평가 돋보기	✓
5차	대단원 정리 학습, 사고력 문제 엿보기, 대단원 마무리, 수행 평가 미리 보기		✓

해당 부분을 공부한 후 ✓표를 하세요.

○○군청
버스
터미널
○○ 백화점
30%
○○군청
○○군청
○○군청
버스
터미널
백화점
○○군청
버스
터미널
백화점
○○군청
버스
터미널

(1) 지도로 본 우리 지역

▶ **지도의 기본 요소는?**
실제 땅의 모습을 평평한 종이 위에 간단하게 나타내려면 여러 가지 약속이 필요합니다. 땅의 정보를 지도에 나타내기 위해 사용하는 방위, 기호, 축척, 등고선 등을 지도의 기본 요소라고 합니다.

1 지도의 뜻과 필요성

(1) 지도의 뜻과 특징

① 지도: 위에서 내려다본 땅의 실제 모습을 일정한 형식으로 줄여서 나타낸 그림을 말합니다.

② 지도는 일정한 약속에 따라 만들어지며, 다양한 기호가 사용됩니다.

③ 지도에는 다양한 정보가 담겨 있으며, 지도의 기본 요소를 통해 다양한 정보를 파악할 수 있습니다.

항공 사진	지도	그림
• 하늘에서 내려다본 땅의 모습을 사진으로 찍은 것 • 건물, 강, 도로 등의 모습이 실제와 똑같이 나타나 있음.	• 필요한 정보가 보기 쉽게 나타나 있음. • 정해진 약속에 따라 그림. • 주요 장소의 이름이 글자로 표시되어 있음.	• 위, 옆에서 본 모습을 그림으로 나타냄. • 일정한 약속이나 기호 없이 그리고 싶은 대로 나타냄.

▶ **항공 사진은?**
항공 사진이란 하늘에서 내려다본 땅의 모습을 찍은 사진으로, 땅의 실제 모습을 확인할 수 있게 해 줍니다.

(2) 지도의 필요성

① 지도를 보면 우리 지역의 위치를 알 수 있습니다.

② 지도를 읽으면 모르는 곳도 쉽게 찾아갈 수 있습니다.

③ 지도에 나타난 정보로 우리 지역의 특성을 알 수 있습니다.

④ 지도를 이용하여 땅의 모양, 산의 이름, 도로, 주요 장소 등 정보를 파악할 수 있습니다.

▶ **장소의 위치를 말하는 방법은?**
지도에서 한 곳을 기준으로 정해 방위표에 따라 여러 장소의 위치를 설명할 수 있습니다.
예

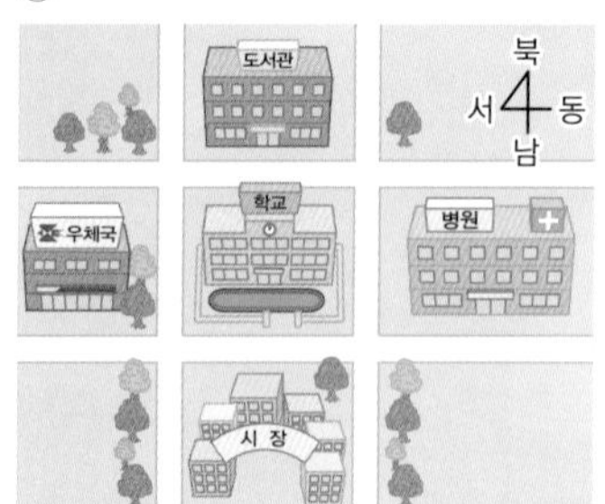

학교를 기준으로, 동쪽에 병원이 있고, 서쪽에 우체국이 있으며, 북쪽에는 도서관이, 남쪽에는 시장이 있습니다. 또한 학교는 병원을 기준으로 서쪽에 있습니다. 기준이 바뀌면 방위가 달라지게 됩니다.

2 지도에서 방위를 나타내는 방법

(1) **방위**: 방향의 위치를 말하며, 동서남북이 있습니다.

(2) **지도에 방위표가 없을 경우**: 지도의 오른쪽이 동쪽, 왼쪽이 서쪽, 아래쪽이 남쪽, 위쪽이 북쪽이라고 약속합니다.

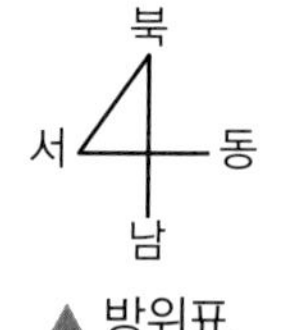

▲ 방위표

3 지도의 기호와 범례

(1) 지도의 기호

① 기호: 땅과 건물의 모습 등을 지도에 간단히 나타내기 위한 표시로, 모양을 본떠 만들기도 하고 미리 약속으로 정해 놓기도 합니다.

▲ 시청

▲ 학교

▲ 산

▲ 우체국

▲ 논

▲ 밭

▲ 등대

▲ 경찰서

② 기호의 필요성: 실제 모습을 그림으로 그리거나 모든 정보를 글자로만 표시하면 지도를 알아보기 어렵기 때문에 간단한 기호가 필요합니다.

(2) 지도의 범례 — 지도마다 쓰이는 기호가 다를 수 있고, 모든 기호를 외울 수 없으므로 범례를 통해 지도 정보를 읽을 수 있음.

① 범례: 지도에 쓰인 기호와 그 뜻(설명)을 나타냅니다.

② 범례의 필요성: 지도에 나타난 정보를 좀 더 쉽고 정확하게 알 수 있습니다.

4 지도의 축척

(1) 축척

① 축척: 지도에서 실제 거리를 줄인 정도를 말합니다.

② 특징: 축척에 따라 지도에 나타난 지역의 범위와 자세한 정도가 달라집니다.

(2) 축척의 쓰임새

① 축척을 통해 지역을 얼마나 자세하게 또는 간략하게 나타냈는지 알 수 있습니다.

② 축척 막대자를 사용하면 지도에 표시된 두 지점 사이의 거리를 재어 실제 거리를 알 수 있습니다.

	(가)	(나)
지도	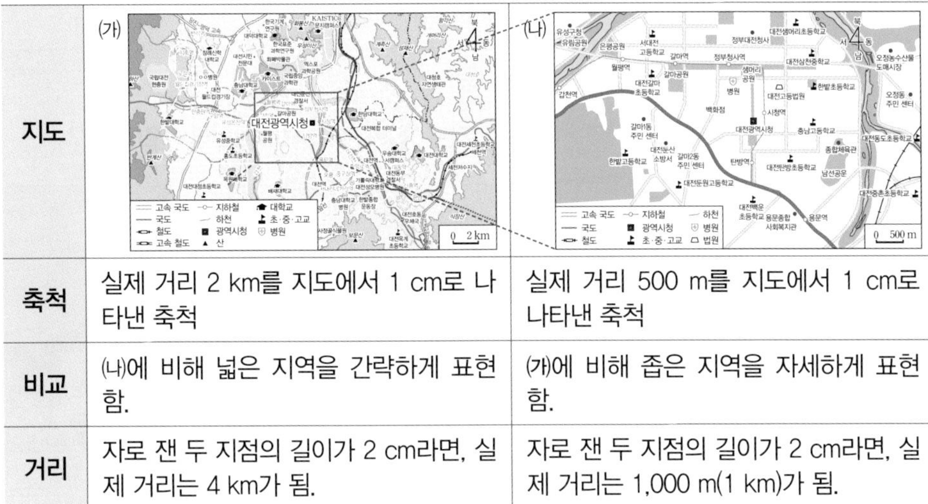	
축척	실제 거리 2 km를 지도에서 1 cm로 나타낸 축척	실제 거리 500 m를 지도에서 1 cm로 나타낸 축척
비교	(나)에 비해 넓은 지역을 간략하게 표현함.	(가)에 비해 좁은 지역을 자세하게 표현함.
거리	자로 잰 두 지점의 길이가 2 cm라면, 실제 거리는 4 km가 됨.	자로 잰 두 지점의 길이가 2 cm라면, 실제 거리는 1,000 m(1 km)가 됨.

지도에서는 땅의 높고 낮음을 등고선과 색깔로 나타냄.

5 지도에서 땅의 높낮이를 나타내는 방법

(1) 등고선: 높이가 같은 곳을 연결하여 땅의 높낮이를 나타낸 선을 말합니다.

(2) 색깔: 땅의 높이가 높을수록 색이 진해집니다(낮은 곳: 초록색, 높은 곳: 고동색).

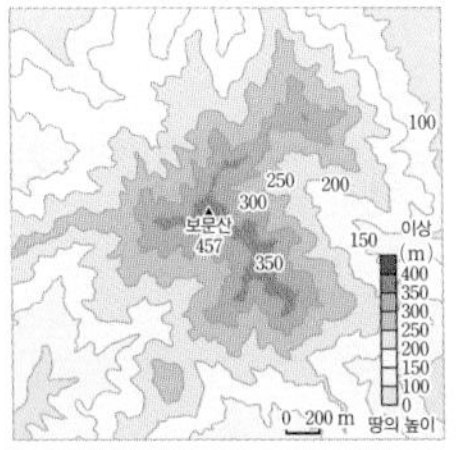

6 지도의 활용

(1) 지도의 종류: **약도**, 도로 교통 지도, 안내도, 디지털 영상 지도, 일기 예보 지도, 길도우미(내비게이션), 지하철 노선도, 비상 대피도 등 다양한 지도가 있습니다.

(2) 지도의 활용

① 필요한 상황에 따라 알맞은 지도를 활용할 수 있습니다.

② 지도를 통해 지역의 정보와 특성을 파악할 수 있습니다.

범례의 표시

범례는 일반적으로 지도의 아랫부분 또는 모서리에 표시합니다.

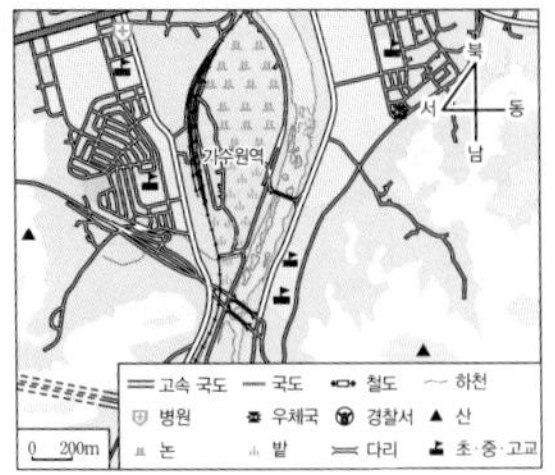

축척은?

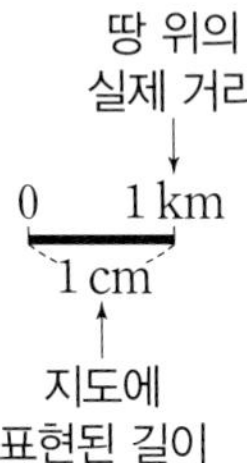

축척은 지도에서 1cm가 실제 거리로 얼마만큼에 해당하는지를 알 수 있게 하는 표시입니다.

축척 막대자

축척 막대자의 윗부분에는 cm가, 표시되어 있고 아랫부분에는 km가 표시되어 있습니다. 위 축척 막대자를 이용하여 지도상의 거리를 잿을 때 3 cm라면, 실제 거리가 3 km임를 의미합니다.

땅의 높낮이는?

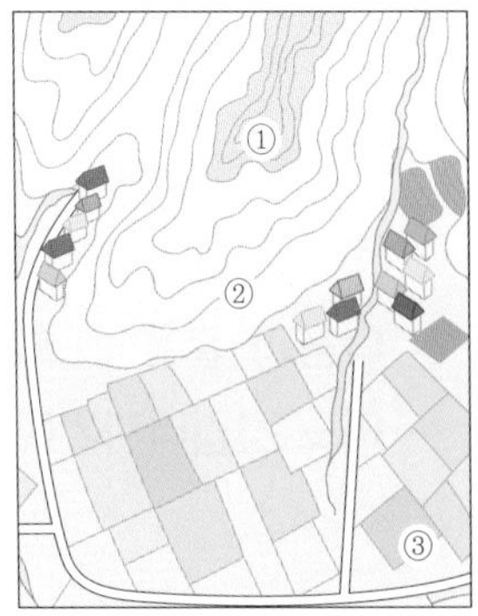

①은 ②보다 색이 진하므로 높은 곳임을 알 수 있으며, 등고선과 색깔을 통해 ③이 가장 낮은 곳임을 알 수 있습니다.

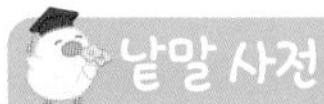

약도 간단히 줄여 중요한 부분만 대략적으로 그린 지도

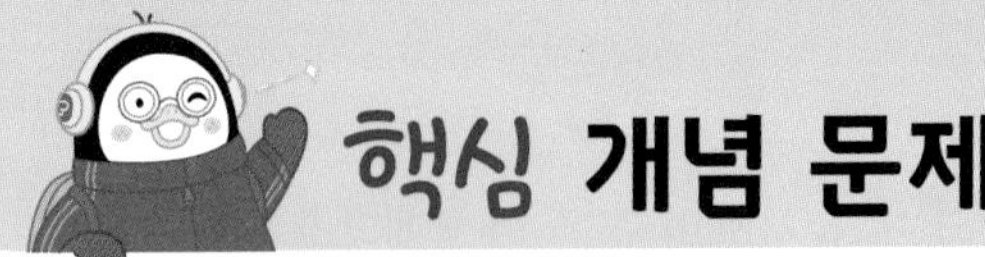

핵심 개념 문제

개념 1 지도의 방위, 기호, 범례

(1) 방위: 방향의 위치

(2) 방위표: 동서남북의 방향을 알려 주는 표시

(3) 기호

- 땅과 건물의 모습을 지도에 간략하게 나타낼 때 사용하는 약속된 표시임.
- 지형과 건물 등의 정보를 쉽게 알 수 있게 해 줌.

(4) 범례: 지도에 쓰인 기호와 그 뜻을 나타내는 표시

01 다음을 통해 알 수 있는 것은 무엇입니까? (　　)

① 주요 장소
② 땅의 모양
③ 땅의 높낮이
④ 방향의 위치
⑤ 건물의 실제 크기

02 다음과 같은 기호가 필요한 이유로 알맞은 것은 어느 것입니까? (　　)

① 땅을 작게 나타내기 위해
② 땅의 높낮이를 나타내기 위해
③ 지도의 크기를 나타내기 위해
④ 장소의 모습을 똑같이 나타내기 위해
⑤ 장소 등을 지도에 간단히 나타내기 위해

개념 2 지도의 축척

(1) 축척: 지도에서 실제 거리를 줄인 정도

(2) 축척의 쓰임새

- 축척에 따라 지도의 범위와 자세한 정도가 달라짐.
- 실제 거리를 많이 줄일수록 넓은 지역을 간략하게 볼 수 있고, 실제 거리를 조금 줄일수록 좁은 지역을 자세히 볼 수 있음.
- 0 2 km 축척은 0 20 km 축척에 비해 자세하게 나타낸 지도임.

(3) 축척을 통해 실제 거리를 알아보는 방법

> 예 0 2 km 축척: 지도에서의 1 cm는 실제 2 km를 나타냄.

03 다음 지도에서 ㉠의 의미는 무엇입니까? (　　)

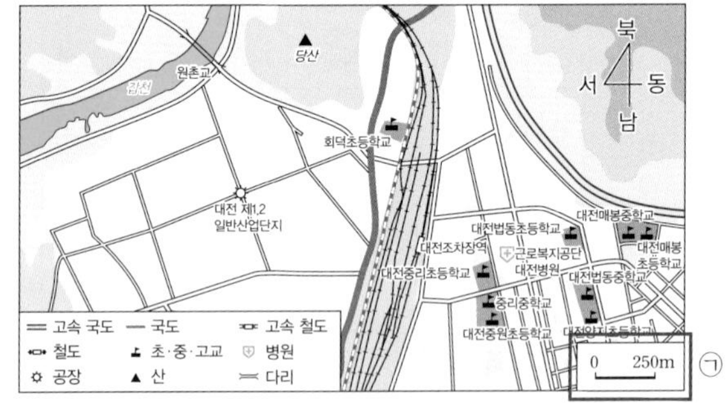

① 도로　　② 땅의 높낮이
③ 지하철 노선　　④ 실제 거리를 줄인 정도
⑤ 지도의 가로 세로 길이

04 다음 중 더 좁은 지역을 자세하게 나타낸 지도에 ○표 하시오.

(가)	(나)
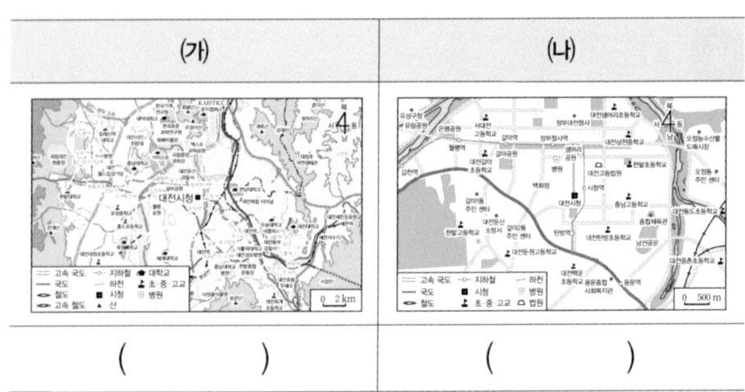	
(　　)	(　　)

개념 3 지도에서 땅의 높낮이를 나타내는 방법

(1) 지도는 등고선과 색깔로 땅의 높낮이를 나타냄.
(2) **등고선**: 지도에서 높이가 같은 곳을 연결하여 땅의 높낮이를 나타낸 선
(3) **색깔**: 땅의 높이가 높을수록 색이 진해짐.

(낮은 곳) 초록색 → 노란색 → 갈색 → 고동색 (높은 곳)

05 다음 (　　) 안에 들어갈 알맞은 말을 쓰시오.

지도에서는 등고선과 색깔로 땅의 (　　　　) 을/를 나타낼 수 있다.

(　　　　　　　　)

06 다음 지도에서 땅의 높이가 가장 높은 곳을 찾아 번호를 쓰시오.

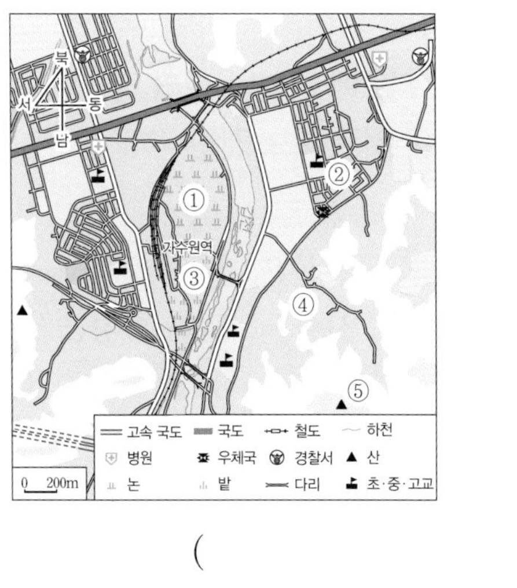

(　　　　　　　　)

개념 4 지도의 활용

(1) 생활 속에서 상황에 따라 다양한 지도를 활용함.
예 약도, 길도우미(내비게이션), 안내도, 지하철 노선도 등
(2) 지도에는 다양한 정보가 담겨 있으며, 지역의 특성을 파악할 수 있음.

07 다음 지도의 이름을 바르게 연결하시오.

(1) 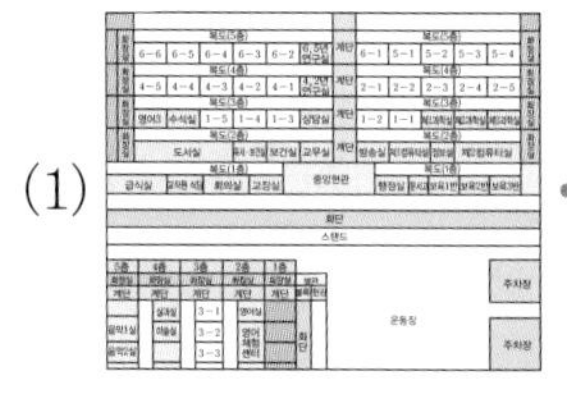 • 　• ㉠ 학교 안내도

(2) 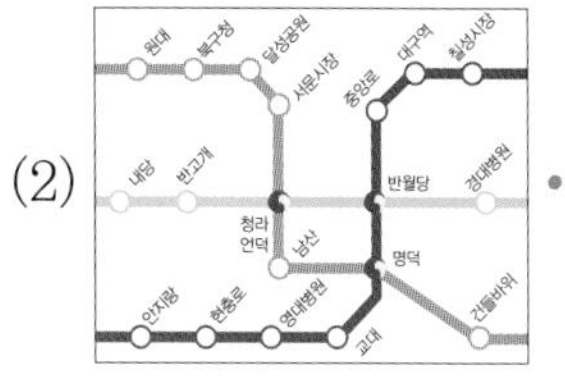

• 　• ㉡ 관광 안내도

(3) 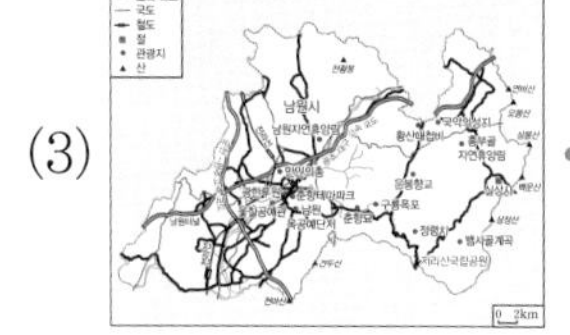 • 　• ㉢ 지하철 노선도

08 다음과 같은 상황에서 이용할 수 있는 지도의 종류로 알맞은 것은 어느 것입니까? (　　)

① 학교 안내도를 이용한다.
② 비상 대피도를 살펴본다.
③ 경주 지역 관광 안내도를 찾아본다.
④ 서울 지역 지하철 안내도를 이용한다.
⑤ 주요 시설의 위치를 약도에서 확인한다.

중단원 실전 문제

01 다음 (　　) 안에 들어갈 알맞은 말은 무엇입니까? (　　)

> (　　　　)은/는 위에서 내려다본 땅의 실제 모습을 일정한 형식으로 줄여서 나타낸 그림을 뜻한다.

① 기호　　② 지도　　③ 사진
④ 등고선　　⑤ 항공 사진

02 다음 지도에 나타난 정보로 알맞지 않은 것은 어느 것입니까? (　　)

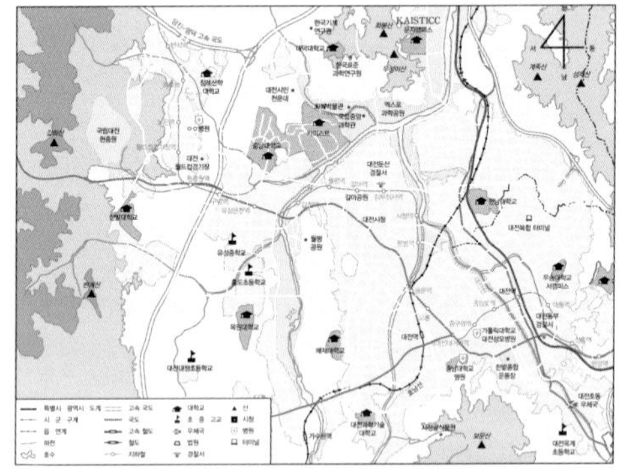

① 산의 위치　　② 하천의 위치
③ 건물의 층수　　④ 학교의 기호
⑤ 땅의 높낮이

03 다음 지도에서 방위표를 찾아 기호를 쓰시오.

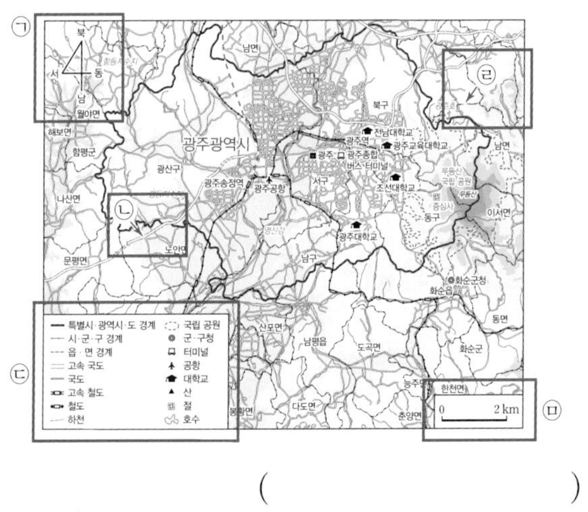

(　　　　　　　　　　)

[04~05] 다음 지도를 보고, 물음에 답하시오.

04 위 지도에서 ㉠은 경주시청을 기준으로 어느 쪽에 있는지 쓰시오.

(　　　　　　　　　　)쪽

05 위 지도에 나타난 여러 장소의 위치를 바르게 설명한 것은 어느 것입니까? (　　)

① 신라중학교는 황성공원의 북쪽에 있다.
② 소금강산은 황성초등학교의 남쪽에 있다.
③ 경주시립도서관은 황성공원의 동쪽에 있다.
④ 황성초등학교는 굴불사지 석불상의 동쪽에 있다.
⑤ 동천동 행정복지센터는 신라중학교의 서쪽에 있다.

06 지도에 방위표가 없을 때, ㉠~㉣은 어느 방향을 가리키는지 쓰시오.

㉠ (　　　)쪽

㉡ (　　　)쪽

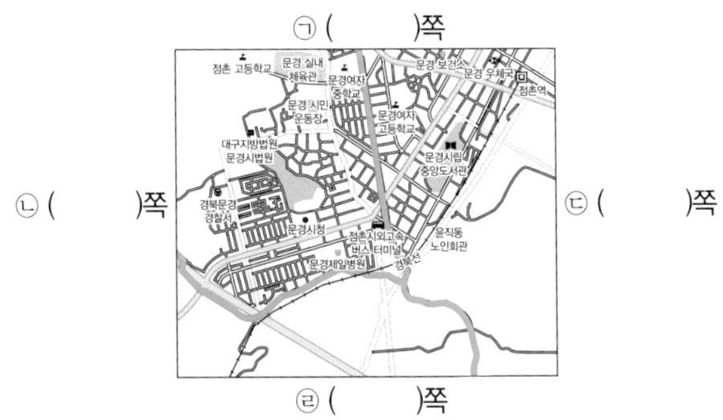

㉢ (　　　)쪽

㉣ (　　　)쪽

[07~08] 다음 지도를 보고, 물음에 답하시오.

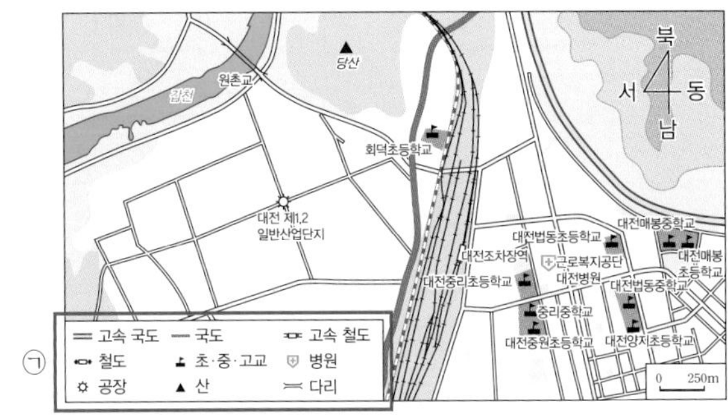

07 위 지도에서 찾을 수 <u>없는</u> 정보는 어느 것입니까? (　　　)

① 범례　② 축척　③ 방위표
④ 등고선　⑤ 산의 높이

08 위 지도의 ㉠에 대한 설명으로 알맞은 것은 어느 것입니까? (　　　)

① 지도의 크기를 나타낸다.
② 땅의 높낮이를 나타낸다.
③ 동서남북의 방향을 알려 준다.
④ 지도에 쓰인 기호와 그 뜻을 나타낸다.
⑤ 높이가 같은 곳을 기호로 나타낸 것이다.

09 다음에서 설명하는 것은 어느 것입니까? (　　　)

> 땅이나 건물의 모습을 지도에 간단히 나타낼 때 사용하는 약속된 표시이다.

①
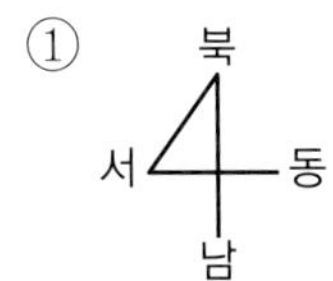

② 0　200 m

③
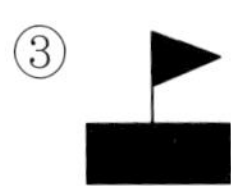

④

⑤

10 다음 지도를 바르게 비교한 사람을 모두 고른 것은 어느 것입니까? (　　　)

(가)

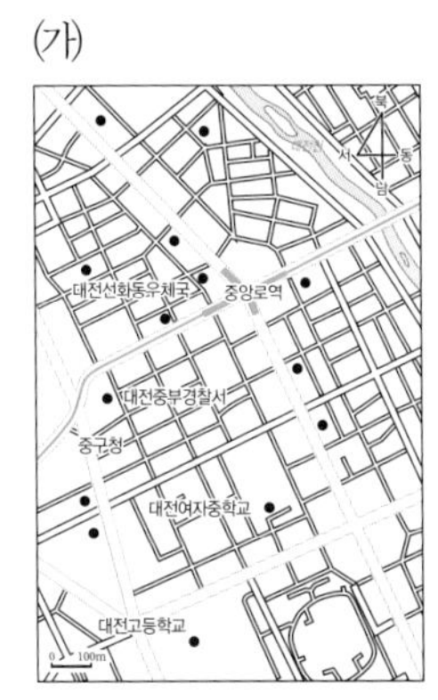

(나)

> 수연: (가)와 (나)는 서로 다른 고장을 나타낸 지도야.
> 성훈: (가)에는 등고선이 없고, (나)에는 등고선이 나타나 있어.
> 민준: (가)는 글자로 장소를 표시했고, (나)는 기호와 글자를 함께 사용하여 장소를 표시했어.

① 수연　② 성훈　③ 민준
④ 수연, 성훈　⑤ 성훈, 민준

[11~12] 다음 지도를 보고, 물음에 답하시오.

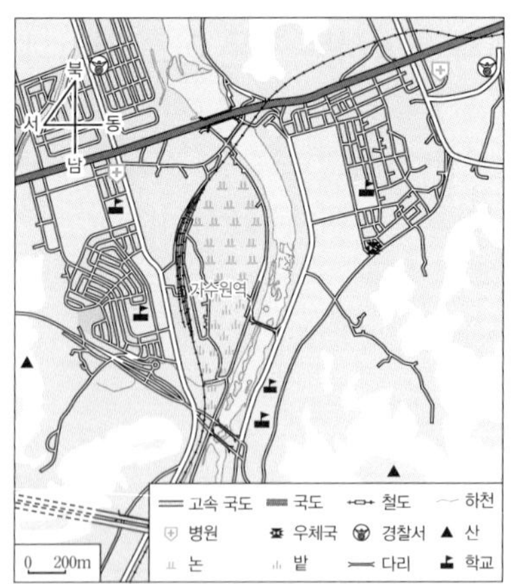

11 위 지도에서 가수원역 주변의 특징으로 알맞은 것은 어느 것입니까? (　　　)

① 바다가 있다.
② 논과 밭이 있다.
③ 병원이 세 개 있다.
④ 서쪽에 우체국이 있다.
⑤ 다른 곳보다 땅의 높이가 매우 높다.

12 위 지도에서 학교 기호가 몇 개 있는지 찾아 쓰시오.

(　　　　　　　　　　)개

13 지도의 기호와 범례를 통해 알 수 있는 정보는 무엇입니까? (　　　)

① 땅의 높이
② 바다의 깊이
③ 우리 지역의 크기
④ 두 지점 사이의 거리
⑤ 땅의 모습이나 건물의 종류

14 (가), (나) 중 지역의 모습을 더 자세히 보고 싶을 경우 이용해야 할 축척으로 알맞은 것에 ○표 하시오.

(가)	(나)
0 2 km (1 cm)	0 500 m (1 cm)
(　　　)	(　　　)

15 축척 막대자를 이용하여 ㉠과 ㉡사이의 거리를 재어 보았습니다. ㉠과 ㉡ 사이의 실제 거리는 얼마인지 쓰시오.

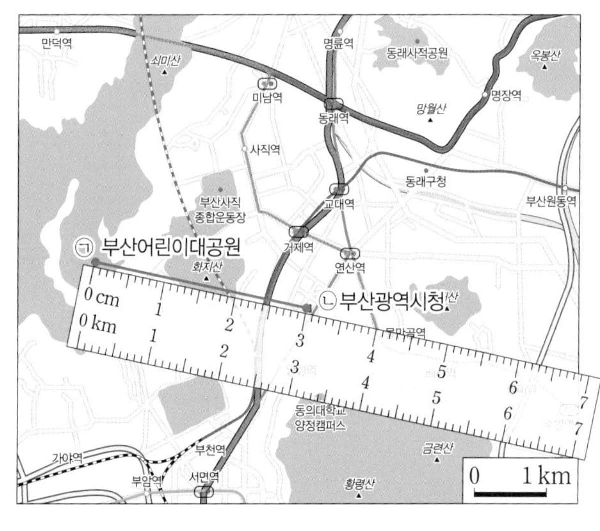

(　　　　　　　　　　)km

[16~17] 다음 자료를 보고, 물음에 답하시오.

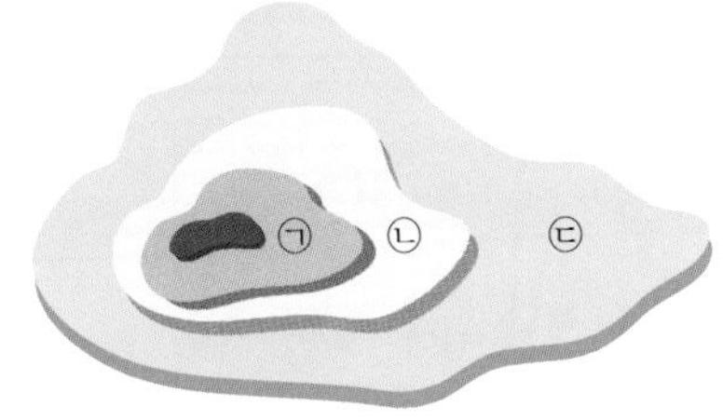

16 위 자료가 나타내는 것은 무엇입니까? (　　　)

① 산의 크기　　② 땅의 높낮이
③ 건물의 높이　　④ 하천의 깊이
⑤ 논밭의 모양

17 위 ㉠~㉢에 대한 설명으로 알맞은 것은 어느 것입니까? (　　　)

① ㉡은 하천이다.
② ㉡과 ㉢은 땅의 크기가 같다.
③ ㉠보다 ㉢이 땅의 높이가 높다.
④ ㉡보다 ㉢이 땅의 높이가 낮다.
⑤ 땅의 높이를 선으로만 나타낸 것이다.

18 다음은 등고선 모형을 위에서 본 모습입니다. 이 등고선 모형을 옆에서 본 모습으로 알맞은 것에 ○표 하시오.

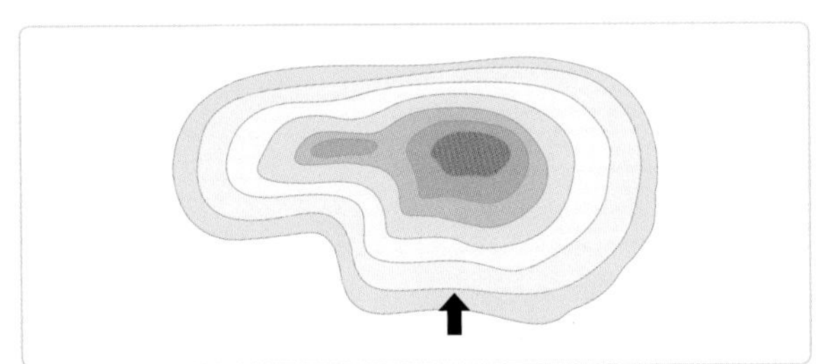

(가)	(나)
(　　　)	(　　　)

19 수진이가 소개하려는 지도의 종류로 알맞은 것은 어느 것입니까? (　　　)

이것은 제가 엄마와 함께 덕수궁에 갔을 때, 궁 안을 둘러보기 위해 사용하였던 지도입니다. 이것을 보며 궁 안의 건물 위치를 확인하고 순서대로 구경할 수 있었습니다.

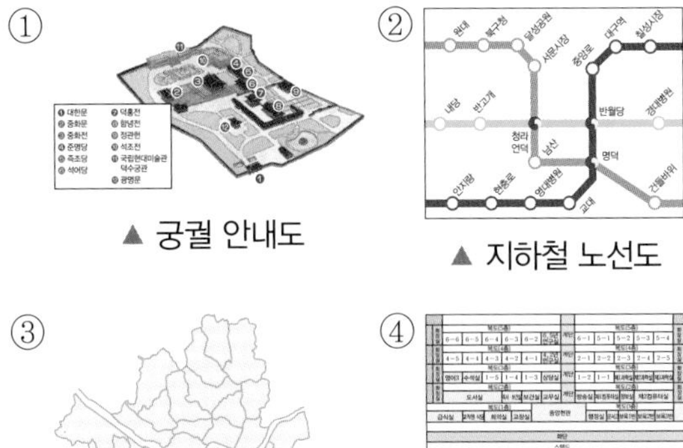

① ▲ 궁궐 안내도

② ▲ 지하철 노선도

③ ▲ 지도

④ ▲ 학교 안내도

⑤ ▲ 길도우미(내비게이션)

20 지우는 전북특별자치도 지도를 보며 다음과 같은 여행 계획을 세웠습니다. 지우가 이동하게 될 장소를 지도에서 찾아 순서대로 기호를 쓰시오.

제일 먼저 지리산에서 등산을 하고 싶고, 계곡에 들른 후, 문화유산인 향교에 가보려고 해.

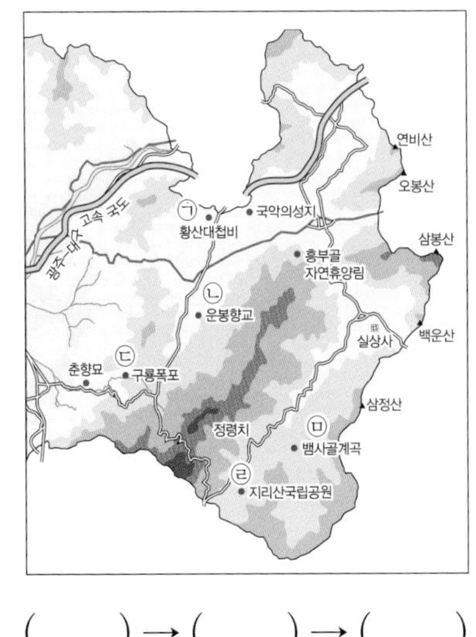

(　　　) → (　　　) → (　　　)

학교에서 출제되는 서술형 평가를 미리 준비하세요.

문제 해결 전략

지도의 기본 요소 파악하기

⬇

기호와 범례를 통해 지도에서 주요 건물의 이름과 위치 파악하기

⬇

방위표를 이용하여 위치 찾고 설명하기

핵심 키워드

- 기호와 범례
  - 기호와 범례를 통해 땅, 도로, 건물의 종류 등을 지도에서 찾을 수 있음.
- 방위표를 이용하여 위치 찾기
  - 방위표는 동서남북의 방향을 알 수 있게 함.
  - 기준에 따라 방위가 달라짐.
  - 방위표가 없을 경우 지도의 위쪽이 북쪽임.

연습 문제

[1~3] 다음 지도를 보고 물음에 답하시오.

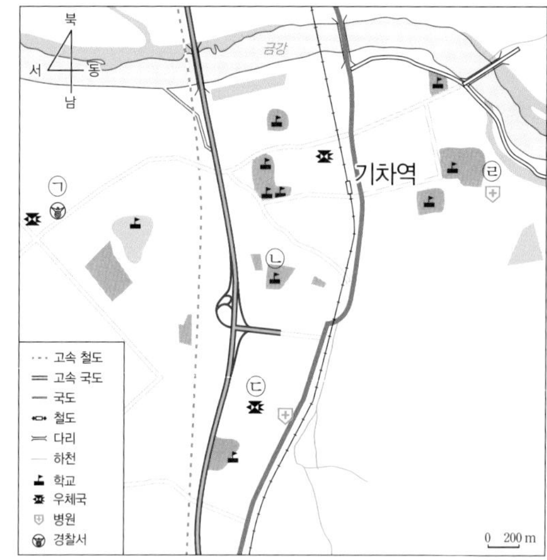

1 범례를 보고, 위 ㉠ ~ ㉣이 나타내는 장소는 무엇인지 쓰시오.

㉠: (　　　　　), ㉡: (　　　　　), ㉢: (　　　　　), ㉣: (　　　　　)

2 범례와 방위표를 보고 ㉣의 위치를 설명하는 다음 글의 (　　) 안에 알맞은 말을 써넣으시오.

㉣ (　　　　　)은/는 기차역의 (　　　　　)쪽에 있습니다.

3 위 ㉠의 위치를 고속 철도 서쪽에 있는 건물 중 한 곳을 기준으로 설명하시오.

정답과 해설 10쪽

실전 문제

1 **축척이 다른 두 지도를 보고, 물음에 답하시오.**

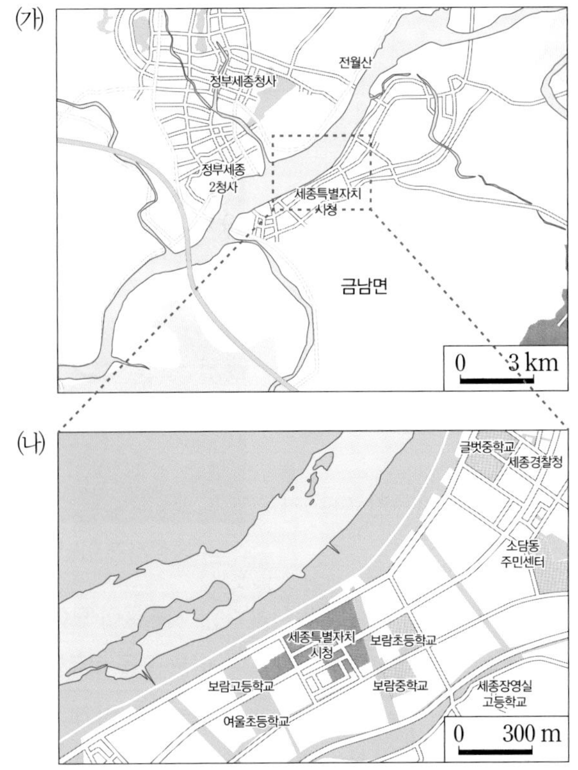

(1) (가), (나)의 축척을 보고, 지도의 1cm가 나타내는 실제 거리를 각각 쓰시오.

(가): (　　　　) km, (나): (　　　　) m

(2) (가)와 (나)의 자세한 정도를 비교하여 다음과 같이 정리하였습니다. (　) 안의 내용 중 알맞은 기호에 ○표 하고, 빈칸에 알맞은 말을 써넣으시오.

> ((가) , (나)) 지도는 넓은 지역을 간략하게 나타낸 지도이고, ((가) , (나)) 지도는 좁은 지역을 자세하게 나타낸 지도입니다. 같은 지역이라도 [　　　　]에 따라 지도의 자세한 정도가 달라집니다.

(3) (가)와 (나) 지도의 차이점을 설명하시오.

____

____

2 **다음 자료를 보고, 물음에 답하시오.**

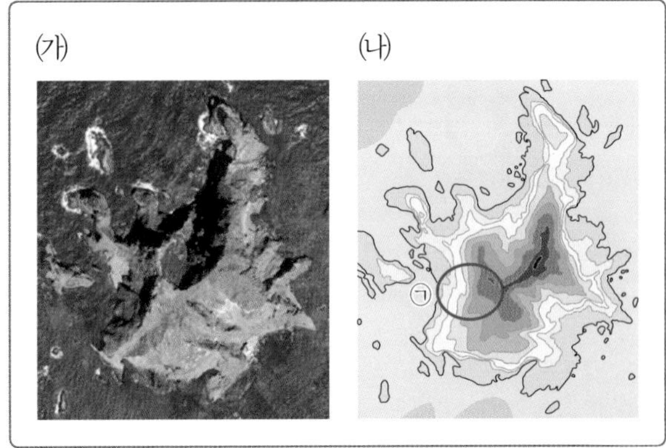

(1) (가)와 (나)는 무엇인지 보기 에서 골라 쓰시오.

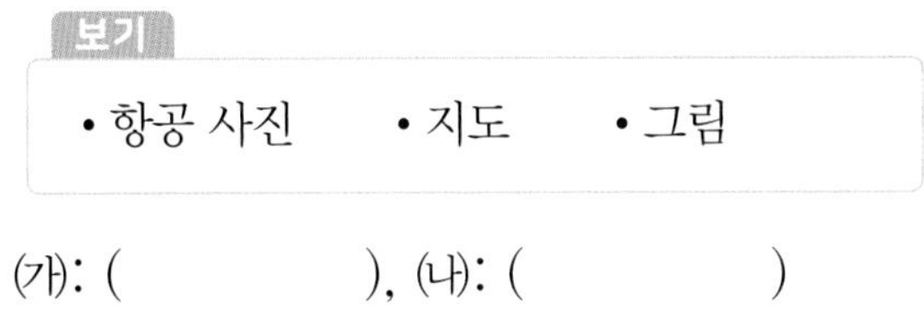

(가): (　　　　), (나): (　　　　)

(2) 다음은 (가)와 (나)의 차이점을 설명한 내용입니다. (　) 안에 알맞은 말을 써넣으시오.

> (가)는 (　　　　)에서 내려다본 땅의 실제 모습을 (　　　　)(으)로 나타낸 것이고, (나)는 (　　　　)에서 내려다본 땅의 실제 모습을 일정하게 (　　　　)서, 정해진 약속대로 나타낸 것입니다.

(3) (나) 지도에서 ㉠을 무엇이라고 하는지 쓰고, 그 쓰임새를 설명하시오.

1) ㉠의 이름: (　　　　)

2) 쓰임새: ____________________

____

(2) 우리 지역의 중심지

◗ 고장의 중심지를 찾는 방법은?

▲ 지도 살펴보기

▲ 경험 떠올려 보기

▲ 어른들께 여쭈어보기

▲ 인터넷에서 지도와 항공 사진 찾아보기

1 중심지

(1) 중심지

① 중심지는 생활에 필요한 것을 구하거나 이용하기 위해 사람들이 많이 모이는 곳을 말합니다.

② 사람들은 다양한 이유로 여러 **시설**을 방문합니다.

(2) 중심지에 있는 주요 시설들

① 중심지에는 군청, 구청, 시장, 버스 터미널, 우체국, 도서관 등 여러 시설이 모여 있습니다.

② 주요 시설들은 사람들이 많이 모이는 공통점이 있습니다.

③ 주요 시설들마다 사람들이 모이는 이유가 다르기도 합니다.

▲ 중심지의 모습

▲ 중심지가 아닌 곳의 모습

중심지의 시설	사람들이 모이는 이유	중심지의 시설	사람들이 모이는 이유
군청, 시청	서류를 내거나 구함.	병원	아픈 곳을 치료함.
시장, 백화점	필요한 물건을 구매함.	은행	돈을 저금하거나 다른 곳으로 보냄.
버스 터미널	다른 고장으로 이동하기 위해 버스를 탐.	공연장	문화 공연을 즐김.

2 중심지의 역할과 특징

(1) 중심지의 역할

① 중심지에는 사람들의 생활과 관련된 여러 시설이 모여 있습니다.

② 사람들은 중심지에서 필요한 상품과 서비스를 얻습니다.

(2) 중심지의 특징

① 교통이 편리하고 여러 시설이 모여 있습니다.

② 상점이 많아 여러 가지 물건을 사고팔 수 있습니다.

③ 건물이 많고 복잡합니다.

④ 지역에 따라 중심지가 한 곳이기도 하고, 여러 곳이 있기도 합니다.

⑤ 한 중심지가 여러 가지 기능을 하는 중심지가 될 수 있습니다.

3 지역의 다양한 중심지

(1) 지역에는 다양한 중심지가 있습니다.

(2) 지역의 대표 시설과 사람들이 모이는 이유에 따라 중심지의 기능이 달라집니다.

(3) 지역의 여러 중심지를 탐색하여 지역의 전체적인 특징을 알 수 있습니다.

시설 여럿이 함께 쓰기 위해 만들어진 것.

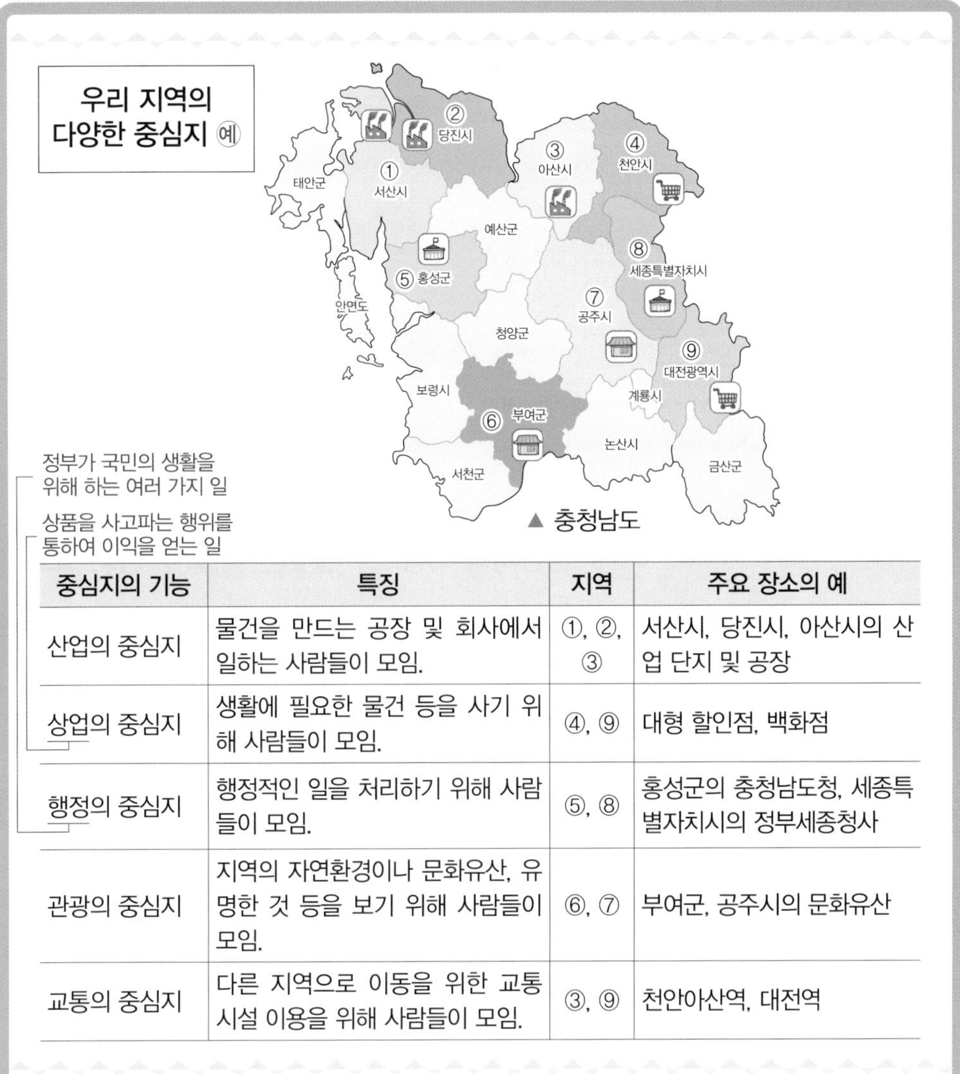

▲ 충청남도

중심지의 기능	특징	지역	주요 장소의 예
산업의 중심지	물건을 만드는 공장 및 회사에서 일하는 사람들이 모임.	①, ②, ③	서산시, 당진시, 아산시의 산업 단지 및 공장
상업의 중심지	생활에 필요한 물건 등을 사기 위해 사람들이 모임.	④, ⑨	대형 할인점, 백화점
행정의 중심지	행정적인 일을 처리하기 위해 사람들이 모임.	⑤, ⑧	홍성군의 충청남도청, 세종특별자치시의 정부세종청사
관광의 중심지	지역의 자연환경이나 문화유산, 유명한 것 등을 보기 위해 사람들이 모임.	⑥, ⑦	부여군, 공주시의 문화유산
교통의 중심지	다른 지역으로 이동을 위한 교통 시설 이용을 위해 사람들이 모임.	③, ⑨	천안아산역, 대전역

4 우리 지역의 중심지 조사

(1) 중심지 조사 과정　지역의 중심지는 다양한 방법으로 조사할 수 있습니다.

조사할 중심지 정하기 ➡ 조사 내용 및 방법 정하기 ➡ 조사하기 ➡ 조사 결과 정리하기

(2) 중심지 답사하기

① 답사: 어떤 장소에 직접 찾아가 조사하는 것을 말합니다.

② 중심지를 답사하는 과정

답사할 중심지 정하기 ➡ 답사 계획 세우기 ➡ 답사하기 ➡ 답사 결과 정리하기

③ 답사를 통해 중심지의 특징을 조사합니다.

④ 답사할 내용: 중심지의 위치 확인하기, 중심지 모습 살펴보기, 중심지 시설의 특징 살펴보기, 중심지에서 사람들이 하는 일 조사 및 **면담**하기 등

▶ 중심지는?
하나의 중심지가 행정, 상업, 관광 등 여러 가지 역할과 기능을 하는 중심지가 될 수 있습니다.

▶ 중심지와 교통의 발달 관계는?
교통의 발달은 장소의 이동과 접근성을 높여 주어 중심지가 만들어지고 발달하는 데 큰 역할을 합니다. 교통수단의 발달로 사람들의 이동 범위가 넓어지면서 고장의 중심지를 넘어서 우리 지역뿐만 아니라 이웃 지역의 다양한 중심지를 이용할 수 있게 되었습니다.

▶ 중심지를 조사하는 방법은?
중심지를 조사하는 방법으로는 답사하기, 주변 어른께 여쭈어보기, 책이나 지도 등의 자료 활용하기, 인터넷에서 검색하기 등이 있습니다.

▶ 답사 계획을 세울 때는?
답사 계획을 세울 때에는 장소, 날짜, 목적, 내용, 방법, 준비물(지도, 사진기, 필기도구 등) 등을 정해야 합니다. 또한 답사를 가기 전, 중심지에 대하여 자료를 찾아보며 답사 장소에 대한 정보를 확인하는 것이 좋습니다.

▶ 답사할 때 주의할 점은?
답사를 하기 전, 답사할 장소에 미리 연락을 하고 약속을 정해야 합니다. 또한, 보호자와 함께 가는 것이 좋고, 면담을 하며 사진을 찍을 때에는 먼저 그 사람에게 허락을 받아야 합니다.

낱말 사전

면담　알고 싶은 내용을 알아보기 위하여 조사 내용과 관련된 사람을 만나 이야기를 나누는 것

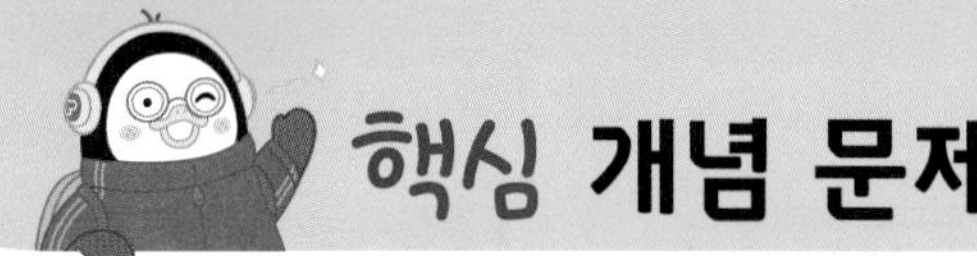

핵심 개념 문제

개념 1 중심지

(1) 중심지: 생활에 필요한 것을 구하거나 이용하기 위해 사람들이 많이 모이는 곳

(2) 중심지에 있는 주요 시설들: 사람들은 다양한 이유로 중심지의 여러 가지 시설을 이용함. 예 군청, 시청, 시장, 버스 터미널, 우체국, 도서관, 백화점, 공연장 등

01 다음에서 지아의 어머니가 설명하는 것은 어느 것입니까? (　　)

① 고장　　② 학교
③ 산지　　④ 중심지
⑤ 자연환경

02 중심지의 주요 시설과 사람들이 모이는 이유를 바르게 선으로 연결하시오. (　　)

(1) 은행 •　　• ㉠ 행정적인 일을 처리하기 위해
(2) 병원 •　　• ㉡ 돈과 관련된 일을 처리하기 위해
(3) 군청, 구청 •　　• ㉢ 아픈 곳을 치료 받기 위해

개념 2 중심지의 역할과 특징

(1) 역할: 중심지에는 사람들의 생활과 관련된 여러 시설이 모여 있어 많은 사람이 모임.

(2) 특징
- 교통이 편리하며, 사람들이 많이 모임.
- 다양한 시설이 모여 있어 건물이 많음.
- 상점이 많아 물건을 사거나, 원하는 것을 얻기가 편리함.

03 중심지의 특징으로 알맞은 것을 두 가지 고르시오. (　　,　　)

① 사람들의 이동이 많다.
② 논과 밭이 많은 곳이다.
③ 차가 별로 다니지 않는다.
④ 시장에서 물건을 사고판다.
⑤ 지도에서 가장 높은 곳이다.

04 다음 내용과 관련된 중심지의 모습으로 알맞은 것은 어느 것입니까? (　　)

> 중심지에서는 생활에 편리함을 주는 시설들을 볼 수 있다.

① 논밭이 많다.
② 군청, 병원 등이 있다.
③ 집의 종류가 다양하다.
④ 바닷가 근처에 위치한다.
⑤ 문화유산을 보기 위해 사람들이 모인다.

정답과 해설 11쪽

개념 3 지역의 다양한 중심지

(1) 지역에는 여러 기능을 하는 다양한 중심지가 있음.
(2) 교통의 발달은 중심지 형성에 중요한 역할을 함.
(3) 중심지마다 모습, 역할, 기능이 다름.

구분	산업의 중심지	상업의 중심지	행정의 중심지	관광의 중심지	교통의 중심지
사람들이 모이는 이유	물건 생산	물건 구매	행정 업무	관광지 방문	교통 수단 이용

05 중심지의 종류가 아닌 것은 어느 것입니까? ( )

① 교통의 중심지
② 행정의 중심지
③ 상업의 중심지
④ 관광의 중심지
⑤ 하천의 중심지

06 다음은 중심지의 어떤 기능에 대한 설명인지 쓰시오.

지역의 아름다운 자연과 다양한 문화유산을 구경하기 위해 사람들이 모인다.

( )의 중심지

개념 4 우리 지역의 중심지 조사

(1) 지역의 중심지를 조사하는 방법
- 답사하기
- 책, 지도 등의 자료 활용하기
- 주변 어른들께 여쭈어보기
- 인터넷에서 검색하기

(2) 중심지 답사
- 답사: 어떤 장소에 직접 찾아가 조사하는 것
- 답사 과정: 답사할 중심지 정하기 → 답사 계획 세우기 → 답사하기 → 답사 결과 정리하기

07 중심지를 답사하는 과정 중에서 마지막 단계는 무엇인지 보기 에서 골라 기호를 쓰시오.

보기

㉠ 중심지 답사하기
㉡ 답사 장소 정하기
㉢ 답사 결과 정리하기
㉣ 준비물과 주의할 점 정하기

( )

08 답사를 통해 중심지의 기능을 알아보고자 할 때, 답사 내용으로 알맞지 않은 것은 어느 것입니까? ( )

① 중심지의 위치
② 중심지의 교통
③ 중심지의 날씨
④ 중심지의 주요 시설
⑤ 중심지에 있는 기관에서 하는 일

중단원 실전 문제

01 지역의 중심지에서 볼 수 있는 모습으로 알맞은 것을 두 가지 고르시오. (　　,　　)

① 　② 

③ 　④ 

⑤

02 중심지에 대한 내용을 바르게 말한 친구를 모두 고른 것은 어느 것입니까? (　　)

현지: 우리 고장에서 논과 밭이 많은 곳을 중심지라 말해.
세영: 중심지에서는 우체국, 군청, 시장 등 다양한 시설을 볼 수 있어.
준우: 사람들이 중심지에 모이는 까닭은 중심지가 건물이 적어 한산하기 때문이야.

① 현지
② 세영
③ 준우
④ 현지, 세영
⑤ 세영, 준우

03 다음 내용과 관련이 없는 것은 어느 것입니까? (　　)

사람들은 생활에 필요한 것을 구하거나 이용하기 위해 중심지에 간다.

① 시청이 있는 곳
② 교통이 발달한 곳
③ 대형 할인점이 있는 곳
④ 공장이나 회사가 많은 곳
⑤ 사람들이 많이 모이지 않는 곳

04 다음에서 연우가 방문하려고 하는 중심지의 시설은 어느 것입니까? (　　)

① 은행　　② 병원
③ 공연장　　④ 도서관
⑤ 버스 터미널

05 다음 (　　) 안에 들어갈 알맞은 말을 쓰시오.

- 중심지에는 사람들이 이용할 수 있는 편의 시설이 모여 있는 경우가 많다.
- 중심지는 (　　　　)이/가 편리해 사람들이 오고 가기 편하다.

(　　　　　　　　)

06 사람들의 편리한 생활을 도와주는 지역의 시설에 해당하지 않는 것은 어느 것입니까? (　　)

① 주택　② 병원
③ 구청　④ 우체국
⑤ 도서관

07 다음 장소의 공통적 특징으로 알맞은 것은 어느 것입니까? (　　)

① 학교와 관련된 시설이다.
② 고장에서 오래된 장소이다.
③ 제품을 생산하는 역할을 한다.
④ 물건을 사려고 사람들이 모이는 장소이다.
⑤ 다른 고장으로 이동하기 위해 방문하는 곳이다.

08 다음 밑줄 친 '중심지'의 모습으로 알맞은 것은 어느 것입니까? (　　)

> 우리 지역의 중심지에는 병원, 공연장, 백화점 등이 있고, 높은 건물이 많이 있다. 교통이 아주 발달한 곳으로 기차, 지하철을 편리하게 이용할 수 있다.

① 기차역이 있다.
② 농사를 주로 짓는다.
③ 사람들의 이동이 적다.
④ 주변에 산이 많이 있다.
⑤ 다양한 문화유산이 있다.

09 다음 생활 모습과 관련 있는 중심지의 기능은 무엇인지 쓰시오.

(　　　　　　　　)의 중심지

10 다음은 경주시에서 사람들이 많이 찾는 장소입니다. 이를 통해 알 수 있는 경주시의 특징으로 알맞은 것은 어느 것입니까? (　　)

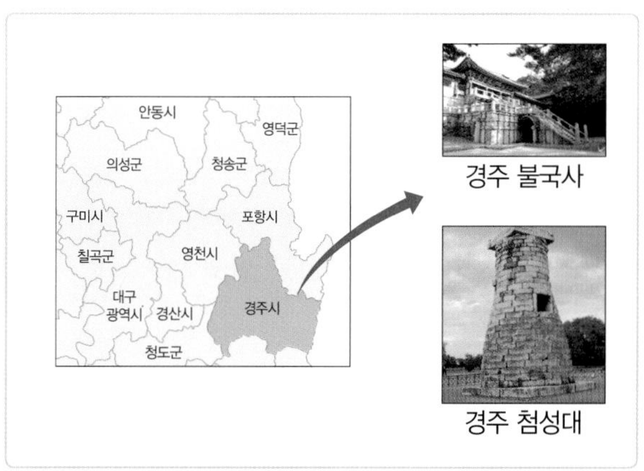

① 경주시는 관광의 중심지이다.
② 경주시는 산업이 발달하였다.
③ 경주시는 자연환경이 아름답다.
④ 경주시는 바닷가 근처에 위치한다.
⑤ 경주시는 새롭게 발달한 도시이다.

11 다음 내용과 관련 있는 것은 어느 것입니까? (　　)

> 지우 아버지께서는 전자 제품을 생산하는 회사에 다니십니다. 아버지께서 일하시는 회사는 규모가 매우 커서 많은 사람들이 함께 일을 하는 곳이라고 하셨습니다.

① 상업의 중심지　② 산업의 중심지
③ 행정의 중심지　④ 교통의 중심지
⑤ 관광의 중심지

12 다음을 통해 알 수 있는 내용으로 알맞은 것은 어느 것입니까? (　　)

> 전북특별자치도의 전주시는 전북특별자치도청이 있는 고장으로, 행정 업무를 처리하기 위해 많은 사람이 모이는 곳이다. 또한 백화점, 대형 할인점이 모여 있으며, 한옥 마을이 있어 전통문화를 체험하기 위해 많은 관광객이 찾는 곳이기도 하다.

① 모든 지역의 중심지 기능은 같다.
② 중심지는 도청이 있는 곳만 해당한다.
③ 중심지는 고장의 크기에 따라 달라진다.
④ 하나의 중심지가 여러 가지 중심지 기능을 할 수 있다.
⑤ 상업의 중심지가 산업의 중심지보다 더 발달한 중심지이다.

13 다음 지역의 공통적 특징으로 알맞은 것은 어느 것입니까? (　　)

> • 울산: 배를 만드는 공장, 석유를 이용하여 제품을 만드는 공장 등이 많이 있다.
> • 당진: 철을 재료로 하여 철재를 생산하는 곳이 있다. 또한 생산된 제품을 나르기 위해 교통이 발달하였다.

① 지역의 문화유산이 많은 곳이다.
② 고장의 크기가 매우 큰 지역이다.
③ 사람들의 행정 업무와 관련된 지역이다.
④ 관광을 위해 많은 사람들이 방문하는 지역이다.
⑤ 공장에서 일하는 사람들이 많이 모이는 지역이다.

[14~15] 다음 지도를 보고, 물음에 답하시오.

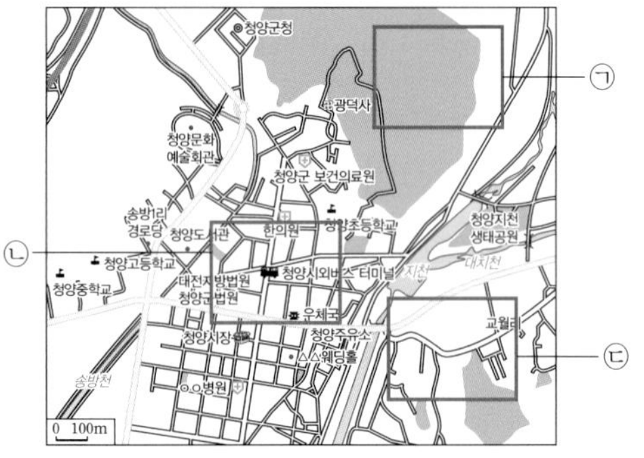

14 위 지도에서 중심지를 찾아 기호를 쓰시오.

(　　　　　　　　)

15 위 지도를 보고, 반 친구들이 가족들과 자주 찾아가는 곳과 방문하는 이유를 발표하였습니다. 주요 장소와 이유를 바르게 짝지은 것은 어느 것입니까? (　　)

① 우체국 – 책을 빌리러 간다.
② 법원 – 예방 주사를 맞으러 간다.
③ 시장 – 행정 업무를 처리하러 간다.
④ 보건 의료원 – 택배를 보낼 때 간다.
⑤ 시외버스 터미널 – 다른 장소로 이동하기 위해 간다.

[16~17] 중심지 답사를 위해 친구들과 의견을 나누었습니다. 물음에 답하시오.

16 위 ㉠에 들어갈 내용으로 알맞지 않은 것은 어느 것입니까? (　　)

① 답사 장소
② 답사 날짜
③ 답사 내용
④ 답사 결과
⑤ 답사 방법

17 위 ㉡으로 알맞은 것을 한 가지 쓰시오.

(　　　　　　　　　　　　)

18 다음 모둠의 중심지 조사 방법은 무엇입니까? (　　)

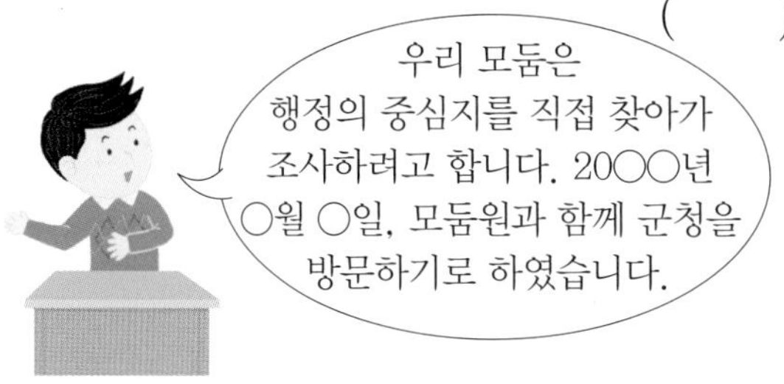

① 면담하기
② 답사하기
③ 동영상 검색하기
④ 항공 사진 검색하기
⑤ 인터넷 자료 검색하기

19 우리 지역의 중심지에 대하여 조사하기 위해 자료를 검색할 때, 알맞은 자료를 두 가지 고르시오. (　　,　　)

① 우리 고장 땅의 모양
② 고장의 지하철 운행 시간
③ 사람들이 많이 모이는 장소
④ 지역에서 교통이 발달한 곳
⑤ 우리 지역 지도에 쓰인 기호의 종류

20 중심지를 직접 찾아가 조사하는 과정에 맞게 순서대로 기호를 쓰시오.

(가) 답사하기 (나) 답사 계획 세우기 (다) 답사 결과 정리하기 (라) 답사할 중심지 정하기

(　　) → (　　) → (　　) → (　　)

서술형 평가 돋보기

학교에서 출제되는 서술형 평가를 미리 준비하세요.

문제 해결 전략

제시된 자료가 어느 것인지 파악하기

↓

지역의 주요 시설들의 특징 파악하기

↓

주요 시설과 중심지의 기능 이해하기

핵심 키워드

- 지역의 다양한 중심지
  - 행정의 중심지
  - 상업의 중심지
  - 산업의 중심지
  - 관광의 중심지
  - 교통의 중심지
- 중심지의 특징
  - 사람들은 생활에 필요한 기능을 이용하기 위해 중심지에 모임.
  - 사람들이 중심지에 모이는 이유는 서로 다름.

빈칸을 채우며 서술형 문제의 답안을 작성하는 연습을 해 보세요!

연습 문제

[1~3] 다음은 충청남도 지역의 다양한 중심지를 나타낸 것입니다. 물음에 답하시오.

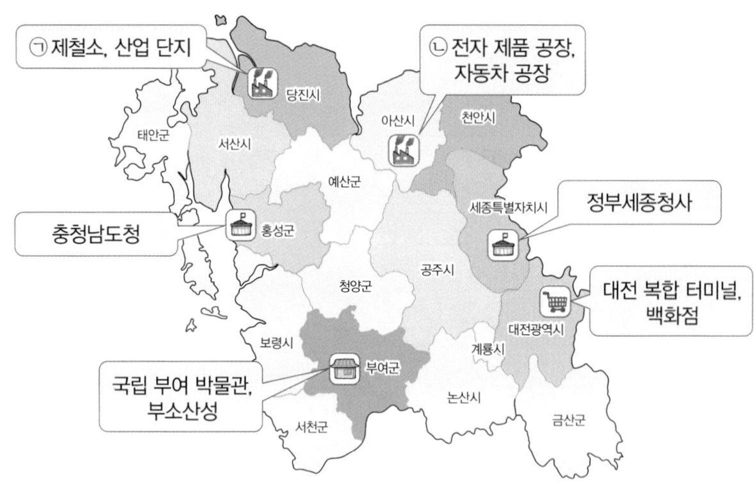

1 ㉠과 ㉡을 참고하여, 당진시와 아산시는 어떤 기능을 하는 중심지인지 쓰시오.

( )의 중심지

2 홍성군과 세종특별자치시의 공통적인 특징을 정리한 내용입니다. ( ) 안에 알맞은 말을 써넣으시오.

홍성군의 ( )와/과 세종특별자치시의 ( ) 은/는 ( ) 기관으로, 사람들이 ( ) 업무를 처리하기 위해 모이는 곳이다.

3 중심지의 기능을 각 지역에서 볼 수 있는 기관 및 시설과 관련지어 설명하시오.

정답과 해설 12쪽

실전 문제

1 (가), (나)는 보기 지도의 일부 지역을 항공 사진으로 나타낸 것입니다. 물음에 답하시오.

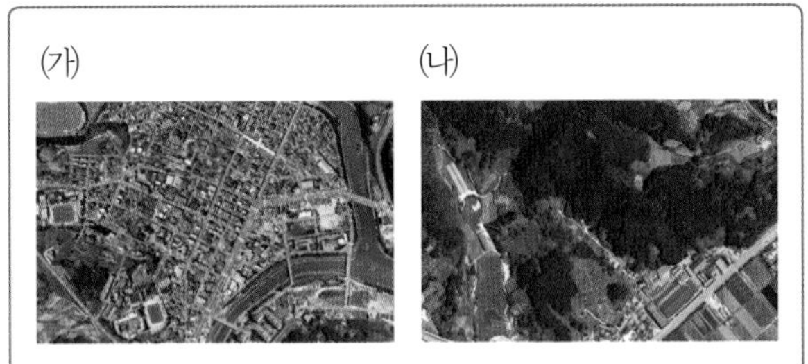

보기

박물관
중원워터피아
괴산북중학교
괴산군청
괴산보훈공원
괴산종합운동장
㉠
괴산명덕초등학교
충북괴산경찰서
괴산전통시장
괴산시외버스터미널
괴산소방서
괴산농공단지
동인초등학교
㉡

(1) (가)는 지도의 ㉠, ㉡ 중 어느 부분의 항공 사진인지 기호로 쓰시오.

(가): (   )

(2) (가) 지역에서 볼 수 있는 시설을 보기의 지도에서 찾아 쓰시오.

(가) 지역에는 (   ), (   ), (   ) 등의 시설이 있습니다.

(3) 중심지에 해당하는 곳은 (가)와 (나) 중 어느 것인지 쓰고, 중심지의 모습을 설명하시오.

1) 중심지: (   )

2) 중심지의 모습: ______________________

____

2 지역의 중심지를 답사한 후, 다음과 같이 답사 결과를 정리하였습니다. 물음에 답하시오.

(가) 모둠

(나) 모둠

(1) 위 ㉠, ㉡에 들어갈 중심지의 기능을 각각 쓰시오.

㉠: (   )의 중심지

㉡: (   )의 중심지

(2) (나) 모둠이 방문한 장소를 참고하여 ㉢에 알맞은 내용을 쓰시오.

____

(3) 두 모둠이 답사한 중심지의 공통적인 특징을 쓰시오.

____

____

대단원 정리 학습

빈칸을 채우며 이 단원의 핵심 개념을 확인하세요.

지역의 위치와 특성

지도로 본 우리 지역

① 지도의 뜻과 필요성

(❶)	위에서 내려다본 땅의 실제 모습을 일정한 형식으로 줄여서 나타낸 그림
특징	정해진 약속에 따라 나타내며, 필요한 정보가 보기 쉽게 나타나 있음.
필요성	지역의 위치나 특징을 알 수 있고, 길을 쉽게 찾을 수 있음.

② 지도의 기본 요소

방위	방향의 위치, 동서남북	
방위표	지도에서 동서남북의 방향을 알려 주는 표시	
기호	장소를 지도에 간단히 나타내기 위한 표시	
범례	지도에 쓰인 기호와 그 뜻을 나타냄.	
(❷)	지도에서 실제 거리를 줄인 정도	
등고선	지도에서 땅의 높이가 같은 곳을 연결한 선	
색깔	색깔을 다르게 하여 땅의 높낮이를 나타냄.	

③ 지도의 활용

- 관광, 길 찾기, 교통 등 생활 속 다양한 상황에서 알맞은 지도를 이용할 수 있음.
- 지도를 통해 다양한 정보를 얻음.

우리 지역의 중심지

① 중심지의 역할과 특징

뜻	(❸): 생활에 필요한 것을 구하거나 이용하기 위해 사람들이 많이 모이는 곳
기능	• 생활에 관련된 다양한 시설이 모여 있음. • 사람들이 생활에 필요한 것을 구하거나 이용하기 위해 중심지에 모임.
특징	• 건물과 사람이 많아 복잡함. • 교통이 편리하고, 사람들의 이동이 많음. • 사람들이 이용할 수 있는 다양한 시설이 모여 있음(군청, 시장, 우체국, 병원, 도서관, 백화점 등).
종류	행정의 중심지, 상업의 중심지, 산업의 중심지, 관광의 중심지, 교통의 중심지 등

② 중심지 조사하기

조사 방법	직접 찾아가 (❹)하기, 책이나 지도 살펴보기, 인터넷 검색하기, 어른들께 여쭈어보기 등

③ 중심지 답사 과정

1단계		2단계		3단계		4단계
답사할 중심지 정하기	➡	답사 계획 세우기	➡	답사하기	➡	답사 결과 정리하기

정답 ❶ 지도 ❷ 축척 ❸ 중심지 ❹ 답사

사고력 문제 엿보기

생활에서 다양한 지도 활용하기

※ 다음 지도를 보고, 생활에서 지도를 활용하는 방법에 대해 이야기해 봅시다.

1 위 지도를 통해 알 수 있는 정보는 무엇인지 써 봅시다.

예시 답안 한라산의 위치, 제주도의 전체적인 모양, 주요 장소의 위치, 공항의 위치 등을 알 수 있습니다.

2 위 지도를 이용하여 지우에게 알맞은 여행 이동 경로를 써 봅시다.

여행 이동 코스(장소 4곳을 정함): (　　　　　) → (　　　　　) → (　　　　　) → (　　　　　)

예시 답안 성산일출봉, 성읍민속마을, 사려니숲길, 표선해수욕장 / 표선해수욕장, 사려니숲길, 성읍민속마을, 성산일출봉 등

3 지우가 여행을 위해 이용할 수 있는 다른 종류의 지도로는 어떤 것이 있을지 써 봅시다.

예시 답안 길도우미(내비게이션), 제주도 버스 노선도, 제주도 약도 등

대단원 마무리

01 약속된 기호로 나타낸 지도에 해당하는 것을 두 가지 고르시오. (　　, 　　)

① 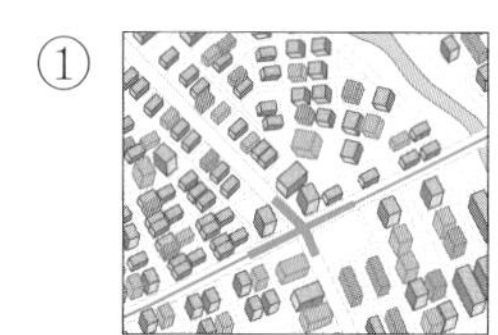

② 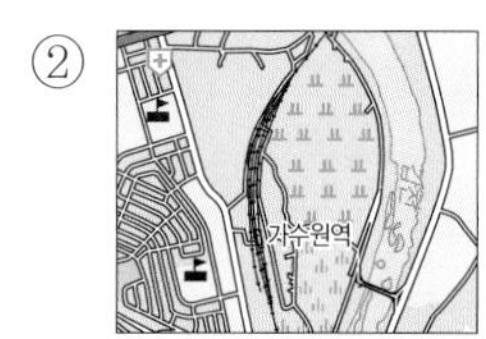

③ 

④ 

⑤ 

⊂서술형⊃

02 지도를 그릴 때 약속된 기호를 사용하여 나타내는 까닭을 쓰시오.

03 다음에 해당하는 기호가 지도에 몇 개 있는지 찾아 쓰시오.

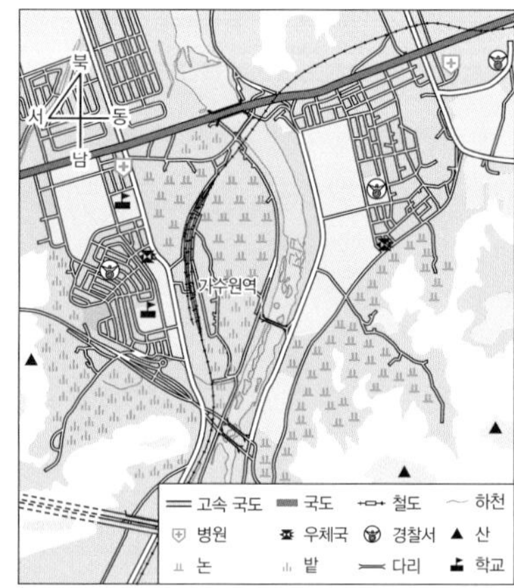

(1) 산: (　　　　)개

(2) 학교: (　　　　)개

(3) 우체국: (　　　　)개

[04~06] 다음 지도를 보고, 물음에 답하시오.

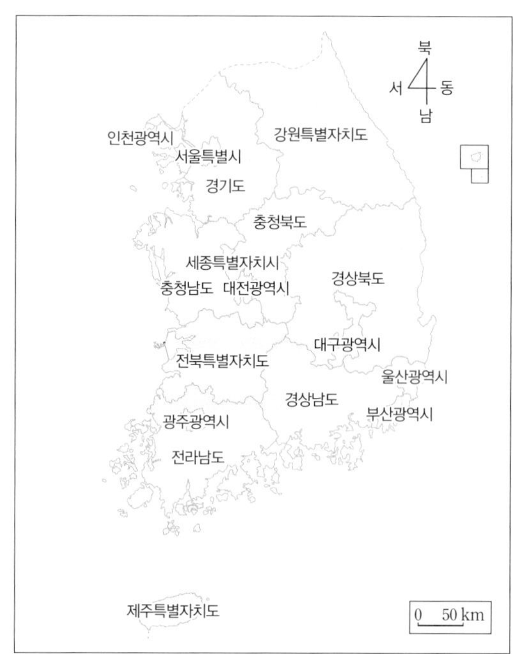

04 위 지도에서 찾을 수 있는 정보가 아닌 것은 어느 것입니까? (　　)

① 축척　　② 범례
③ 방위표　　④ 광역시의 이름
⑤ 제주특별자치도의 위치

05 (　　) 안에 들어갈 알맞은 말은 어느 것입니까? (　　)

> 인천광역시는 서울특별시를 기준으로 (　　　)에 위치하고 있다.

① 동쪽　　② 서쪽　　③ 남쪽
④ 북쪽　　⑤ 아래쪽

06 서윤이가 살고 있는 지역을 지도에서 찾아 쓰시오.

제가 살고 있는 지역은 경기도의 동쪽에, 충청북도와 경상북도의 북쪽에 있습니다.

(　　　　　　　　)

[07~08] 다음 지도를 보고, 물음에 답하시오.

07 아래 기호에 해당하는 장소의 이름은 무엇입니까? (   )

① 태화강
② 울산광역시청
③ 강남초등학교
④ 울산공업고등학교
⑤ 울산고속버스 터미널

08 다음과 같은 축척 막대자를 이용하여 ㉠에서 ㉡까지 길이를 재어 보니 2 cm였습니다. ㉠에서 ㉡의 실제 거리는 얼마인지 쓰시오.

0 cm 1 2 3 4 5 6 7
0 km 1 2 3 4 5 6 7

(   ) km

⊂서술형⊃

09 지도에서 땅의 높낮이를 나타내는 방법을 쓰시오.

10 다음 상황에서 이용할 수 있는 지도의 종류로 알맞은 것은 어느 것입니까? (   )

① 학교 약도
② 병원 안내도
③ 비상 대피도
④ 지하철 노선도
⑤ 길도우미(내비게이션)

11 다음에서 설명하는 것은 어느 것입니까? (   )

> 시장, 구청, 버스 터미널 등이 모여 있고, 사람들이 많이 모이는 곳을 말한다.

① 학교 ② 관광지
③ 아파트 ④ 중심지
⑤ 공연장

12 다음에서 설명하는 장소에 해당하지 않는 곳을 두 가지 고르시오. (,   )

> 사람들은 필요한 물건을 사기 위해 중심지의 시설을 방문한다.

① 시장 ② 도서관
③ 우체국 ④ 백화점
⑤ 대형 할인점

13 중심지의 특징으로 알맞지 않은 것을 두 가지 고르시오. (　　,　　)

① 한적한 자연환경이 많다.
② 사람들이 많이 찾는 곳이다.
③ 생활에 도움을 주는 시설이 많다.
④ 지역의 중심지는 모두 한 개씩 있다.
⑤ 중심지를 통해 지역의 특징을 알 수 있다.

14 다음 지도에 대한 설명으로 알맞은 것을 보기 에서 모두 고른 것은 어느 것입니까? (　　)

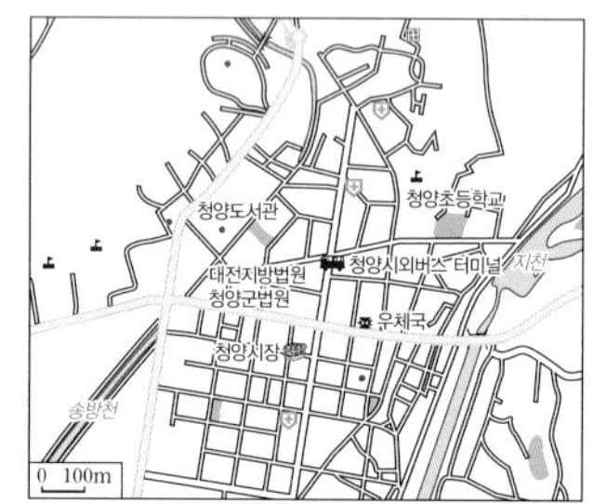

보기

㉠ 건물의 수가 적은 지역이다.
㉡ 사거리를 중심으로 시장과 우체국이 있다.
㉢ 버스 터미널 근처는 교통이 발달했을 것이다.

① ㉠　② ㉡　③ ㉢
④ ㉡, ㉢　⑤ ㉠, ㉡, ㉢

15 중심지에 있는 각 장소에 사람들이 모이는 이유를 바르게 말한 사람은 누구입니까? (　　)

① 현지: 필요한 물건을 사려고 법원에 가.
② 서연: 아픈 곳을 치료하려고 도서관에 가.
③ 재민: 돈을 저금하거나 찾으려고 은행을 방문해.
④ 지원: 시장에서 필요한 서류를 발급받을 수 있어.
⑤ 준영: 다른 고장으로 이동할 때에는 우체국을 이용해.

16 다음과 관련된 중심지의 특징으로 알맞은 것은 어느 것입니까? (　　)

> 천안시에 백화점, 천안시청 등 사람들의 생활을 편리하게 도와주는 시설이 많이 있으며, 천안아산역이 있어 교통이 편리하다.

① 중심지에는 아파트가 많다.
② 중심지는 복잡하여 이동이 어렵다.
③ 지역이 달라도 중심지의 기능은 같다.
④ 여러 지역이 합쳐져서 중심지가 된다.
⑤ 한 지역이 여러 종류의 중심지가 될 수 있다.

17 행정의 중심지에서 주로 볼 수 있는 시설로 알맞은 것은 어느 것입니까? (　　)

① 시장　② 군청　③ 도서관
④ 기차역　⑤ 전자 제품 공장

18 다음 생활 모습과 관련 있는 중심지의 기능은 무엇인지 쓰시오.

(　　　　　　　　)의 중심지

19 우리 지역의 중심지를 찾는 방법으로 알맞지 않은 것은 어느 것입니까? (　　)

① 어른들께 여쭈어본다.
② 인터넷으로 항공 사진을 찾아본다.
③ 사람이 적게 모이는 곳을 찾아본다.
④ 우리 고장에서 교통이 발달한 곳을 찾는다.
⑤ 다양한 시설이 모여 있는 곳을 직접 가 본다.

[20~22] 다음 자료를 보고, 물음에 답하시오.

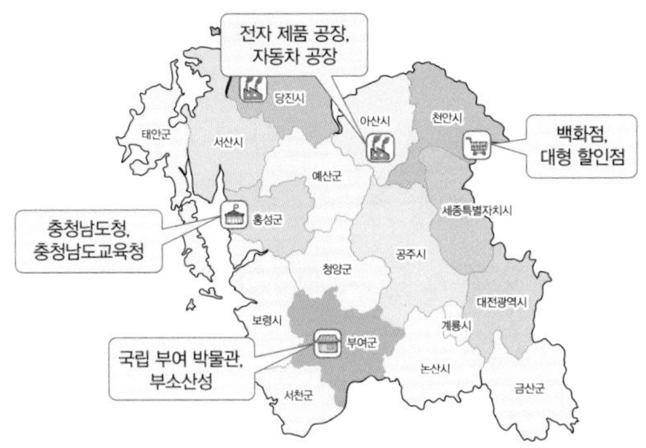

20 다음에서 설명하는 지역은 어디입니까? (　　)

> 충청남도의 도청이 있어 행정 업무를 처리하기 위해 많은 사람이 방문한다.

① 당진시　② 천안시
③ 홍성군　④ 대전광역시
⑤ 세종특별자치시

21 위 부여군에 대해 조사한 모둠의 조사 주제로 알맞은 것을 보기에서 골라 기호를 쓰시오.

보기
- ㉠ 관광 중심지의 특징
- ㉡ 산업이 발달한 지역의 특징
- ㉢ 우리 지역의 위치와 주변 지역

(　　　　　　)

22 위 아산시의 중심지 특징으로 알맞은 것은 어느 것입니까? (　　)

① 교통이 불편하다.
② 한적하고 여유로운 지역이다.
③ 행정의 중심지 역할을 하는 지역이다.
④ 공장에서 일하기 위해 사람들이 모이는 곳이다.
⑤ 예전에는 중심지였으나 지금은 중심지가 아닌 지역이다.

23 다음과 같은 방법으로 얻을 수 있는 정보로 알맞은 것은 어느 것입니까? (　　)

우리 지역의 중심지를 찾아볼까?

① 중심지의 위치
② 중심지에 사는 사람의 수
③ 우리 학교의 특징과 크기
④ 우리 지역 사람들이 하는 일
⑤ 우리 지역에서 판매하는 물건의 종류

[24~25] 진서네 모둠은 지역의 중심지에 대하여 조사하였습니다. 물음에 답하시오.

⊂서술형⊃

24 위 활동은 중심지를 조사하는 과정 중 어떤 단계에 해당하는지 쓰시오.

---

25 위 ㉠에 해당하는 사진으로 알맞은 것을 두 가지 고르시오. (　　,　　)

① 대규모 공장 단지 사진
② 행정의 중심지가 나타난 지도
③ 우체국에서 일하는 사람의 사진
④ 대형 할인점이 있는 도로의 사진
⑤ 백화점에 방문한 사람과 면담하는 사진

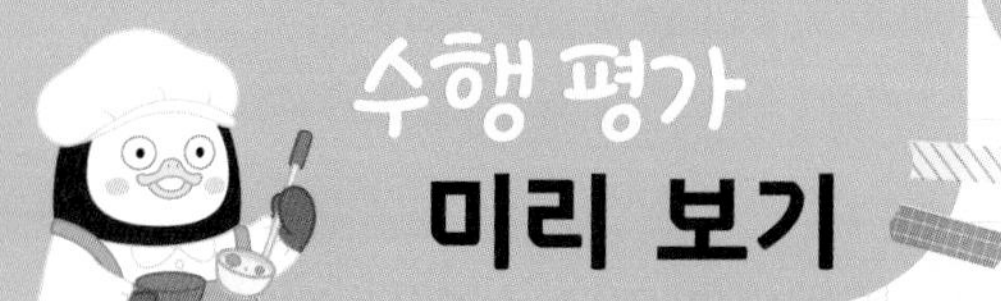

우리 지역 지도에 나타난 지도의 기본 요소 이해하기

이 단원에서는 지도의 기본 요소와 우리 지역의 중심지에 대해 공부하였습니다. 지도는 방위, 기호, 축척, 땅의 높낮이 등 다양한 정보를 담고 있으므로, 각각이 의미하는 것을 이해하여 지도를 읽는 능력이 필요합니다. 이러한 정보를 바탕으로 우리는 생활에서 지도를 활용할 수 있습니다.

이 단원의 수행 평가는 지도의 기본 요소를 이해하여 지도를 읽을 수 있는지 알아보고자 문제를 출제하였습니다. 지도를 보고, 각 요소를 바르게 이해하고 읽어 봅시다.

수행 평가 문제

◑ 우리 지역의 모습을 나타낸 지도를 보고, 물음에 답하시오.

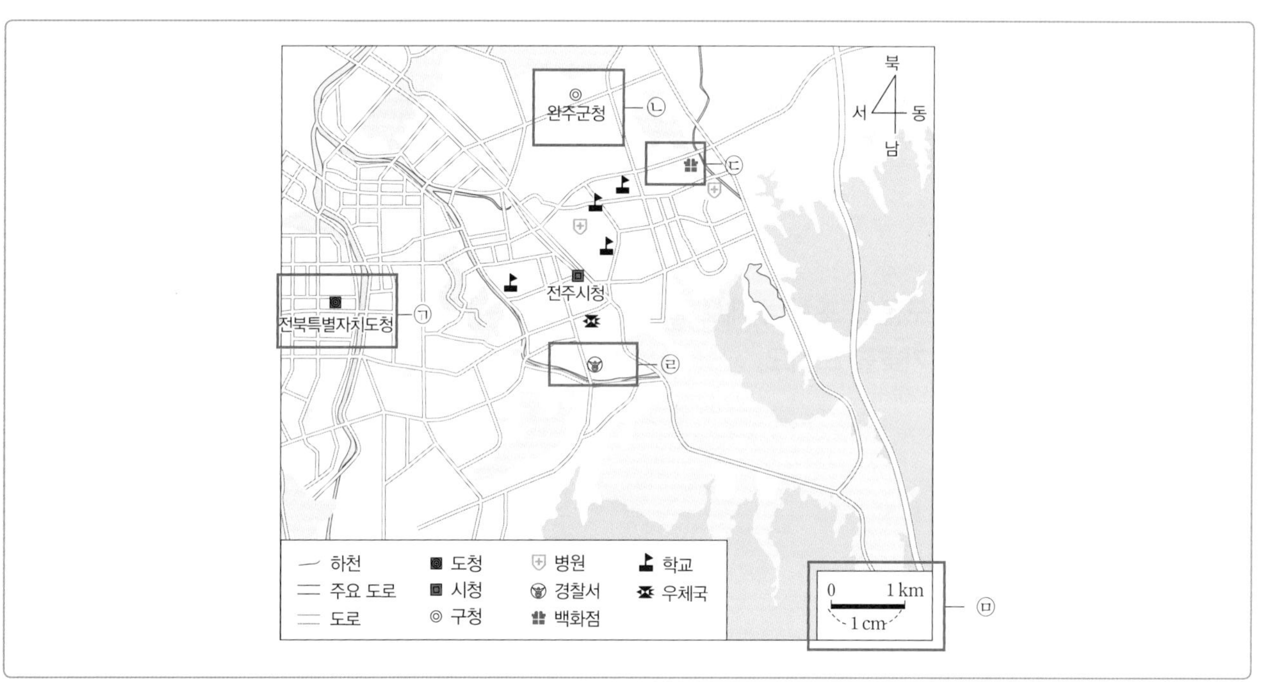

1 시청을 기준으로 ㉠과 ㉡의 각각 위치를 설명하시오.

(1) ㉠의 위치: ______

(2) ㉡의 위치: ______

2 우리 고장에 있는 ㉢과 ㉣은 무엇인지 쓰시오.

(1) ㉢: ______

(2) ㉣: ______

3 우리 고장의 동쪽과 서쪽의 땅의 높낮이를 비교하여 설명하시오.

4 ㉤의 기능은 무엇인지 쓰시오.

평가 기준

잘함	보통	노력 요함
방위표 및 기호, 범례, 축척을 이용하여 지도에 나타난 여러 가지 정보를 정확히 읽을 수 있고, 지도의 기본 요소를 통해 땅의 높낮이를 비교할 수 있다.	방위표 및 기호, 범례, 축척을 이용하여 지도에 나타난 내용을 구분할 수 있고, 지도의 기본 요소를 통해 땅의 높낮이가 달라짐을 이해한다.	지도에 방위표 및 기호, 범례, 축척이 있음을 알고, 지도에 땅의 높낮이를 나타내는 요소가 있음을 안다.

수행 평가 예시 답안

1. (1) ㉠(전북특별자치도청)은 시청을 기준으로 서쪽에 위치합니다.
   (2) ㉡(완주군청)은 시청을 기준으로 북쪽에 위치합니다.
2. (1) 백화점 (2) 경찰서
3. 예 서쪽보다 동쪽이 땅의 높이가 더 높습니다. / 동쪽보다 서쪽이 땅의 높이가 더 낮습니다.
4. 예 지도에서 실제 거리를 줄인 정도를 나타냅니다.

수행 평가 꿀팁

방위와 기준이 되는 위치

지도에서 방위는 방위표로 나타내며, 방위표를 이용하면 사람이나 건물이 서 있는 방향, 바라보는 방향에 상관없이 위치를 나타낼 수 있다는 장점이 있습니다. 또한 기준이 되는 장소에 따라 동, 서, 남, 북의 위치가 달라지므로, 기준이 되는 장소에 O표를 한 다음 그 장소에서 방위표(북 서 동 남)를 그려, 방위를 따져보면 쉽게 이해할 수 있습니다.

2 단원

우리가 알아보는 지역의 역사

우리 지역에는 어떤 문화유산이 있을까요? 또 우리 지역에는 어떤 역사적 인물이 있을까요?

이번 단원에서는 지역의 문화유산과 역사적 인물에 대해 공부할 거예요. 우리 지역 문화유산의 특징 및 가치를 이해하고, 우리 지역의 문화유산을 다양한 방법으로 조사하여 소개하는 활동을 할 거예요. 또한 우리 지역의 역사적 인물의 삶에 대해 살펴보고, 역사적 인물을 기억하고 기념하기 위한 다양한 방법도 알아볼 것입니다.

이러한 과정을 통해 우리 지역의 역사를 파악하고, 우리 지역에 대한 이해를 높일 수 있을 것입니다.

단원 학습 목표

1. 우리 지역을 대표하는 문화유산을 알아보고, 지역의 문화유산을 소중히 여기는 태도를 갖습니다.
2. 우리 지역과 관련된 역사적 인물의 삶을 알아보고, 지역의 역사에 대해 자부심을 갖습니다.

단원 진도 체크

회차	학습 내용		진도 체크
1차	(1) 우리 지역의 문화유산	교과서 내용 학습 + 핵심 개념 문제	✓
2차		중단원 실전 문제 + 서술형 평가 돋보기	✓
3차	(2) 우리 지역의 역사적 인물	교과서 내용 학습 + 핵심 개념 문제	✓
4차		중단원 실전 문제 + 서술형 평가 돋보기	✓
5차	대단원 정리 학습, 사고력 문제 엿보기, 대단원 마무리, 수행 평가 미리 보기		✓

해당 부분을 공부한 후 ✓표를 하세요.

長安門
수원화성
제주도

(1) 우리 지역의 문화유산

▶ 문화유산을 조사할 때 생각해 볼 내용은?
'언제 만들었을까?', 누가 만들었을까?', 왜 만들었을까?', 어떻게 만들었을까?', 무엇을 하는 데 이용된 것일까?', 문화유산과 관련된 사람들의 삶의 모습은 어땠을까?' 등을 생각해 봅니다.

▶ 무형 문화유산은 무엇과 관련 있나?
지역의 자연환경이나 사람들의 생활과 관련 있는 풍속이나 과학 기술 등이 담겨 있습니다.

▶ 문화유산을 조사할 때 주의할 점은?
- 누리집을 검색할 때에는 공공 기관에서 만든 누리집을 이용합니다.
- 조사한 자료가 믿을 만한 내용인지 살펴봅니다.

▶ 문화유산 조사 방법의 장점은?
- 인터넷 검색하기: 언제든지 필요한 정보를 얻고 사진, 영상 자료를 빠르게 이해할 수 있습니다.
- 책이나 문서, 기록물 찾아보기: 비용과 시간, 노력을 절약하고, 즉시 활용할 수 있습니다.
- 전문가 면담하기: 자세한 정보를 얻고 궁금한 점을 바로 해결할 수 있습니다.
- 답사하기: 다양한 것을 직접 경험하고, 다른 조사 방법으로 얻은 정보가 정확한지 확인할 수 있습니다.
- 박물관 관람하기: 문화유산을 직접 눈으로 보고 느낄 수 있습니다.

문서 연구할 때 참고가 되는 종이로 된 자료

1 우리 지역의 문화유산 알아보기

(1) **문화유산의 의미**: 조상 대대로 전해 내려오는 것 중 다음 세대에 물려줄 만한 가치를 지닌 것입니다.

(2) **문화유산의 가치**: 문화유산에는 역사적, 과학적, 예술적 가치 등이 담겨 있습니다.

(3) **문화유산의 종류**

① 유형 문화유산: 탑, 건축물, 책과 같이 일정한 형태가 있는 것입니다.

② 무형 문화유산: 예술 활동이나 기술처럼 일정한 형태가 없는 것으로 기능 보유자나 예능 보유자를 통해 전해 내려옵니다.

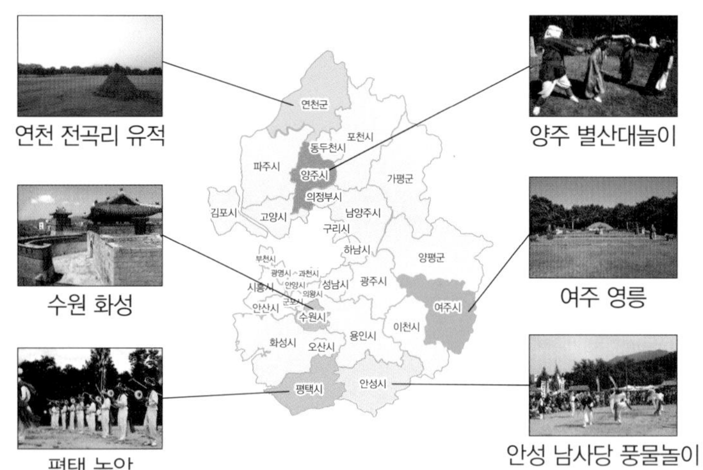

▲ 우리 지역의 문화유산(경기도)

2 우리 지역의 문화유산 조사하기

(1) **조사 계획하기**: 조사 목적, 조사할 문화유산, 조사하고 싶은 내용, 조사 방법 및 역할을 정하고 준비물 및 주의할 점을 알아봅니다.

(2) **조사 방법**

① 인터넷 검색하기: 어린이·청소년 문화재청이나 지역 문화원 누리집 등을 검색합니다.

② 책이나 **문서**, 기록물 찾아보기: 도서관 등에서 문화유산을 다룬 책이나 문서, 기록물을 찾아 읽어 봅니다.

③ 전문가 면담하기: 문화 관광 해설사, 박물관 큐레이터 등 전문가에게 문화유산에 대한 설명을 듣거나 여쭈어봅니다.

④ 답사하기: 문화유산을 직접 찾아가 눈으로 살펴봅니다.

⑤ 박물관 관람하기: 박물관에 가서 문화유산을 둘러봅니다.

(3) **조사 보고서 작성하기**: 조사한 문화유산, 조사 방법, 조사한 내용, 새롭게 알게 된 점, 더 알고 싶은 내용, 느낀 점 등을 씁니다.

3 우리 지역의 문화유산 답사하기

(1) 답사

① 의미: 문화유산에 직접 찾아가 실제 모습을 보고 조사하며 배우는 것입니다.

② 장점: 직접 보고 조사하며, 문화유산에 대한 관심과 흥미를 높일 수 있습니다.

(2) **답사 과정**: 답사할 문화유산 정하기 ➡ 문화유산 사전 조사하기 ➡ 답사 계획 세우기 ➡ 답사하기 ➡ 답사 보고서 작성하기

└ 답사할 문화유산에 대해 인터넷 등을 이용해 미리 조사함.

(3) **답사 계획서에 들어갈 내용**: 답사 목적, 답사 장소, 답사 방법, 답사 일정, 답사할 사람, 답사하며 조사할 내용, 역할 나누기, 준비물, 주의할 점 등

(4) **답사하는 방법**: 문화유산 안내판의 설명 읽기, 문화유산 자세히 살펴보기, 새롭게 알게 된 내용 기록하기, 문화 관광 해설사에게 궁금한 점 여쭈어보기, 문화유산 사진이나 영상을 촬영하거나 그림 그리기, 답사 지역에서 운영하는 다양한 활동 체험하기 등

4 우리 지역의 문화유산 소개하기

(1) **문화유산 소개 자료 만들기**: 문화유산의 특징, 가치, 우수성이 잘 드러나게 만듭니다.

(2) **문화유산 소개 자료**: 문화유산 안내 포스터, 문화유산 안내도, 문화유산 소개 책자, 문화유산 신문, 문화유산 카드, 문화유산 모형 등을 만들어 소개할 수 있습니다.

문화유산 안내 포스터 만들기	문화유산의 이름, 우수성이나 특징, 가치를 소개하는 짧은 글, 사진이나 그림, 문화유산을 체험할 수 있는 장소와 시간 등을 소개하는 안내 포스터 만들기
문화유산 안내도 만들기	• 지역에 있는 중요한 문화유산의 위치, 분포, 특징 등을 알려 주는 지도 • 문화유산 안내도 만드는 순서: 문화유산 안내도 제목 정하기(주제 정하기) → 백지도에 문화유산이 있는 위치 표시하기 → 문화유산 사진을 붙이고 설명 쓰기 → 문화유산의 위치와 문화유산의 설명을 선으로 연결하기
문화유산 소개 책자 만들기	문화유산의 이름, 특징, 제작 시기 등이 드러나게 다양한 형태의 책자 만들기
문화유산 신문 만들기	• 문화유산 소개 기사나 **인간문화재** 인터뷰 내용, 만화, 광고 등을 넣어 신문 완성하기 • 문화유산 신문을 만들 때에는 가장 먼저 주제를 정해야 함.

(3) 문화유산 소개하기

① 제작한 소개 자료를 이용하거나 문화 관광 해설사가 되어 친구들에게 문화유산을 소개합니다.

② 문화유산을 소개하며 문화유산의 가치를 느끼고 조상에게 고마운 마음을 가집니다.

5 우리 지역의 문화유산을 보호하려는 노력 알아보기

(1) **문화유산을 소중히 여겨야 하는 까닭**: 조상에게 물려받은 문화유산에는 조상의 지혜와 정신 및 우리의 역사가 담겨 있기 때문입니다.

(2) **문화유산을 보호하기 위한 노력**: 문화재 지킴이 활동하기, 문화유산에 관심 기울이기, 문화유산을 소중히 여기는 마음 지니기, 문화유산 주변 청소하기, 문화유산 훼손 예방하기, 문화유산 널리 홍보하기 등이 있습니다.

▶ 답사하기 전에 할 일은?
- 무엇을 보고 싶은지 결정합니다.
- 이 문화유산에 대해 무엇을 알고 있는지 확인하고 더 알고 싶은 내용을 정리해 봅니다.
- 문화유산의 위치와 특징을 알아봅니다.

▶ 답사할 때 주의할 점은?
- 보호자와 함께 답사합니다.
- 질서를 지키고 안전에 유의합니다.
- 문화유산을 함부로 만지지 않습니다.
- 음식물을 아무 곳에서나 먹지 않습니다.
- 쓰레기를 함부로 버리지 않습니다.

▶ 문화재 지킴이란?
스스로 문화유산을 가꾸고 지켜 나가기 위한 활동에 참여하는 사람을 말합니다.

▶ 유네스코 세계 유산이란?
전 세계에 알릴 가치가 있는 문화유산 중 유네스코(UNESCO)에서 선정한 특별한 가치가 있는 문화유산입니다.

▶ 유네스코에 등재된 한국의 문화유산은?
- 세계 유산: 석굴암과 불국사, 종묘, 해인사 장경판전, 창덕궁, 수원 화성, 고창·화순·강화의 고인돌 유적, 경주 역사 유적 지구, 조선 왕릉, 한국의 역사마을(하회와 양동), 남한산성, 백제 역사 유적 지구, 산사-한국의 산지 승원, 한국의 서원 등
- 세계 기록 유산: 합천 해인사 대장경판, 『훈민정음 해례본』, 『직지심체요절』, 『조선왕조실록』 등
- 무형 문화유산: 강릉 단오제, 김장(김치를 담그고 나누는 문화), 농악 등

낱말 사전

인간문화재 보존할 가치가 큰 기술이나 예능을 전해 받은 사람

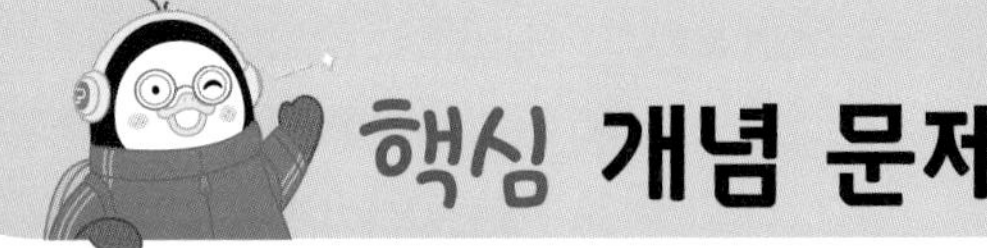

핵심 개념 문제

개념 1 우리 지역의 문화유산 알아보기

(1) 문화유산은 조상 대대로 전해 내려오는 것 중 다음 세대에 물려줄 만한 가치를 지닌 것임.
(2) 문화유산에는 역사적, 과학적, 예술적 가치 등이 담겨 있음.
(3) 유형 문화유산은 탑, 건축물, 책과 같이 일정한 형태가 있음.
(4) 무형 문화유산은 예술 활동이나 기술처럼 일정한 형태가 없음.

01 다음에서 설명하는 것을 무엇이라고 하는지 쓰시오.

> 조상 대대로 전해 내려오는 것 중 다음 세대에 물려줄 만한 가치를 지닌 것이다.

( )

02 다음 문화유산에 대한 설명으로 알맞은 것은 어느 것입니까? ( )

▲ 수원 화성

① 기념품이다.
② 기록 유산이다.
③ 문헌 자료이다.
④ 유형 문화유산이다.
⑤ 무형 문화유산이다.

개념 2 우리 지역의 문화유산 조사하기

(1) 인터넷에서 문화유산 검색하기
(2) 문화유산에 대한 책이나 문서, 기록물 찾아보기
(3) 문화 관광 해설사, 박물관 큐레이터 등 문화유산에 대해 잘 알고 있는 전문가와 면담하기
(4) 문화유산 답사하기
(5) 박물관에 가서 문화유산 살펴보기

03 다음과 같은 조사 방법은 무엇입니까? ( )

> 문화 관광 해설사, 박물관 큐레이터 등에게 문화유산에 대한 설명을 듣거나 궁금한 점을 여쭈어본다.

① 답사하기
② 책 찾아보기
③ 기록물 찾아보기
④ 인터넷 검색하기
⑤ 전문가 면담하기

04 우리 지역의 문화유산을 조사하는 방법으로 알맞지 않은 것은 어느 것입니까? ( )

① 답사하기
② 드라마 시청하기
③ 박물관 관람하기
④ 누리집 검색하기
⑤ 책으로 조사하기

개념 3 우리 지역의 문화유산 답사하기

(1) 답사는 문화유산에 직접 찾아가 실제 모습을 보고 조사하며 배우는 것임.
(2) 직접 보고 조사하며 문화유산에 대한 관심과 흥미를 높일 수 있음.
(3) **답사 과정**: 답사할 문화유산 정하기 → 문화유산 사전 조사하기 → 답사 계획 세우기 → 답사하기 → 답사 보고서 작성하기
(4) **답사하는 방법**: 문화유산 자세히 살펴보기, 문화유산의 사진이나 영상 촬영하기, 문화유산 그림 그리기, 문화 관광 해설사에게 궁금한 점 여쭈어보기, 새롭게 알게 된 내용 기록하기 등임.

05 다음에서 설명하는 조사 방법은 무엇인지 쓰시오.

> 문화유산의 실제 모습을 직접 보고 조사하는 것이다.

(　　　　　　　　　　)

06 다음과 같은 조사 방법에 대한 설명으로 알맞은 것은 어느 것입니까? (　　)

① 직접 보고 느낄 수 있다.
② 언제든 가능한 조사 방법이다.
③ 책을 통해 조사하는 방법이다.
④ 사진 자료를 이용하는 방법이다.
⑤ 영상으로 보기 때문에 지루하지 않다.

개념 4 우리 지역의 문화유산 소개하기

(1) 문화유산 소개 자료를 만들 때에는 문화유산의 특징, 가치, 우수성이 잘 드러나게 만들어야 함.
(2) 소개 자료로는 문화유산 안내 포스터, 문화유산 안내도, 문화유산 소개 책자, 문화유산 신문 등이 있음.
(3) 제작한 소개 자료를 이용하거나 문화 관광 해설사가 되어 친구들에게 문화유산을 소개할 수 있음.

07 다음과 같은 문화유산 소개 자료를 무엇이라고 하는지 쓰시오.

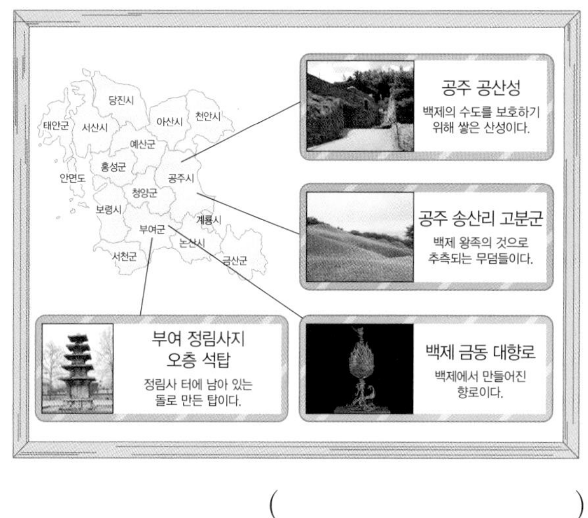

(　　　　　　　　　　)

08 문화유산 소개 자료를 만들 때 들어갈 내용으로 알맞지 않은 것은 어느 것입니까? (　　)

① 문화유산의 특징
② 문화유산의 가치
③ 문화유산의 가격
④ 문화유산의 우수성
⑤ 문화유산의 제작 시기

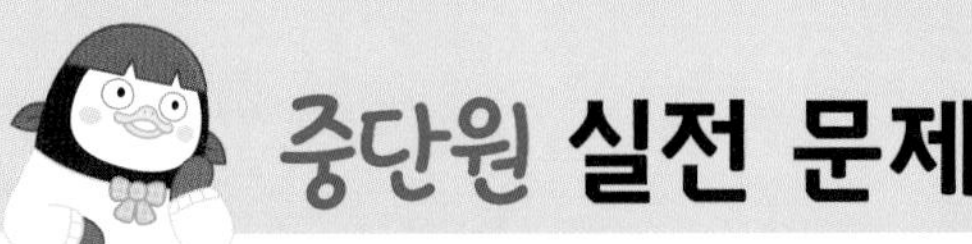

중단원 실전 문제

01 다음 (   ) 안에 들어갈 내용으로 알맞은 것은 어느 것입니까? (   )

> 문화유산은 조상 대대로 전해 내려오는 것 중 다음 세대에 물려줄 만한 (   )을/를 지닌 것이다.

① 의무　　② 가치
③ 방법　　④ 역할
⑤ 능력

02 다음 중 유형 문화유산으로 알맞은 것은 어느 것입니까? (   )

① 농악　　② 탈춤
③ 씨름　　④ 불국사
⑤ 판소리

03 다음 문화유산에 대한 설명으로 알맞은 것은 어느 것입니까? (   )

▲ 차전놀이

① 기록 유산이다.
② 일정한 형태가 없다.
③ 후손에게 전할 가치가 없다.
④ 건축물 형태의 문화유산이다.
⑤ 사냥 훈련을 위해 하던 놀이이다.

[04~05] 수진이가 조사한 다음 지역의 문화유산 안내도를 보고, 물음에 답하시오.

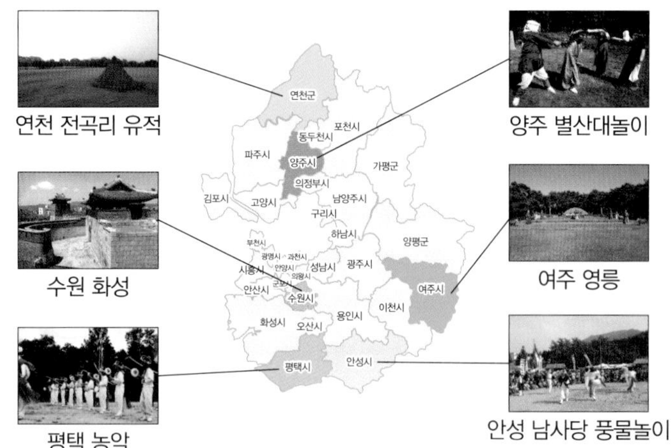

04 수진이가 조사한 지역은 어디입니까? (   )

① 경기도
② 충청북도
③ 경상남도
④ 강원특별자치도
⑤ 제주특별자치도

05 위 자료에서 무형 문화유산과 유형 문화유산을 각각 한 가지씩 골라 이름을 쓰시오.

(1) 유형 문화유산: (   )
(2) 무형 문화유산: (   )

06 **문화유산 조사 계획서에 들어갈 내용으로 알맞지 않은 것은 어느 것입니까? (　　)**

① 조사 목적
② 조사 방법
③ 조사할 내용
④ 조사할 문화유산
⑤ 조사하고 난 뒤 느낀 점

07 **다음과 같은 조사 방법은 무엇입니까? (　　)**

① 답사
② 문헌 조사
③ 전문가 면담
④ 인터넷 검색
⑤ 박물관 방문

08 **다음과 같은 조사 방법을 무엇이라고 하는지 쓰시오.**

> 문화 관광 해설사, 박물관 큐레이터 등 전문가에게 문화유산에 대한 설명을 듣거나 궁금한 점을 여쭈어본다.

(　　　　　　　　　)

09 **문화유산을 조사할 때 생각해야 할 내용으로 적절하지 않은 것은 어느 것입니까? (　　)**

① 왜 만들었을까?
② 언제 만들었을까?
③ 누가 만들었을까?
④ 얼마에 팔 수 있을까?
⑤ 무엇을 하는 데 이용되었을까?

10 **문화유산 조사 계획서를 만들 때 다음 내용이 들어갈 부분으로 알맞은 것은 어느 것입니까?**
(　　)

> • 믿을 만한 자료인지 살펴봅니다.
> • 질서를 지키고 안전에 유의합니다.
> • 박물관을 관람할 때는 조용히 합니다.

① 준비물
② 조사 대상
③ 조사 목적
④ 조사할 내용
⑤ 조사할 때 주의할 점

11 우리 지역의 문화유산을 답사하면 좋은 점으로 알맞지 않은 것은 어느 것입니까? (   )

① 사전 조사가 필요 없다.
② 새로운 사실을 알 수 있다.
③ 실제 모습을 눈으로 볼 수 있다.
④ 문화유산의 가치를 이해할 수 있다.
⑤ 문화유산에 대한 관심을 높일 수 있다.

12 문화유산 답사 계획을 세울 때 가장 먼저 해야 할 일은 어느 것입니까? (   )

① 답사하기
② 답사 소감 나누기
③ 답사 계획서 작성하기
④ 답사 보고서 작성하기
⑤ 답사할 문화유산 정하기

13 다음과 같은 안내 지도를 사용하면 좋은 점은 무엇입니까? (   )

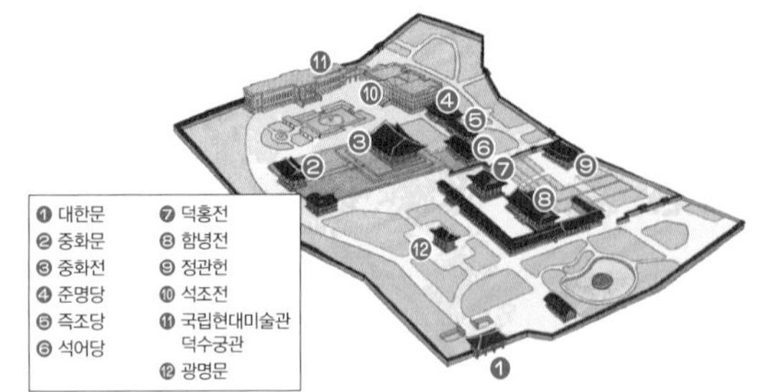

① 문화유산의 위치를 알 수 있다.
② 문화유산의 가치를 알 수 있다.
③ 문화유산의 재료를 파악할 수 있다.
④ 문화유산의 실제 크기를 알 수 있다.
⑤ 문화유산이 만들어진 시기를 알 수 있다.

14 문화유산을 답사하는 방법으로 알맞지 않은 것은 어느 것입니까? (   )

① 문화유산 사진을 촬영한다.
② 새롭게 알게 된 내용을 기록한다.
③ 문화유산 안내판 설명을 잘 읽는다.
④ 문화유산을 만지면서 자세히 본다.
⑤ 문화 관광 해설사에게 궁금한 점을 여쭈어 본다.

15 답사 보고서에 들어갈 내용으로 알맞은 것을 보기에서 모두 골라 기호를 쓰시오.

보기

㉠ 준비물
㉡ 알게 된 점
㉢ 답사한 문화유산
㉣ 미리 조사할 내용

(   )

16 다음과 같은 문화유산 신문 만들기를 할 때 가장 먼저 해야 할 활동은 무엇입니까? (　　)

① 주제 정하기
② 신문 제목 쓰기
③ 문화유산 설명 쓰기
④ 문화유산 사진 붙이기
⑤ 소개할 자료 위치 정하기

17 다음과 같은 소개 자료는 무엇입니까? (　　)

① 문화유산 신문
② 문화유산 카드
③ 문화유산 안내도
④ 문화유산 소개 책자
⑤ 문화유산 안내 포스터

18 다음에서 설명하는 것은 무엇인지 쓰시오.

스스로 문화유산을 가꾸고 지켜 나가는 활동에 참여하는 사람을 말한다. 이들은 문화유산을 청소하거나 화재를 감시하고 문화유산을 널리 알리기 위한 홍보 활동을 한다.

(　　　　　　　　)

19 문화유산을 소중히 여겨야 하는 까닭으로 알맞은 것을 두 가지 고르시오. (　　,　　)

① 가격이 비싸기 때문이다.
② 우리의 역사가 담겨 있기 때문이다.
③ 조상의 정신이 담겨 있기 때문이다.
④ 다른 나라에 수출해야 하기 때문이다.
⑤ 문화유산 제작 시기를 알 수 없기 때문이다.

20 다음에서 설명하는 것은 무엇입니까? (　　)

전 세계에 알릴 가치가 있는 문화유산 중 유네스코(UNESCO)에서 선정한 특별한 가치가 있는 문화유산이다.

① 국보
② 보물
③ 기념물
④ 특산품
⑤ 유네스코 세계 유산

학교에서 출제되는 서술형 평가를 미리 준비하세요.

문제 해결 전략

문화유산 안내도의 의미 알기

⬇

문화유산 안내도의 특징 및 이를 통해 알 수 있는 사실 파악하기

⬇

문화유산을 보호하는 방법 서술하기

핵심 키워드

- 문화유산 소개 자료의 종류
  - 문화유산 신문
  - 문화유산 안내도
  - 문화유산 소개 책자
  - 문화유산 안내 포스터
- 문화유산 안내도 만들기
  - 주제 정하기
  - 백지도 활용하기
  - 문화유산의 사진과 설명을 백지도와 선으로 연결하기

빈칸을 채우며 서술형 문제의 답안을 작성하는 연습을 해 보세요!

연습 문제

[1~3] 다음 자료를 보고, 물음에 답하시오.

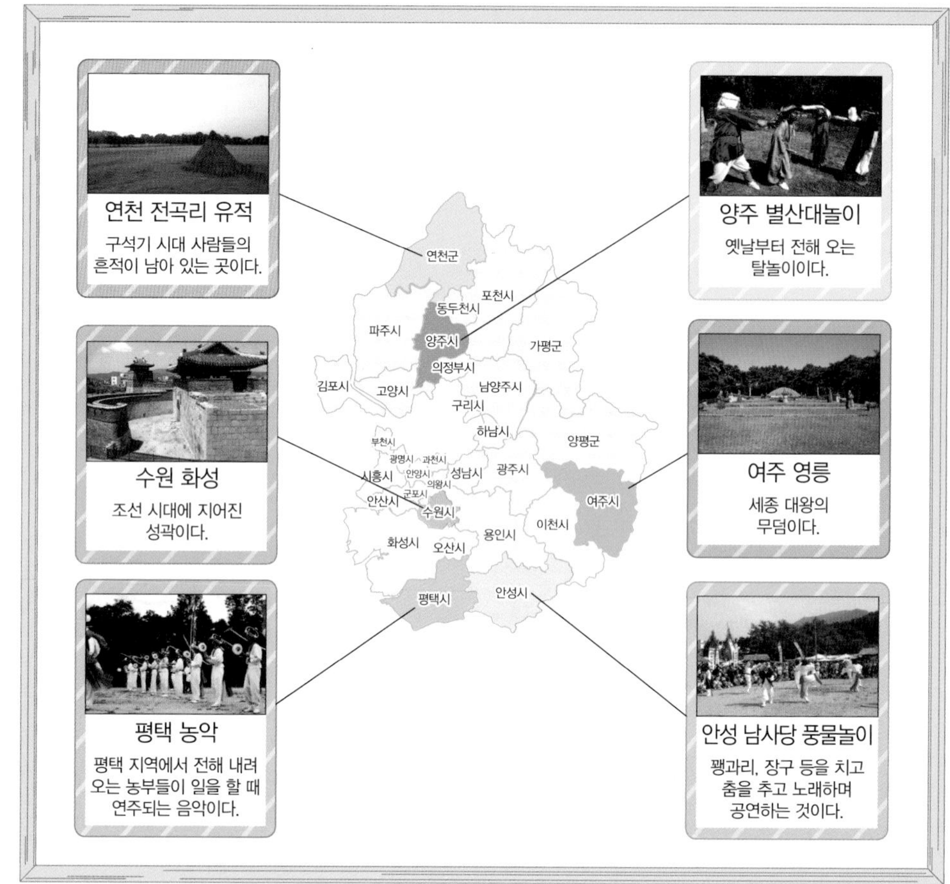

1 위와 같은 소개 자료를 무엇이라고 하는지 쓰시오.

( )

2 위 자료를 보고, ( ) 안에 알맞은 말을 써넣으시오.

위 소개 자료는 우리 지역에 있는 문화유산의 ( ), 분포, 특징을 한눈에 볼 수 있는 안내도입니다. 위 안내도에는 경기도 지역의 대표적인 문화유산에 대한 ( )이나 그림이 설명 글과 함께 제시되어 있습니다.

3 위 문화유산을 보호하는 방법에는 무엇이 있는지 생각하여 쓰시오.

실전 문제

[1~2] 다음 자료를 보고, 물음에 답하시오.

1 다음은 위 자료를 보고 정리한 내용입니다. (　　) 안에 알맞은 말을 써넣으시오.

(1) 위 문화유산의 이름은 경주 (　　　　)(으)로, (　　　　)(이)라는 뜻이 담겨 있습니다.

(2) 위 문화유산이 만들어진 때는 (　　　　) 시기입니다.

2 위 문화유산을 다음과 같은 방법으로 조사할 때 어떤 장점이 있는지 쓰시오.

____

____

3 다음 자료를 보고, 물음에 답하시오.

(1) 문화유산을 훼손하는 상황을 모두 찾아 동그라미 하시오.

(2) 위와 같은 일을 예방하고 스스로 문화유산을 가꾸고 지켜 나가기 위한 활동을 벌이는 사람을 무엇이라고 하는지 쓰시오.

(　　　　　　　　)

4 문화유산을 소중히 여겨야 하는 까닭을 두 가지 쓰시오.

____

____

____

(2) 우리 지역의 역사적 인물

▶ 역사적 인물이란?
- 나라나 사람들을 위해 의미 있는 일을 한 사람입니다.
- 외적의 침입을 막아 내고 나라를 지킨 인물입니다.
- 학문과 기술의 발전을 위해 노력한 인물입니다.
- 뛰어난 예술 작품을 남긴 인물입니다.
- 자신을 희생해 다른 사람에게 도움을 준 인물입니다.

▶ 지역의 역사적 인물은?
지역의 역사적 인물은 지역의 역사나 지역 사람들이 살아온 삶과 관련이 있습니다. 또한 현재 지역의 특징 및 사람들의 생활과도 관련이 있습니다.

▶ 지역의 역사적 인물과 관련된 문화유산은?

정약용	다산 초당(전라남도 강진), 정약용이 유배 생활을 한 곳
이황	 도산 서원(경상북도 안동), 이황이 제자를 가르치던 곳에 세워진 교육 기관

역사 나라나 민족의 지나온 과정

1 우리 지역의 역사적 인물 알아보기

(1) **역사적 인물**

① 우리 조상 중 나라를 지키고 발전시키는 등 역사 속에서 훌륭한 업적을 남긴 인물이나 사회에 영향을 미친 인물입니다. ➡ 현재 우리의 삶에도 영향을 미침.

② 역사적 인물에 대해 조사하며 조상들의 삶과 그들의 마음을 알 수 있습니다.

(2) 우리나라의 대표적인 역사적 인물

① 이순신: 임진왜란 때 거북선을 만들어 적군을 물리쳤습니다. (임진왜란: 1592년 일본군이 우리나라에 쳐들어와 일어난 전쟁)

② 유관순: 일본에 나라를 빼앗겼을 때 독립을 위해 만세 운동을 벌였습니다.

③ 정약용: 조선 시대 학자로 다양한 분야의 책을 남기고, 거중기를 만들어 수원 화성 건설에 이용했습니다. (거중기: 무거운 물건을 들어 올리는 데 사용된 기구)

④ 문익점: 중국에서 목화씨를 들여와 재배하여 사람들이 따뜻한 옷을 만들어 입을 수 있게 되었습니다.

⑤ 김만덕: 조선 시대 상인으로 장사를 통해 큰돈을 벌어 자연재해로 굶주림에 시달리는 제주도 사람들에게 곡식을 나눠 주었습니다.

⑥ 신사임당: 조선 시대 여성 화가로 풀과 곤충을 주제로 한 그림 등 뛰어난 예술 작품을 남겼습니다.

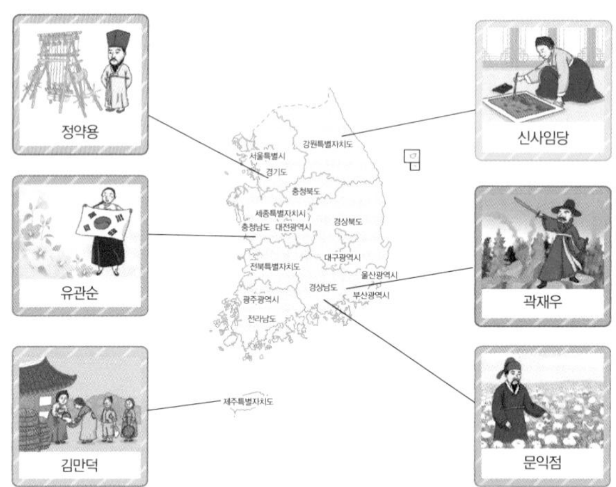

▲ 우리나라의 대표적인 역사적 인물

2 우리 지역의 역사적 인물 조사하기

(1) 역사적 인물 조사 과정

① 조사할 역사적 인물 정하기	조사할 역사적 인물을 정함.
② 조사할 내용 정하기	역사적 인물에 대해 어떤 내용을 조사할지 정함.
③ 조사 방법 정하기	어떤 방법으로 조사할지 정하고 역할을 나눔.
④ 조사하기	선택한 조사 방법으로 조사를 함(조사 내용: 인물의 업적, 살았던 시대, 인물에 대한 평가, 인물과 관련된 문화유산 등).
⑤ 조사한 내용 정리하기	역사적 인물에 대해 조사한 내용을 다양한 형태로 정리함.

(2) 역사적 인물 조사 방법

① 책으로 알아보기

- 역사적 인물을 소개한 책을 찾아 읽어 봅니다.
- 역사적 인물에 대한 내용을 정리해 놓은 백과사전을 살펴봅니다.

② 인터넷으로 검색하기

- 인터넷 백과사전이나 관련 내용을 검색하여 살펴봅니다.
- 역사적 인물 기념관 누리집 등을 검색합니다.
- 역사적 인물을 다룬 영상 자료를 살펴봅니다.

③ 현장 체험하며 알아보기

- 역사적 인물과 관련된 문화유산이나 관련 장소(생가, 전시관, 기념관 등) 등을 답사합니다.
- 문화 관광 해설사께 역사적 인물에 대한 설명을 듣습니다.
- 촬영이 허가된 곳에서는 사진이나 동영상을 찍을 수 있습니다.

(3) **조사 보고서 작성하기**: 조사한 인물, 조사 방법, 조사한 내용(태어난 곳, 살았던 때, 업적, 관련 장소, 느낀 점 등) 등을 담아 보고서를 작성합니다.

3 우리 지역의 역사적 인물 소개하기

(1) 역사적 인물 소개 자료에 들어갈 내용

① 역사적 인물의 삶과 업적이 잘 드러나도록 만듭니다.

② 당시 사회에 어떤 영향을 미쳤는지 알 수 있도록 합니다.

③ 역사적 인물이 지역에서 어떤 형태로 기억되고 있는지 알 수 있게 합니다.

(2) **역사적 인물 소개 자료**: 뉴스 대본, 인물 소개 포스터, 역할극 대본, 인물 카드, 인물 명함 등을 만들거나 노래 가사를 바꾸는 등 소개 자료를 만듭니다.

뉴스 대본 만들기	• 인물의 삶과 주요 활동이 드러나게 뉴스 대본을 만듦. • 뉴스 대본을 바탕으로 영상 자료를 제작해도 좋음.
인물 소개 포스터 만들기	역사적 인물의 특징과 주요 활동을 한눈에 알아 볼 수 있도록 소개 포스터를 만듦.
역할극 대본 만들기	• 역사적 인물과 관련된 이야기 등을 소재로 역할극 대본을 만듦. • 역할극 준비하기(때, 장소, 등장인물 등 정하기) → 역할극 역할 정하기 → 역할극 대본 완성하기
노래 가사 바꾸기	역사적 인물에 관한 내용이 드러나게 노래 가사를 새롭게 바꾸어 보기

(3) 우리 지역의 역사적 인물 소개하기

① 조사 보고서를 바탕으로 만든 소개 자료를 활용합니다.

② 역할극 공연하기, 뉴스 만들어 소개하기, 노래 가사 바꿔 부르기, 문화 관광 해설사되어 소개하기 등 다양한 방법으로 소개합니다.

③ 친구들의 소개 활동을 보면서 궁금한 점이나 새롭게 알게 된 점, 느낀 점 등을 이야기합니다.

④ 역사적 인물을 소개하며 우리 지역에 대한 자부심을 기를 수 있습니다.

역할 나누기란?
역사적 인물을 조사하고, 조사 보고서를 작성하는 과정에서 각자 맡을 일을 정합니다.

역사적 인물은 각 지역에서 어떻게 기억되고 기념되고 있나?

- 역사적 인물이 제작한 과학 기구 모형 등이 있는 공원이 있습니다. 예 장영실 과학 동산(부산광역시)
- 역사적 인물을 기리는 행사나 축제가 열립니다. 예 김만덕 주간 나눔 큰 잔치(제주특별자치도)
- 역사적 인물을 기념하는 우표를 제작하기도 합니다. 예 문익점 기념 우표

역사적 인물 소개 자료를 만드는 순서는?
소개 자료의 종류 정하기 → 소개 자료에 담을 내용 정하기 → 역할 나누기 → 소개 자료 만들기

대본 연극이나 영화 등을 제작하기 위한 기본이 되는 글

핵심 개념 문제

개념 1 우리 지역의 역사적 인물 알아보기

(1) **역사적 인물**: 우리 지역에서 나라를 지키고 발전시키는 등 역사 속에서 훌륭한 업적을 남긴 인물이나 당시 사회에 영향을 미친 인물로 이들은 현재 우리의 삶에도 영향을 미침.

(2) 역사적 인물에 대해 조사하며 조상들의 삶과 그들의 마음을 알 수 있음.

(3) **우리나라의 대표적인 역사적 인물**: 이순신, 유관순, 곽재우, 정약용, 문익점, 김만덕, 신사임당 등

01 다음 ( ) 안에 들어갈 알맞은 말을 쓰시오.

> 우리 지역에는 나라를 지키고 발전시키는 등 훌륭한 업적을 남긴 ( ) 인물이 있다.

( )

02 다음 설명에 해당하는 역사적 인물은 누구입니까? ( )

> 중국에서 목화씨를 들여와 재배하여 우리나라 사람들이 따뜻한 옷을 만들어 입을 수 있게 한 인물이다.

① 문익점
② 정약용
③ 김만덕
④ 이순신
⑤ 유관순

개념 2 우리 지역의 역사적 인물 조사하기

(1) **조사 과정**: 조사할 역사적 인물 정하기 → 조사할 내용 정하기 → 조사 방법 정하기 → 조사하기 → 조사한 내용 정리하기

(2) **조사 방법**: 책으로 알아보기, 인터넷으로 검색하기, 현장 체험하며 알아보기 등

(3) **조사 보고서 작성하기**: 조사한 인물, 조사 방법, 조사한 내용(태어난 곳, 살았던 때, 업적, 관련 장소, 느낀 점 등) 등을 담아 보고서를 작성함.

03 우리 지역의 역사적 인물을 조사할 때 가장 먼저 해야 할 일은 어느 것입니까? ( )

① 역할 나누기
② 조사 방법 정하기
③ 조사할 내용 정하기
④ 조사할 인물 정하기
⑤ 조사 보고서 작성하기

04 다음과 같은 조사 방법은 무엇입니까? ( )

① 위인전 읽기
② 현장 체험하기
③ 인터넷 검색하기
④ 박물관 관람하기
⑤ 전문가 면담하기

정답과 해설 18쪽

개념 3 우리 지역의 역사적 인물 소개 자료 만들기

(1) 소개 자료 만들기: 뉴스 대본 만들기, 인물 소개 포스터 만들기, 역할극 대본 만들기, 노래 가사 바꾸기 등

(2) 소개 자료 만드는 순서: 소개 자료의 종류 정하기 → 소개 자료에 담을 내용 정하기 → 역할 나누기 → 소개 자료 만들기

05 다음은 우리 지역의 역사적 인물을 소개하는 자료의 일부입니다. 어떤 소개 자료인지 쓰시오.

> 때: 조선 시대
> 장소: 궁궐
> 등장인물: 정조, 정약용
>
> 〈장면 1〉 정조 임금과 정약용의 만남
>
> 정조: 수원 화성을 빠른 시간 안에 건설하고 싶소.
> 정약용: 거중기를 만들어 공사에 이용하겠사옵니다.

( )

06 우리 지역의 역사적 인물을 소개하는 자료를 만들 때 주의해야 할 점으로 알맞은 것은 어느 것입니까? ( )

① 흥미 위주로 구성한다.
② 잘한 일을 과장해 소개한다.
③ 역사적 인물에 대해 평가하지 않는다.
④ 인물의 주변 인물을 중심으로 다룬다.
⑤ 역사적 인물의 삶이 잘 드러나게 한다.

개념 4 우리 지역의 역사적 인물 소개하기

(1) 조사 보고서를 바탕으로 만든 소개 자료를 활용함.

(2) 역할극 공연하기, 뉴스 만들어 소개하기, 노래 가사 바꿔 부르기, 문화 관광 해설사가 되어 소개하기 등 다양한 방법으로 소개함.

(3) 친구들의 소개 활동을 보면서 새롭게 알게 된 점이나 느낀 점, 궁금한 점 등을 이야기함.

07 다음은 어떤 방법으로 역사적 인물을 소개하고 있는 것인지 쓰시오.

> 동네 한 바퀴
>
> 다 같이 돌자 동네 한 바퀴
> 아침 일찍 일어나 동네 한 바퀴
> 우리 보고 나팔꽃 인사합니다
> 우리도 인사하며 동네 한 바퀴
> 바둑이도 같이 돌자 동네 한 바퀴
>
> 우리 지역 인물 장영실
> 뛰어난 재주로 무엇이든 척척
> 노비 신분 벗어나 과학자 되었네
> 혼천의, 앙부일구, 자격루를 제작해
> 과학 기술 발달에 기여했다네

( )

08 다음과 같은 활동은 언제 이루어지는 것입니까? ( )

> • 느낀 점 이야기하기
> • 궁금한 점 묻고 답하기
> • 친구들이 소개한 내용 평가하기

① 조사할 인물 정하기
② 조사 보고서 작성하기
③ 역사적 인물 조사하기
④ 역사적 인물 소개하기
⑤ 역사적 인물 소개 자료 만들기

중단원 실전 문제

01 역사적 인물에 해당하지 않는 사람은 누구입니까? (　　)

① 훈민정음을 창제한 세종
② 목화씨를 들여온 문익점
③ 우리 집에 도움을 주는 친척
④ 독립 만세 운동을 이끈 유관순
⑤ 임진왜란 때 적군을 물리친 이순신

02 다음과 관련 있는 역사적 인물의 이름을 쓰시오.

조선 시대에 장사로 큰돈을 벌어 자연재해로 굶주림에 시달리는 제주도 사람들에게 곡식을 나눠 주었다.

(　　　　　　　　　　)

03 다음 질문에 대한 답변으로 가장 적절한 것은 어느 것입니까? (　　)

① 우리 지역에서 가장 부자인 사람입니다.
② 우리 지역을 가장 잘 알고 있는 사람입니다.
③ 우리 지역을 앞으로 널리 알릴 사람입니다.
④ 우리 지역에서 나이가 가장 많은 사람입니다.
⑤ 우리 지역 조상 중 나라를 발전시키는 일을 한 사람입니다.

04 다음 인물과 관련된 문화유산은 어느 것입니까? (　　)

지폐 속 인물은 퇴계 이황입니다. 이 인물은 제자들을 가르친 학자로 유명합니다.

보기

①

▲ 경주 불국사

②

▲ 공주 공산성

③

▲ 안동 도산 서원

④

▲ 다산 초당

⑤

▲ 경복궁

05 다음 자료를 보고 알 수 있는 내용으로 알맞은 것을 두 가지 고르시오. (　　,　　)

① 역사적 인물에 대한 기록이 없다.
② 역사적 인물을 기억할 필요가 없다.
③ 역사적 인물의 정신이 잊혀지고 있다.
④ 역사적 인물의 삶은 지역의 역사와 관련 있다.
⑤ 역사적 인물을 기리는 행사가 열리고 있다.

06 우리 지역의 역사적 인물 조사 과정 중 다음과 같은 활동을 하는 단계는 어느 것입니까? (　　)

① 역할 정하기
② 조사 방법 정하기
③ 조사할 내용 정하기
④ 조사할 인물 정하기
⑤ 조사 내용 정리하기

07 다음은 우리 지역의 역사적 인물 조사 과정 중 어느 단계에 해당하는지 보기에서 골라 기호를 쓰시오.

학생1: 우리 이제 조사한 내용을 정리해 보자.
학생2: 어떤 형식으로 정리할까?

보기

㉠ 조사하기
㉡ 인물 정하기
㉢ 조사 방법 정하기
㉣ 조사 보고서 작성하기

(　　　　　　)

08 다음과 같은 조사 방법은 무엇입니까? (　　)

① 책으로 알아보기
② 영상으로 살펴보기
③ 전문가에게 설명 듣기
④ 현장 체험하며 조사하기
⑤ 인터넷 백과사전 검색하기

09 우리 지역의 역사적 인물을 인터넷으로 알아보는 방법으로 가장 알맞은 것은 어느 것입니까? (　　)

① 도서관에서 위인전 찾아 읽기
② 역사적 인물과 관련된 문화유산 답사하기
③ 역사적 인물을 기념하는 행사에 직접 참여하기
④ 역사적 인물 관련 기념관의 누리집에서 자료 검색하기
⑤ 문화 관광 해설사께 역사적 인물의 삶에 대한 설명 직접 듣기

10 우리 지역의 역사적 인물 조사 보고서에 들어갈 내용으로 알맞지 않은 것은 어느 것입니까? (　　)

① 조사한 인물
② 조사한 내용
③ 더 알고 싶은 점
④ 조사하며 느낀 점
⑤ 조사할 때 이용할 방법

11 **우리 지역의 역사적 인물에 대해 조사할 내용으로 적절하지 않은 것은 어느 것입니까? (　　)**

① 역사적 인물의 주요 업적을 알아본다.
② 역사적 인물을 이용한 광고를 알아본다.
③ 역사적 인물과 관련된 문화유산을 조사한다.
④ 역사적 인물이 살았던 시대에 대해 알아본다.
⑤ 역사적 인물이 어떤 평가를 받는지 알아본다.

12 **다음 활동에 대한 설명으로 알맞은 것은 어느 것입니까? (　　)**

> 우리 지역의 역사적 인물을 조사할 때 미리 작성한 질문 내용을 문화 관광 해설사께 여쭈어본다. 설명을 적거나 동영상을 찍는 것도 가능하다.

① 현장 체험을 통해 알아보는 활동이다.
② 인터넷 검색으로 알아보는 활동이다.
③ 신문 기사를 통해 조사하는 활동이다.
④ 도서관에 가서 책을 읽으며 하는 활동이다.
⑤ 백과사전으로 자료를 찾을 때 하는 활동이다.

13 **다음과 같은 역사적 인물 소개 방법은 무엇인지 쓰시오.**

> 반짝반짝 작은별
> 반짝반짝 작은별 아름답게 비추네
> 서쪽 하늘에서도 동쪽 하늘에서도
> 반짝반짝 작은별 아름답게 비추네
>
> 우리 지역 김만덕은 지역민들 도왔네
> 제주 사람들 모두 자연재해로 힘들 때
> 장사해 모은 돈으로 제주 사람들 살렸네

(　　　　　　　　)

14 **우리 지역의 역사적 인물을 소개하는 자료를 만들 때 주의할 점을 두 가지 고르시오.**

(　　,　　)

① 내가 잘 아는 내용만 넣는다.
② 역사적 사실을 바탕으로 만든다.
③ 사실보다는 느낀 점을 중심으로 만든다.
④ 흥미를 위해 사실이 아닌 내용도 넣는다.
⑤ 역사적 인물의 삶과 업적이 잘 드러나게 만든다.

15 **다음과 같은 일은 우리 지역의 역사적 인물을 소개하는 자료를 만드는 과정 중 어느 것에 해당합니까? (　　)**

① 역할 나누기
② 소개 방법 정하기
③ 소개할 인물 정하기
④ 소개할 내용 정하기
⑤ 조사 보고서 작성하기

[16~17] 다음 자료를 읽고, 물음에 답하시오.

등장인물: 아나운서, 정약용 후손, 교수

아나운서: (정약용 후손을 보며) 정약용 선생님께서는 어떤 일을 하신 분인가요?

정약용 후손: 수많은 책을 쓴 학자로 존경할 만한 분이십니다. 또한 수원 화성을 건설하는 데 중요한 역할을 하셨습니다.

아나운서: (교수를 보며) 정약용 선생님께서 남긴 대표적인 책은 무엇인가요?

교수: 지방 관리가 갖춰야 할 덕목이나 역할 등에 대해 기록한 책인『목민심서』가 유명합니다.

아나운서: 수원 화성을 건설할 때는 어떤 역할을 하셨나요?

교수: 거중기를 제작하여 공사에 이용하도록 하셨습니다.

16 위 자료는 우리 지역의 역사 인물을 어떤 방법으로 소개하기 위한 것인지 쓰시오.

( )

17 위 자료를 통해 알 수 있는 정약용의 업적을 모두 고르시오. ( )

① 목민심서를 썼다.
② 우리글을 만들었다.
③ 거중기를 제작했다.
④ 목화씨를 들여왔다.
⑤ 풀과 곤충을 주제로 그림을 그렸다.

18 다음과 같은 소개 방법으로 알맞은 것은 어느 것입니까? ( )

① 역할극 공연하기
② 뉴스 만들어 소개하기
③ 노래 가사 바꿔 부르기
④ 역사적 인물 사진 전시하기
⑤ 인물 소개 포스터 제작하기

19 우리 지역의 역사적 인물을 소개하는 방법으로 적절한 것은 어느 것입니까? ( )

① 모둠 대표 한 사람만 발표한다.
② 역사적 인물의 주요 업적을 소개한다.
③ 모든 모둠이 한 가지 방법으로만 소개한다.
④ 역사적 인물과 관련 없는 내용도 발표한다.
⑤ 새롭게 알게 된 내용은 이야기 하지 않는다.

20 우리 지역 역사적 인물을 소개하는 발표를 들을 때 주의할 점으로 알맞지 않은 것은 어느 것입니까? ( )

① 더 알고 싶은 점을 생각해 본다.
② 궁금한 점이 있을 경우 기록한다.
③ 중요한 내용은 기록하면서 듣는다.
④ 흥미 있는 모둠의 발표에만 집중한다.
⑤ 발표를 들으며 느꼈던 점을 이야기한다.

학교에서 출제되는 서술형 평가를 미리 준비하세요.

문제 해결 전략

제시된 자료가 무엇인지 파악하기
↓
생각 그물을 보며 역사적 인물에 대해 알아보기
↓
역사적 인물에 대해 알게 된 내용 서술하기

핵심 키워드

- 역사적 인물을 조사하는 방법 알기
- 역사적 인물에 대해 조사한 내용을 보며 인물에 대해 알기
  - 조사한 내용을 정리할 때 어떤 내용이 들어가야 하는지 알기
  - 역사적 인물의 업적과 삶에 대해 알기

연습 문제

[1~3] 다음 자료는 역사적 인물을 조사한 내용을 생각 그물로 정리한 것입니다. 물음에 답하시오.

태어난 곳: 경기도 남양주

정약용

업적
- 거중기를 만들어 수원 화성 공사에 이용함.
- 『목민심서』를 비롯한 다양한 분야의 책을 씀.

관련 장소: 수원 화성, 실학 박물관, 다산 초당

느낀 점: (　　　　　　　　　　)

1 위와 같은 역사적 인물에 대해 조사하는 방법을 한 가지만 쓰시오.

(　　　　　　　　　　)

2 위 자료를 보고, (　　) 안에 알맞은 말을 써넣으시오.

조사한 내용을 정리한 자료를 통해 역사적 인물이 태어난 곳, (　　　　), 관련 장소 등을 알 수 있습니다. 정약용은 (　　　　)을/를 제작해 수원 화성을 건설하는 데 이용했으며, (　　　　) 등 다양한 분야의 책을 쓴 조선 시대의 학자입니다. 정약용의 업적과 삶에 대해 더 알아보기 위해서는 수원 화성을 답사하고, 실학 박물관이나 정약용이 귀양살이 하였던 (　　　　) 등을 현장 체험할 수 있습니다. 이를 통해 정약용이 현재 어떻게 기억되고 있는지도 알 수 있습니다.

빈칸을 채우며 서술형 문제의 답안을 작성하는 연습을 해 보세요!

3 정약용에 대해 조사하고 느낀 점을 쓴다면 어떤 내용을 쓸지 생각하여 쓰시오.

실전 문제

[1~2] 다음 자료를 보고, 물음에 답하시오.

▲ 김만덕 ▲ 문익점 ▲ 정약용

1 위 자료를 보고, 다음과 같이 정리하였습니다. ( ) 안에 알맞은 말을 써넣으시오.

(1) 역사적 인물은 우리 조상 중 나라를 지키고 발전시키는 등 역사 속에서 훌륭한 ( )을/를 남긴 인물이나 사회에 ( )을/를 미친 인물입니다.

(2) ( )은 목화씨를 들여와 의생활에 도움을 준 인물이고, 조선 시대 상인인 ( )은 제주도 사람들이 어려움을 겪을 때 도움을 주었고, 거중기를 제작한 ( )은 학문 발전에 기여한 인물입니다.

2 위 자료에 나오는 인물 중 한 사람을 고른 뒤, 어떤 업적을 소개하고 싶은지 쓰시오.

(1) 고른 인물: ( )

(2) 소개하고 싶은 내용: ______________________

[3~4] 다음 자료를 보고, 물음에 답하시오.

〈우리 지역의 역사적 인물을 조사하는 방법〉

3 위 자료를 보고, 우리 지역의 역사적 인물을 조사하는 방법에 대해 다음과 같이 정리하였습니다. ( ) 안에 알맞은 말을 써넣으시오.

(1) 우리 지역의 역사적 인물을 조사하는 방법은 ( )으로 알아보기, ( ) 검색하기, 현장 체험하기 등이 있습니다.

(2) 우리 지역의 역사적 인물과 관련된 장소를 ( )하면서 ( ) 해설사와 같은 전문가에게 자세한 설명을 들을 수 있습니다.

4 위의 다양한 조사 방법 중 언제나 편리하게 조사할 수 있는 방법과 그렇게 생각한 까닭을 쓰시오.

(1) 편리한 조사 방법: ( )

(2) 그렇게 생각한 까닭: ______________________

대단원 정리 학습

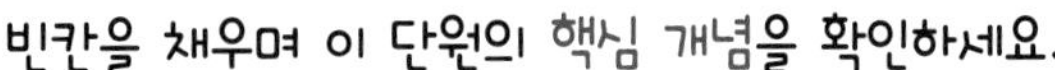

우리가 알아보는 지역의 역사

우리 지역의 문화유산

① 우리 지역의 문화유산 알아보기

- (❶): 조상 대대로 전해 내려오는 것 중 다음 세대에 물려줄 만한 가치를 지닌 것
- 문화유산은 유형 문화유산과 무형 문화유산으로 구분됨.

② 우리 지역의 문화유산 조사하기

- 문화유산 조사 방법: 책이나 문서, 기록물 찾아보기, (❷)에서 검색하기, 현장 체험하며 알아보기, 박물관 관람하기, 전문가와 면담하기 등

③ 우리 지역의 문화유산 소개하기

(❸)	문화유산 안내 포스터	문화유산 소개 책자
고창 죽림리 고인돌 / 김제 벽골제 / 남원 광한루	20○○년 ○○월 ○○일 ~ ○○일 / 전주 세계 소리 축제 SORI FESTIVAL	경주 불국사

우리 지역의 역사적 인물

① 우리 지역의 역사적 인물 알아보기

- 우리 조상 중 나라를 지키고 발전시키는 등 역사 속에서 훌륭한 (❹)을/를 남긴 인물이나 사회에 영향을 미친 인물

② 우리 지역의 역사적 인물 조사하기

책으로 알아보기	역사적 인물을 소개해 놓은 책이나 백과사전 살펴보기
인터넷으로 검색하기	인터넷 백과사전이나 역사적 인물 기념관 누리집 등 검색하기
(❺)	역사적 인물과 관련된 문화유산이나 관련 장소 등을 직접 찾아가기

③ 우리 지역의 역사적 인물 소개하기

- 역할극 공연하기, 뉴스 만들어 소개하기, 노래 가사 바꿔 부르기, 문화 관광 해설사 되어 소개하기, 인물 소개 포스터 전시하기 등

정답 ❶ 문화유산 ❷ 인터넷 ❸ 문화유산 안내도 ❹ 업적 ❺ 현장 체험하며 알아보기(답사)

사고력 문제 엿보기

우리 지역의 역사적 인물에 대해 친구들과 함께 이야기하기

1 다음 인물 중 한 사람을 골라 인물에 대해 조사하고, 그 내용을 다양한 방법으로 정리해 봅시다.

▲ 우리나라의 대표적인 역사적 인물

조사한 인물	
조사한 방법	
조사 결과	
느낀 점	

예시 답안

조사한 인물	곽재우
조사한 방법	인터넷 검색
조사 결과	살았던 때: 조선 시대 활동한 지역: 경상남도 의령 일대 업적: 임진왜란 때 사람들을 모아 의병을 일으켜 일본군을 물리쳤습니다. 관련 장소: 의병 광장
느낀 점	나라를 지키기 위해 자신을 희생한 곽재우 장군의 모습이 대단했고, 장군과 함께 의병에 참여한 이름 모를 사람들의 마음이 느껴졌습니다.

2 위에서 더 조사해 보고 싶은 사람이 누구인지 쓰고, 그 이유도 써 봅시다.

예시 답안
- 유관순
- 유관순이 어린 나이에 만세 운동에 참여했다고 하는데, 어떤 마음으로 참여했는지 알아보고 싶습니다.

3 지역에서 다음과 같은 행사를 하는 까닭이 무엇인지 써 봅시다.

▲ 김만덕 주간 나눔 큰 잔치

예시 답안 각 지역의 역사적 인물이 한 일을 널리 알리고 기억하기 위해서입니다.

대단원 마무리

[01~02] 다음 자료를 보고, 물음에 답하시오.

▲ 강원특별자치도 문화유산 안내도

01 위 자료를 보고 알 수 있는 내용으로 알맞지 않은 것은 어느 것입니까? (　　)

① 강릉시에는 오죽헌이 있다.
② 강원특별자치도 문화유산의 분포를 알 수 있다.
③ 자연환경의 변화를 한눈에 알 수 있다.
④ 문화유산을 통해 지역의 역사를 알 수 있다.
⑤ 유형 문화유산과 무형 문화유산이 나타나 있다.

02 위에서 문화유산의 종류가 다른 것을 골라 이름을 쓰시오.

(　　　　　　　　　　　　　)

03 다음 조사 방법의 장점을 두 가지 고르시오. (　　,　　)

① 언제든 필요한 정보를 얻을 수 있다.
② 문화유산을 직접 눈으로 볼 수 있다.
③ 시간과 날씨에 상관없이 조사할 수 있다.
④ 궁금한 것이 있으면 즉시 질문할 수 있다.
⑤ 생생한 영상을 통해 자세히 이해할 수 있다.

04 학생들이 다음 자료를 만들 때 생각해야 할 내용으로 알맞지 않은 것은 어느 것입니까? (　　)

> 초대장
> 충청남도의 대표적인 역사 문화 축제인 백제 문화제에 초대합니다.
> 일시: 20○○년 ○○월 ○○일~○○일
> 장소: 충청남도 공주 및 부여 일대

① 초대장에 담을 내용을 생각한다.
② 초대 대상을 누구로 할지 생각한다.
③ 축제 비용이 얼마나 드는지 생각한다.
④ 어떤 그림과 형태로 꾸밀지 생각한다.
⑤ 우리 지역의 역사 문화 축제를 떠올린다.

05 다음 내용을 조사하기 위해 이용해야 할 누리집으로 가장 알맞은 것은 어느 것입니까? (　　)

> 조사할 내용: 우리 지역의 문화유산의 특징 및 내력을 조사한다.

① 학교 누리집　② 여행사 누리집
③ 교육청 누리집　④ 영화관 누리집
⑤ 어린이·청소년 문화재청 누리집

06 다음 (　　) 안에 들어갈 내용으로 가장 알맞은 것은 어느 것입니까? (　　)

> 답사 과정: 답사할 문화유산 정하기 → (　　) → 답사 계획 세우기 → 답사하기 → 답사 보고서 작성하기

① 느낀 점 발표하기
② 답사 준비물 챙기기
③ 답사한 내용 정리하기
④ 사진 촬영 방법 익히기
⑤ 답사할 문화유산 사전 조사하기

07 오른쪽 자료를 보고 나눈 대화 내용 중 알맞지 않은 것은 어느 것입니까? ( )

▲ 경주 불국사 삼층 석탑

① 기훈: 돌로 만들었어.
② 민정: 삼층으로 된 탑이야.
③ 가은: 이 문화유산은 경주에 있어.
④ 한울: 불국사에 있는 문화유산이야.
⑤ 승완: 이름을 보니 조선 시대에 만들어진 것임을 알 수 있어.

08 다음 문화유산을 조사하며 할 수 있는 질문으로 적절한 것을 두 가지 고르시오. (,)

① 가격은 얼마나 될까?
② 무엇에 이용되었을까?
③ 언제 만들어진 것일까?
④ 어느 광고에 이용되었을까?
⑤ 문화유산을 훼손한 까닭은 무엇일까?

09 다음에서 설명하는 것은 무엇인지 쓰시오.

> 각 지역에서 발견된 옛날 사람들이 만들어 사용했던 다양한 문화유산을 전시하고 연구하는 공간이다.

( )

10 다음과 같은 소개 자료는 무엇입니까? ( )

수원 화성

- 조선 정조 때 만들어짐.
- 공사에 거중기가 이용됨.
- 다양한 군사 시설을 갖춤.
- 유네스코 세계 유산임.

① 문화유산 카드
② 문화유산 신문
③ 문화유산 안내도
④ 문화유산 소개 책자
⑤ 문화유산 안내 포스터

11 다음과 같은 방법으로 문화유산을 소개하는 활동과 관련된 내용을 두 가지 고르시오. (,)

① 과장된 소개글을 전시한다.
② 문화유산의 가격표를 붙여 놓는다.
③ 관람객이 질문할 내용을 미리 예상한다.
④ 문화유산의 특징이 잘 드러나게 설명한다.
⑤ 문화유산과 관련 없는 내용도 흥미를 위해 준비한다.

12 우리 지역의 문화유산을 소개하는 활동으로 얻을 수 있는 것은 무엇입니까? ( )

① 우리 지역의 경제를 알 수 있다.
② 우리 지역의 자연환경을 알 수 있다.
③ 우리 지역의 위치에 대해 알 수 있다.
④ 우리 지역에 대한 자부심을 기를 수 있다.
⑤ 우리 지역과 이웃한 지역의 특징을 알 수 있다.

⊂서술형⊃

13 우리 지역의 문화유산을 소중히 여기는 방법을 한 가지만 쓰시오.

14 다음 (가)에 들어갈 내용으로 알맞지 않은 것은 어느 것입니까? (　　)

① 나라를 지킨 사람입니다.
② 사회에 영향을 미친 사람입니다.
③ 뛰어난 예술 작품을 남긴 사람입니다.
④ 많은 돈을 벌어 부자가 된 사람입니다.
⑤ 어려운 사람을 도와 이름을 널리 알린 사람입니다.

[15~16] 다음 자료를 보고, 물음에 답하시오.

15 위 지폐 속 인물은 누구입니까? (　　)

① 이순신　② 김만덕
③ 유관순　④ 정약용
⑤ 신사임당

⊂서술형⊃

16 위 지폐 속 역사적 인물은 어떤 업적을 남겼는지 쓰시오.

17 우리 지역의 역사적 인물에 대해 조사할 내용으로 알맞지 않은 것을 보기에서 골라 기호를 쓰시오.

보기

㉠ 인물이 한 일
㉡ 인물에 대한 평가
㉢ 인물과 관련된 장소
㉣ 인물과 다른 시대에 살았던 사람들의 삶

(　　　　　　)

[18~19] 다음 자료를 보고, 물음에 답하시오.

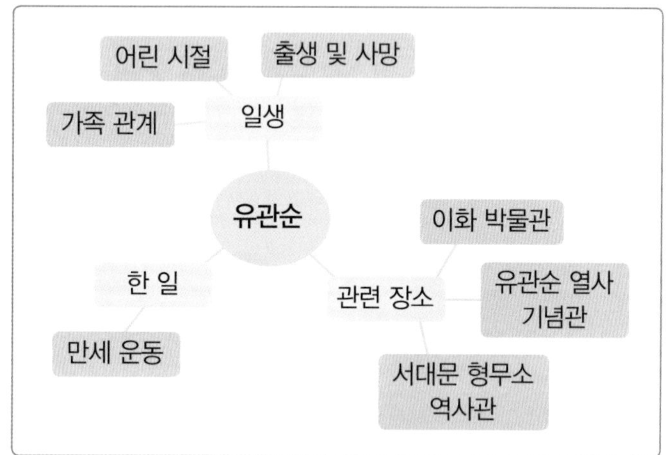

18 위 인물이 한 일로 알맞은 것은 어느 것입니까? (　　)

① 예술 활동을 하였다.
② 만세 운동을 벌였다.
③ 가난한 사람을 도왔다.
④ 의병이 되어 활동하였다.
⑤ 학문 발전에 큰 역할을 하였다.

19 위 인물에 대해 알아보기 위해 현장 체험 활동을 하면 좋은 곳은 어디인지 한 곳만 쓰시오.

(　　　　　　)

20 우리 지역의 역사적 인물을 조사하는 방법으로 적절하지 않은 것은 어느 것입니까? (　　)

① 위인전 읽기
② 인터넷 검색하기
③ 전문가 면담하기
④ 기상청 방문하기
⑤ 역사적 인물 관련 장소 현장 체험하기

21 다음 학습 주제에 대한 발표 내용으로 적절한 것을 두 가지 고르시오. (　　,　　)

학습 주제: 역사적 인물을 소개하는 자료를 만들 때 주의할 점에 대해 이야기해 봅시다.

① 흥미를 위해 꾸며낸 이야기도 넣습니다.
② 인물의 업적과 삶이 잘 드러나야 합니다.
③ 역사적 사실을 바탕으로 만들어야 합니다.
④ 인물과 관련 없는 시대도 중요하게 다루어야 합니다.
⑤ 인물의 장점만을 보여 줄 수 있는 내용으로 구성합니다.

22 다음과 같은 역사적 인물 소개 방법은 어느 것입니까? (　　)

아나운서: (문화 관광 해설사를 보며) 거중기는 어떤 기구이고, 누가 만들었나요?
문화 관광 해설사: 거중기는 무거운 물건을 들어 올리는 기구로 정약용이 제작한 것입니다. 이 기구는 수원 화성 건설에 이용되었습니다.

① 역할극 하기
② 홍보 영상 만들기
③ 뉴스 만들어 소개하기
④ 노래 가사 바꿔 부르기
⑤ 인물 소개 포스터 만들기

23 우리 지역의 역사적 인물을 역할극으로 만들어 소개할 때, 역할극 대본에 담겨야 할 내용으로 알맞지 않은 것은 어느 것입니까? (　　)

① 역사적 인물과 관련된 인물들이 등장해야 한다.
② 역사적 인물이 한 일과 관련된 장면이 있어야 한다.
③ 역사적 인물이 사회에 미친 영향이 드러나야 한다.
④ 역사적 인물이 살았던 시대적인 배경이 나타나야 한다.
⑤ 역사적 인물이 살았던 이웃 지역의 지형적 특징을 보여 줘야 한다.

24 다음과 같은 소개 자료를 무엇이라고 하는지 쓰시오.

앞면　　뒷면

(　　　　　　　　　　)

⊂서술형⊃

25 우리 지역의 문화유산과 역사적 인물에 대해 학습하며 무엇을 얻었는지 쓰시오.

우리 지역의 문화유산을 조사하고 소개해 보기

선생님의 출제 의도

이 단원에서는 우리 지역의 문화유산과 역사적 인물을 조사하며 우리 지역의 역사를 알아보고 지역에 대한 이해를 높이는 내용을 공부했습니다. 우리 지역의 문화유산과 역사적 인물의 삶에 대해 알기 위해서는 다양한 방법으로 조사할 줄 알아야 합니다. 그리고 조사한 내용을 바탕으로 소개 자료를 만들어 발표하는 능력도 길러야 합니다. 이처럼 수업 시간에 배운 내용을 활용해 스스로 조사 학습을 할 수 있는지 알아보기 위해 이 문제를 출제하였습니다.

수행 평가에서는 실제 사례를 통해 앞서 배운 핵심 개념을 잘 이해하고 있는지를 종합적으로 묻는 문제가 출제될 수 있으니, 늘 공부하면서 실생활과 연결하여 생각해 보는 연습을 해 봅시다.

수행 평가 문제

◑ 인터넷 검색하기 등 다양한 방법으로 우리 지역의 문화유산에 대해 조사해 봅시다. (어린이 · 청소년 문화재청 누리집, 인터넷 백과사전 등 이용)

인터넷 누리집을 이용한 조사 방법

1. 인터넷에서 참고할 누리집에 접속합니다.
2. 누리집에서 자신이 조사하고 싶은 문화유산에 대한 글이나 정보를 찾습니다.
3. 문화유산의 특징 등 알게 된 내용을 정리해 기록합니다.

1 우리 지역에서 조사하고 싶은 문화유산의 이름을 써 봅시다.

2 문화유산에 대해 알게 된 내용을 써 봅시다.

3 우리 지역의 문화유산에 대해 조사한 내용을 다양한 방법으로 친구들에게 소개해 봅시다.

평가 기준

잘함	보통	노력 요함
우리 지역의 문화유산을 다양한 방법으로 조사하여 문화유산의 특징 등을 잘 정리하여 소개할 수 있다.	우리 지역의 문화유산을 조사하여 문화유산의 특징 등을 소개할 수 있다.	우리 지역의 문화유산을 조사하여 소개하는 데 어려움을 느낀다.

수행 평가 예시 답안

1. 예 수원 화성, 공주 송산리 고분군, 경주 불국사 등

2. 예
   - 수원 화성은 경기도 수원시에 있는 조선 시대의 성곽으로 유네스코 세계 유산입니다.
   - 공주 송산리 고분군은 충청남도 공주시에 있는 백제 왕족의 무덤으로 추측되는 문화유산으로, 유네스코 세계 유산입니다.
   - 경주 불국사는 경상북도 경주시에 있는 '부처의 나라'라는 뜻이 담긴 통일 신라의 절이며, 유네스코 세계 유산으로 등재되었습니다.

3. 예 문화유산 안내 포스터 만들기

'부처의 나라'를 꿈꾼 신라 사람들의 바람이 담긴 절, 세계가 인정한 우리의 문화유산!

수행 평가 꿀팁

어린이·청소년 문화재청 누리집(https://kids.cha.go.kr/)을 활용해 우리 지역의 문화유산에 대해 더 자세히 알아볼 수 있습니다.

3 단원

지역의 공공 기관과 주민 참여

그림 속 친구들은 어린이 도서관에 책을 빌리러 가는 중입니다. 이때 지역 주민이 환경 보호 관련 서명 운동하는 모습을 보고 왜 이런 활동을 하는지 궁금해 하고 있습니다. 이 단원에서는 공공 기관의 종류와 역할을 알아보고, 공공 기관이 지역 주민들 생활에 어떤 도움을 주는지 살펴볼 거예요. 특히 주민 참여를 통해 지역 문제를 어떻게 해결하는지 알아보고, 이를 통해 지역 문제 해결에 적극적으로 참여하는 자세를 기를 수 있을 거예요.

단원 학습 목표

1. 우리 지역에 있는 공공 기관의 종류와 역할을 조사하고, 공공 기관이 지역 주민들의 생활에 주는 도움을 알아봅니다.
2. 주민 참여를 통해 지역 문제를 해결하는 방안을 살펴보고, 지역 문제의 해결에 참여하는 태도를 기릅니다.

단원 진도 체크

회차	학습 내용		진도 체크
1차	(1) 우리 지역의 공공 기관	교과서 내용 학습 + 핵심 개념 문제	✓
2차		중단원 실전 문제 + 서술형 평가 돋보기	✓
3차	(2) 지역 문제와 주민 참여	교과서 내용 학습 + 핵심 개념 문제	✓
4차		중단원 실전 문제 + 서술형 평가 돋보기	✓
5차	대단원 정리 학습, 사고력 문제 엿보기, 대단원 마무리, 수행 평가 미리 보기		✓

해당 부분을 공부한 후 ✓표를 하세요.

어린이 도서관
OO마을 환경보호 서명운동!!
마을 환경을 지키자!!
환경보호
환경 보호!!
환경 보호 서명 운동은 왜 하는 걸까?

교과서 내용 학습

(1) 우리 지역의 공공 기관

▶ 여러 사람을 위한 일을 하는 곳을 모두 공공 기관이라고 하지 않습니다. 어떤 조건이 더 필요할까?
개인이나 기업이 재산상의 이익을 위해서 설립한 곳이 아니라 나라에서 설립하여 관리하는 곳이어야 합니다.

▶ 여러 공공 기관에서 공통적으로 하는 일은?
- 많은 사람이 편리하게 생활하도록 돕는 일을 합니다.
- 지역 주민들이 요청하는 일을 하기도 합니다.

▶ 공공 기관이 없거나, 제 역할을 다 하지 못한다면?
- 보건소가 없다면 도움이 필요한 사람들이 제때 필요한 치료를 받지 못할 수 있습니다.
- 소방서가 없다면 화재가 발생했을 때 많은 사람이 목숨을 잃거나 다칠 수 있습니다.

낱말 사전

편의 형편이나 조건 따위가 편하고 좋음.
감염병 병원체인 미생물이 생물체에 옮아 증식하여 일으키는 병을 통틀어 이르는 말
예방 질병이나 재해 따위가 일어나기 전에 미리 대처하여 막는 일
유물 선대의 인류가 후대에 남긴 물건

1 공공 기관

(1) 공공 기관: 개인의 이익이 아닌 주민 전체의 이익과 생활의 **편의**를 위해 국가에서 세우거나 관리하는 곳입니다.

(2) 공공 기관인 것과 공공 기관이 아닌 것

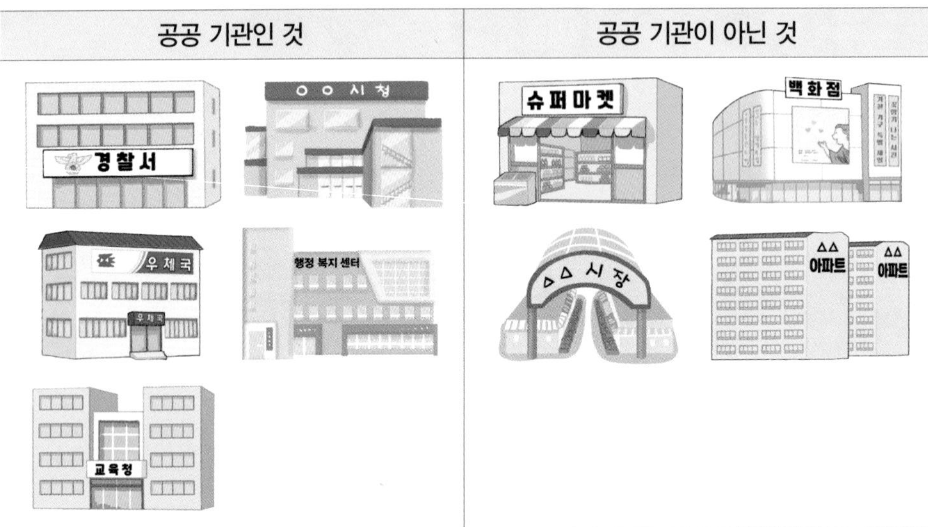

➡ 공공 기관은 국가가 세워 관리하는 곳이고, 지역 사람들을 위해 일을 함.

2 공공 기관의 역할과 공공 기관이 필요한 까닭

(1) 공공 기관의 종류와 하는 일

공공 기관의 종류	역할
시 · 도청	• 주민들의 요구 사항을 알아보고 지원함. • 여러 시설을 관리하며 좋은 환경을 만들려고 노력함.
소방서	• 불이 났을 때 불을 끔. • 위험에 빠진 사람들을 구조함.
보건소	• **감염병**과 질병을 **예방**하고 치료함. • 주민들의 건강을 위해 일함.
경찰서	• 지역의 안전을 책임짐. • 질서를 유지함.
우체국	• 우편 업무를 함. • 은행 업무도 함.
교육청	• 학생들의 교육과 관련된 일을 함.
행정 복지 센터	• 주민들의 생활을 도움. • 주민 등록증 발급, 전입 신고 등의 일을 함.
도서관	• 지역 주민에게 책을 빌려주거나 책을 읽는 공간을 제공함. • 지역 주민들을 위한 문화 행사를 열기도 함.
박물관(국립, 시·도립)	• 많은 역사적 **유물**, 예술품을 수집하여 보관하고 전시함.

(2) 공공 기관에서는 주민들의 요청을 처리해 주기도 합니다.

㉮ 우리 동네에 도서관이 생기면 좋겠어요.
골목길에 가로등이 생겼으면 좋겠어요.

(3) 공공 기관이 필요한 까닭

① 공공 기관이 없다면 지역에 여러 가지 문제가 생기거나 주민들의 생활이 불편해질 수 있습니다.

② 공공 기관은 지역 주민들이 안전하고 편리한 생활을 할 수 있게 도와주기 때문에 필요합니다.

3 공공 기관 조사하기

(1) **조사하고 싶은 공공 기관 정하기:** 우리 지역에 있는 공공 기관 중 조사하고 싶은 공공 기관을 정합니다.

(2) **공공 기관에 대해 조사할 내용과 방법 정하기:** 우리 지역의 공공 기관에 대해 어떤 내용을 조사할지 정하고, 어떤 방법으로 조사하면 좋을지 정합니다.

(3) **공공 기관 조사하기:** 정한 방법에 따라 우리 지역의 공공 기관을 조사합니다.

(4) **공공 기관 조사 결과 정리하기:** 우리 지역에 있는 공공 기관을 조사한 후 보고서를 작성합니다.

〈조사 보고서 ㉮ – 우리 지역의 보건소〉

조사한 공공 기관	보건소
조사 일시	20○○년 ○○월 ○○일
조사 방법	보건소 누리집 방문
알게 된 점	• 보건소는 감염병과 질병을 예방하고 치료합니다. • 보건소에서는 예방 접종을 해 줍니다.
느낀 점	• 우리의 건강을 위해 일하시는 보건소 선생님들에게 감사한 마음이 들었습니다.
더 알고 싶은 점	• 보건소는 어느 지역에나 다 있을까? • 보건소가 다른 공공 기관과 협력하여 하는 일은 무엇일까?

(5) **공공 기관 조사 결과 발표하기:** 우리 지역의 공공 기관에 대해 조사한 내용을 여러 가지 방법으로 발표합니다. ㉮ 소개 책자, 소개 신문 등

더 알아보기 학교는 다른 공공 기관과 어떤 일을 할까요?

경찰서에서는 학교에 전담 경찰관을 보내 학교 폭력 예방 교육을 합니다.

소방서에서는 학생들에게 화재 예방 교육, 화재 대피 훈련을 실시합니다.

보건소에서는 학생들의 건강과 관련된 다양한 교육을 합니다.

공공 기관에서 하는 일 조사하는 방법은?
- 공공 기관 누리집 방문하기
- 공공 기관에 대한 지역 신문이나 방송 보기
- 어른들께 여쭈어보기
- 견학하기

견학이란?
어떤 장소에 직접 찾아가서 필요한 정보를 얻는 방법입니다.

견학 과정은?
견학하고 싶은 장소 정하기 → 아는 점과 알고 싶은 점 정리하기 → 견학 계획 세우고 준비물과 역할 나누기 → 견학하기 → 견학하며 조사한 내용 이야기하기 → 견학 보고서 작성하기

공공 기관에 제안한 의견은 모두 받아들여질까?
- 여러 사람과 관련이 있는 문제에 대한 의견이어야 합니다.
- 해결해야 할 필요성이 인정되는 의견이어야 합니다.
- 해결 방법을 함께 제시했다면 그 방법이 타당하고 실현할 수 있는 것이어야 합니다.

옛날에도 공공 기관이 있었을까?
- 옛날에는 금화도감을 설치해 불이 났을 때를 대비했습니다. 오늘날의 소방서와 비슷한 곳입니다.
- 옛날에는 오늘날의 보건소와 같은 '혜민서'라는 곳도 있었습니다. 병에 걸린 백성을 무료로 치료해 주고, 가난한 백성이 굶어 죽지 않도록 음식을 나누어 주기도 했습니다.

낱말 사전

접종 병의 예방, 치료, 진단, 실험 따위를 위하여 병원균이나 항독소, 항체 따위를 사람이나 동물의 몸에 주입함. 또는 그렇게 하는 일

핵심 개념 문제

개념 1 공공 기관

(1) 공공 기관: 개인의 이익이 아닌 주민 전체의 이익과 생활의 편의를 위해 국가가 세우거나 관리하는 곳

(2) 공공 기관인 것과 공공 기관이 아닌 것

공공 기관인 것	경찰서, 보건소, 시 · 도청, 우체국, 행정 복지 센터, 교육청 등
공공 기관이 아닌 것	슈퍼마켓, 백화점, 아파트, 시장, 영화관 등

01 다음에서 지안이가 설명하는 것은 무엇인지 쓰시오.

> 지안: 개인의 이익이 아닌 주민 전체의 이익과 생활의 편의를 위해 국가가 세우거나 관리하는 곳이야.

( )

02 다음 중 공공 기관으로 알맞은 것은 어느 것입니까? ( )

① 시장
② 백화점
③ 영화관
④ 아파트
⑤ 행정 복지 센터

개념 2 공공 기관의 종류와 역할

시 · 도청	주민들의 요구 사항을 알아보고 지원하며, 여러 시설을 관리함.
소방서	불이 났을 때 불을 끄며, 위험에 빠진 사람들을 구조함.
보건소	감염병과 질병을 예방하고 치료하며, 주민들의 건강을 위해 일함.
경찰서	지역의 안전을 책임지며 질서를 유지함.
우체국	우편 업무와 은행 업무를 함.
행정 복지 센터	주민들의 생활을 여러 분야에서 도와줌.
도서관	책을 빌려주거나 책을 읽는 공간을 제공하며, 문화 행사를 열기도 함.
박물관 (국립, 시·도립)	많은 역사적 유물, 예술품을 수집하여 보관하고 전시함.
교육청	학생들의 교육과 관련된 일을 함.

03 다음과 같은 일을 하는 공공 기관을 쓰시오.

> 불이 났을 때 불을 끄며, 위험에 빠진 사람을 구조한다.

( )

04 다음 공공 기관에서 하는 일로 알맞은 것은 어느 것입니까? ( )

① 우편 업무를 한다.
② 여러 시설을 관리한다.
③ 불이 났을 때 불을 끈다.
④ 지역의 안전을 책임진다.
⑤ 감염병과 질병을 예방한다.

개념 3 공공 기관의 필요성

(1) 공공 기관이 없다면 지역에 여러 가지 문제가 생기거나 주민들의 생활이 불편해질 수 있음.
예 도서관이 없다면 책을 빌리거나 책을 읽을 수 있는 공간이 없어 불편함.

(2) 공공 기관은 지역 주민들이 안전하고 편리한 생활을 할 수 있게 도와주기 때문에 필요함.

05 다음과 관련 있는 공공 기관은 무엇인지 쓰시오.

> 영인: 책을 빌리거나 책을 읽을 수 있는 공간이 없어 불편해.

( )

06 경찰서가 없을 때 생기는 불편한 점으로 알맞은 것은 어느 것입니까? ( )

① 범죄가 늘어날 것이다.
② 책을 읽을 공간이 없다.
③ 은행 업무를 볼 수 없다.
④ 우편물을 주고받기 힘들다.
⑤ 화재가 발생했을 때 불을 끄기 힘들다.

개념 4 공공 기관 조사하기

(1) 조사하고 싶은 공공 기관 정하기
(2) 공공 기관에 대해 조사할 내용과 방법 정하기
(3) 공공 기관 조사하기
(4) 공공 기관 조사 결과 정리하기
(5) 공공 기관 조사 결과 발표하기

07 우리 지역의 공공 기관을 조사할 때 가장 먼저 할 일로 알맞은 것은 어느 것입니까? ( )

① 공공 기관 조사 결과 정리하기
② 공공 기관 조사 결과 발표하기
③ 조사하고 싶은 공공 기관 정하기
④ 공공 기관에 대해 조사할 내용 정하기
⑤ 공공 기관에 대해 조사할 방법 정하기

08 다음과 관련 있는 공공 기관 조사 단계로 알맞은 것은 어느 것입니까? ( )

① 공공 기관 조사 결과 정리하기
② 공공 기관 조사 결과 발표하기
③ 조사하고 싶은 공공 기관 정하기
④ 공공 기관에 대해 조사할 내용 정하기
⑤ 공공 기관에 대해 조사할 방법 정하기

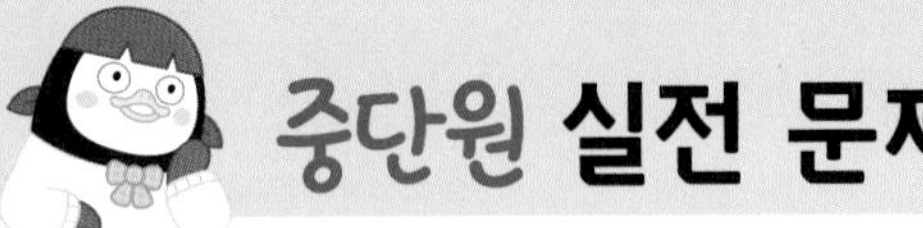

중단원 실전 문제

01 다음 학생이 설명하는 내용과 관련된 것은 어느 것입니까? (　　　)

① 논
② 과수원
③ 중심지
④ 문화유산
⑤ 공공 기관

02 공공 기관으로 알맞은 것을 두 가지 고르시오.

(　　　,　　　)

①

②

③

④

⑤

03 다음 지도에서 공공 기관이 아닌 것을 찾아 기호를 쓰시오.

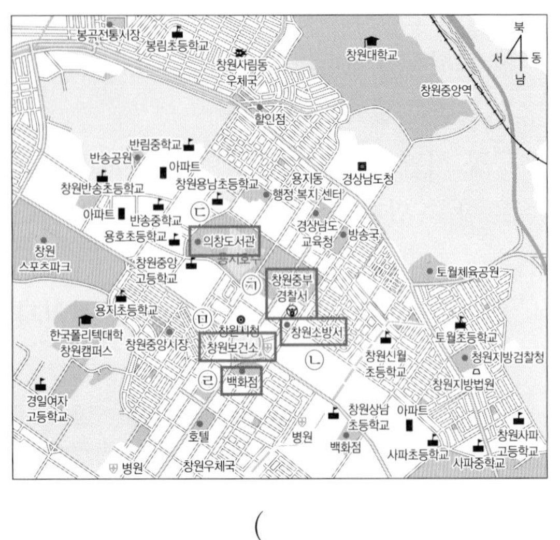

(　　　　　　　　　)

04 다음 기관들의 공통점으로 알맞은 것은 어느 것입니까? (　　　)

경찰서, 보건소, 시 · 도청, 우체국, 소방서

① 기업의 이익을 위해 세운 곳이다.
② 개인의 이익을 위해 세운 곳이다.
③ 국가가 세우거나 관리하는 곳이다.
④ 사람들이 많이 모이는 상업의 중심지이다.
⑤ 전 세계에 알릴 가치가 있는 문화유산이다.

05 다음 질문에 대한 대답으로 알맞은 것은 어느 것입니까? (　　)

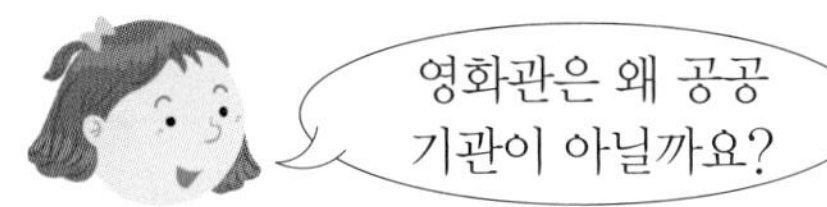

① 기업의 이익을 위해 세운 곳이기 때문이다.
② 나라에서 설립하여 관리하는 곳이기 때문이다.
③ 주민들이 요청하는 일을 하는 곳이기 때문이다.
④ 주민 전체의 이익을 위해 세운 곳이기 때문이다.
⑤ 주민들의 안전한 생활을 위해 세운 곳이기 때문이다.

06 다음과 같은 일을 하는 공공 기관을 쓰시오.

(　　　　　　　　)

07 다음 대화에서 공통으로 말하고 있는 공공 기관은 무엇인지 쓰시오.

서우: 사람들은 편지 등을 부치러 이곳에 가.
지안: 사람들은 돈을 저금하기 위해 이곳에 가기도 해.

(　　　　　　　　)

08 다음 학생이 발표하고 있는 공공 기관으로 알맞은 것은 어느 것입니까? (　　)

① 우체국　② 소방서
③ 경찰서　④ 슈퍼마켓
⑤ 행정 복지 센터

09 다음 ㉠에 들어갈 공공 기관은 무엇인지 쓰시오.

학생들의 교육과 관련된 일을 하며 학교를 도와주는 공공 기관은 무엇일까요?

(　　　㉠　　　)입니다.

(　　　　　　　　)

10 행정 복지 센터에서 하는 일로 알맞은 것은 어느 것입니까? (　　)

① 예방 접종을 해 준다.
② 지역의 질서를 유지한다.
③ 위험에 빠진 사람을 구조한다.
④ 전입 신고 등의 일을 처리한다.
⑤ 학생들의 교육과 관련된 일을 한다.

11 다음과 같은 도움을 주는 공공 기관을 쓰시오.

> 나는 요즘 인기가 많은 ○○○ 책을 읽고 싶었다. 1인당 2권씩 1주 동안 빌릴 수 있어서 읽고 싶은 책을 집으로 빌려 가지고 와서 읽었다. 내가 읽고 싶은 책을 빌릴 수 있어서 기분이 좋았다.

( )

12 다음 지역 주민이 요청한 일을 해결할 공공 기관으로 알맞은 것은 어느 것입니까? ( )

① 경찰서 ② 소방서
③ 보건소 ④ 교육청
⑤ 면사무소

13 다음 ㉠에 들어갈 공공 기관으로 알맞은 것은 어느 것입니까? ( )

> (㉠)이/가 없다면 우리 지역에 필요한 시설 관리가 잘 안 돼요.

① 우체국 ② 경찰서
③ 도서관 ④ 보건소
⑤ 시 · 도청

14 다음 ㈎에 들어갈 대답으로 알맞은 것은 어느 것입니까? ( )

① 책을 빌리기 힘들다.
② 우편 업무를 보기 힘들다.
③ 건강 관리를 받기 힘들다.
④ 안전하게 생활하기 힘들다.
⑤ 위험에 처한 사람을 구조하기 힘들다.

15 다음과 같이 학교와 함께 일을 하는 공공 기관은 무엇인지 쓰시오.

화재 예방 교육, 화재 대피 훈련을 한다.

( )

16 우리 지역의 공공 기관을 조사하는 순서를 바르게 나타낸 것은 어느 것입니까? (　　)

> ㉠ 공공 기관 조사하기
> ㉡ 공공 기관 조사 결과 정리하기
> ㉢ 조사하고 싶은 공공 기관 정하기
> ㉣ 공공 기관에 대해 조사할 내용과 방법 정하기

① ㉠-㉡-㉢-㉣　② ㉡-㉠-㉣-㉢
③ ㉢-㉠-㉣-㉡　④ ㉢-㉣-㉠-㉡
⑤ ㉣-㉢-㉠-㉡

17 다음은 공공 기관 조사하기 과정 중 무엇과 관련된 것입니까? (　　)

> • 우리 지역의 보건소는 무슨 일을 할까?
> • 우리 지역의 보건소에서 누가 일을 할까?
> • 우리 지역의 보건소는 어디에 위치해 있을까?

① 공공 기관 조사하기
② 공공 기관 조사 결과 정리하기
③ 조사하고 싶은 공공 기관 정하기
④ 공공 기관에 대해 조사할 방법 정하기
⑤ 공공 기관에 대해 조사할 내용 정하기

18 지역의 공공 기관을 조사하는 방법을 바르게 말하지 않은 어린이는 누구입니까? (　　)

① 지인: 공공 기관을 견학할 거야.
② 서영: 공공 기관 누리집을 방문할 거야.
③ 정훈: 공공 기관을 이용한 주민을 면담할 거야.
④ 경연: 공공 기관 관련 책이나 신문을 찾을 거야.
⑤ 영일: 우리 지역 지도에 중심지를 표시할 거야.

19 다음 공공 기관을 조사하는 방법으로 알맞은 것은 어느 것입니까? (　　)

① 견학하기
② 주민 면담하기
③ 인터넷 검색하기
④ 소개 책자 만들기
⑤ 도서관에 가서 관련 기사 찾기

20 다음 ㉠에 들어갈 내용으로 알맞은 것은 어느 것입니까? (　　)

〈조사 보고서〉

조사 주제	우리 지역의 (　㉠　)이/가 하는 일
조사 일시	20○○년 ○○월 ○○일
조사 방법	(　㉠　) 누리집 방문
알게 된 점	많은 역사적 유물, 예술품을 수집하여 보관하고 전시한다.
느낀 점	지역 주민들을 위해 일하는 점이 감사했다.

① 학교
② 도서관
③ 박물관
④ 보건소
⑤ 시·도청

학교에서 출제되는 서술형 평가를 미리 준비하세요.

연습 문제

문제 해결 전략

제시된 자료가 무엇인지 파악하기

⬇

그림에 표시된 경찰서, 시청, 우체국, 행정 복지 센터, 교육청의 공통점을 찾아내기

⬇

그림에서 표시된 것과 표시되어 있지 않은 것의 차이점을 떠올려 서술하기

핵심 키워드

- 공공 기관
  - 주민 전체의 이익과 생활의 편의를 위한 곳
  - 국가가 세우거나 관리하는 곳
- 공공 기관인 곳
  - 경찰서, 시청, 우체국, 행정 복지 센터, 교육청 등

빈칸을 채우며 서술형 문제의 답안을 작성하는 연습을 해 보세요!

[1~3] 다음은 우리 지역에서 볼 수 있는 여러 장소입니다. 물음에 답하시오.

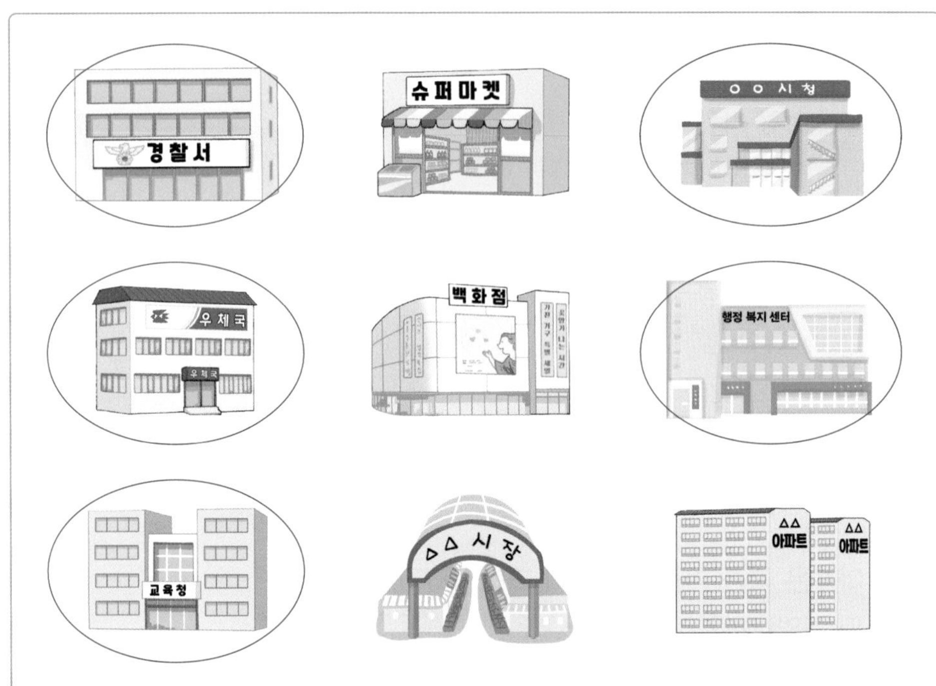

1 위 장소에서 ○표시되어 있는 곳을 무엇이라고 하는지 쓰시오.

( )

2 위의 ○표시되어 있지 않은 장소와 비교하여 ○표시되어 있는 장소들의 특징을 서술하시오.

( )은/는 지역에서 ( )의 이익이 아닌 ( ) 전체의 이익과 생활의 ( )을/를 위해 ( )이/가 세우거나 관리하는 곳입니다.

3 위에에서 공공 기관의 예를 한 가지 찾아 쓰고, 그 기관이 공공 기관인 까닭을 쓰시오.

정답과 해설 24쪽

실전 문제

[1~2] 다음 그림을 보고, 물음에 답하시오.

〈우리 지역에서 볼 수 있는 여러 장소〉

1 제시된 그림을 보고, 지역의 여러 장소들에 대해 다음과 같이 정리하였습니다. (　　) 안에 알맞은 말을 써넣으시오.

(1) (　　　　)와/과 (　　　　)은/는 공공 기관입니다.

(2) (　　　　)와/과 (　　　　)은/는 공공 기관이 아닙니다.

2 위의 내용을 참고하여, 우리 지역에서 공공 기관이 아닌 것을 한 가지 쓰고, 그렇게 생각한 근거도 함께 쓰시오.

(1) 우리 지역에서 공공 기관이 아닌 것:
(　　　　　　　　　　)

(2) 그렇게 생각한 근거: ______________________

____

____

[3~5] 다음 그림을 보고, 물음에 답하시오.

〈우리 지역의 공공 기관〉

3 위의 공공 기관이 없다면 무슨 일이 생길 수 있을지 쓰시오.

____

____

4 위 3에서 답한 내용을 바탕으로 공공 기관이 필요한 까닭을 쓰시오.

____

____

5 위의 공공 기관에서 학교와 협력하여 어떤 일을 하는지 쓰시오.

____

____

(2) 지역 문제와 주민 참여

▶ 초등학생도 지역 문제 해결에 참여할 수 있을까?

주민 참여는 누구나 가능합니다. 초등학생은 자신이 속해 있는 학급 일에 관심을 가지고 참여할 수 있습니다. 또 우리 지역의 대표가 누구인지 관심을 가지고 살펴보거나 시청이나 도청 누리집에 우리 지역의 고쳐야 할 점, 불편한 점이나 바라는 점 등을 글로 적어 올릴 수도 있습니다. 이처럼 학생들이 지역 문제 해결에 참여하는 사례가 점점 늘고 있습니다.

1 지역 문제

(1) **지역 문제:** 지역 주민의 삶을 불편하게 하거나 지역 주민들 사이에 갈등을 일으키는 문제를 말합니다.

(2) **지역에서 볼 수 있는 다양한 문제**

① 교통 문제 예 도로가 자주 막힙니다.

② 주택 문제 예 지어진 지 오래된 주택이 많아 위험합니다.

③ **소음** 문제 예 주변에서 나는 큰 소리 때문에 시끄럽습니다.

④ 환경 문제 예 **매연**으로 공기가 오염되었습니다.

⑤ 안전 문제 예 시설에 훼손된 것이 있어 위험합니다.

⑥ 시설 부족 문제 예 의료 시설이 없어 멀리 나가야 하기 때문에 불편합니다.

2 주민 참여

(1) **주민 참여:** 지역 주민이 중심이 되어 지역 문제를 해결하는 과정에 참여하는 것입니다.

(2) **주민 참여가 중요한 이유**

① 지역 문제는 그 지역에 사는 주민들이 가장 잘 알고 있기 때문입니다.

② 지역 문제는 그 지역에 사는 모든 주민들에게 영향을 주기 때문입니다.

③ 시청이나 도청 등에서 일을 제대로 하는지 관심 있게 살펴봐야 하기 때문입니다.

④ 주민들의 의견을 **정책**에 반영하기 때문입니다.

(3) **주민 참여 방법**

① 주민 투표: 지역의 중요한 일을 투표하여 결정합니다.

② 공청회 참여: 정책을 결정하기 전 다양한 의견을 나누는 공개회의에 참여합니다.

③ 주민 회의 참여: 지역의 일을 결정하기 전에 주민들의 의견을 나누는 회의에 참여합니다.

낱말 사전

소음 불규칙하게 뒤섞여 불쾌하고 시끄러운 소리

매연 연료가 탈 때 나오는, 그을음이 섞인 연기

정책 정치적 목적을 실현하기 위한 방책

④ 시 · 도청 누리집에 의견 올리기: 지역 주민은 지역 문제와 관련하여 의견을 올립니다.

⑤ **서명** 운동하기: 지역 문제에 뜻을 같이하는 사람들의 서명을 받는 운동에 참여합니다.

⑥ 시민 단체 활동하기: 지역의 여러 문제를 해결하기 위해 같은 분야에 관심 있는 시민들이 스스로 모여 활동합니다.

환경 분야에서 활동하는 시민 단체는 지역의 환경 문제에 관심을 가지고 환경 보호 활동을 합니다.

경제 분야에서 활동하는 시민 단체는 지역의 경제 정책을 살피고 문제점이 있으면 해결 방안을 마련합니다.

지역의 어려운 사람들을 돕고 봉사 활동을 하는 자원봉사 시민 단체도 있습니다.

3 지역의 문제 해결하기

(1) **지역 문제 확인**: 지역에서 해결할 문제를 여러 방법으로 알아봅니다. ㉠예 지역 주민 면담, 시 · 도청 누리집 방문, 지역 신문이나 뉴스 살펴보기, 주변의 지역 문제 관찰하기, 평소 우리 지역 문제에 관심 기울이기

(2) **지역 문제 원인 파악**: 왜 이러한 문제가 발생했는지 원인을 파악하기 위해 다양한 자료를 모읍니다.

(3) **지역 문제 해결 방안 탐색**: 지역 문제를 해결하기 위한 여러 방안을 찾아봅니다.

(4) **지역 문제 해결 방안 결정**: 각 해결 방안의 장점과 단점을 비교하여 가장 적절한 해결 방안으로 결정합니다.

① 대화와 **타협**으로 의견을 조정합니다.

② 다양한 의견을 하나로 모을 때는 주민 투표를 하기도 합니다.

③ 다수결의 원칙에 따르되, **소수**의 의견도 존중합니다.

(5) **지역 문제 해결 방안 실천**: 지역 주민들은 결정된 해결 방안을 함께 실천합니다.

더 알아보기 **지역 문제를 해결하는 바람직한 자세**

우리 지역을 잘 알고 있는 지역 주민이 지역 문제 해결에 앞장서는 태도를 가져야 합니다.

학생들은 학교 앞에 차가 많아서 불편한 점을 도청 누리집에 올리면 어떨까요?

학부모가 모여서 학교 앞에 불법 주차를 하지 말자는 캠페인을 하면 어떨까요?

주민 투표란?
지역의 일을 결정하기 전에 주민의 의견을 알아보려고 실시하는 투표입니다. 주민 투표로 지역 문제를 해결한 사례도 있습니다.

공청회란?
정책을 결정하기 전에 전문가, 주민 등 다양한 사람들이 모여 의견을 나누는 공개적인 회의입니다.

시민 단체란?
시민들이 스스로 모여 사회 전체의 이익을 위해 활동하는 단체입니다.

지역에서 발생한 문제를 확인하는 방법은?
- 공공 기관 누리집을 방문합니다.
- 지역 신문이나 뉴스를 살펴봅니다.
- 지역 주민과 면담합니다.
- 지역 주변을 관찰합니다.

다수결의 원칙이란?
많은 사람이 원하는 것으로 정하는 것입니다.

낱말 사전

서명 자기의 이름을 써넣음 또는 써넣은 것
타협 어떤 일을 서로 양보하여 협의함.
소수 적은 수효

핵심 개념 문제

개념 1 지역 문제

(1) **지역 문제:** 지역 주민의 삶을 불편하게 하거나 지역 주민들 사이에 갈등을 일으키는 문제임.

(2) **지역에서 볼 수 있는 다양한 문제:** 교통 문제, 주택 문제, 소음 문제, 환경 문제, 안전 문제, 시설 부족 문제 등

01 다음 질문에 대한 대답으로 알맞은 것을 쓰시오.

> 재우: 지역 주민의 삶을 불편하게 하거나 지역 주민들 사이에 갈등을 일으키는 문제를 무엇이라고 할까?

( )

02 다음 지역에서 발생하는 문제로 가장 적절한 것은 어느 것입니까? ( )

① 안전 문제
② 소음 문제
③ 주택 문제
④ 교통 문제
⑤ 시설 부족 문제

개념 2 주민 참여의 중요성

(1) **주민 참여:** 지역 주민이 중심이 되어 지역 문제를 해결하는 과정에 참여하는 것

(2) **주민 참여가 중요한 이유**
- 지역 문제는 그 지역에 사는 주민들이 가장 잘 알고 있기 때문임.
- 지역 문제는 그 지역에 사는 모든 주민들에게 영향을 주기 때문임.
- 시청이나 도청 등에서 일을 제대로 하는지 관심 있게 살펴봐야 하기 때문임.
- 주민들의 의견을 정책에 반영하기 때문임.

03 다음에서 설명하는 내용으로 알맞은 것은 어느 것입니까? ( )

> 지역 주민이 중심이 되어 지역 문제를 해결하는 과정에 참여하는 것을 말한다.

① 공공 기관
② 주민 생활
③ 주민 참여
④ 지역의 특징
⑤ 지역의 중심지

04 지역 문제를 해결할 때 주민들의 참여가 중요한 까닭으로 알맞지 않은 것은 어느 것입니까?

( )

① 공공 기관이 필요하지 않아서
② 지역 주민들에게 영향을 미쳐서
③ 주민들의 의견을 정책에 반영하기 위해서
④ 지역에 사는 주민들이 가장 잘 알고 있어서
⑤ 시청에서 일을 제대로 하는지 살펴봐야 해서

개념 3 주민 참여 방법

(1) **주민 투표하기:** 지역의 중요한 일을 투표로 결정함.
(2) **공청회 참여하기:** 정책을 결정하기 전 다양한 의견을 나누는 공개회의에 참여함.
(3) **주민 회의 참여하기:** 지역의 일을 결정하기 전에 주민들의 의견을 나누는 회의에 참여함.
(4) **시 · 도청 누리집에 의견 올리기:** 지역 주민은 지역 문제와 관련하여 의견을 올림.
(5) **서명 운동하기:** 지역 문제에 뜻을 같이하는 사람들의 서명을 받는 운동에 참여함.
(6) **시민 단체 활동하기:** 지역의 여러 문제를 해결하기 위해 같은 분야에 관심 있는 시민들이 스스로 모여 활동함.

05 다음에서 설명하는 주민 참여 방법은 무엇인지 쓰시오.

> 정책을 결정하기 전 다양한 의견을 나누는 공개회의에 참여한다.

( )

06 다음과 관련된 주민 참여 방법으로 알맞은 것은 어느 것입니까? ( )

① 서명 운동하기
② 공청회 참여하기
③ 주민 회의 참여하기
④ 공공 기관 견학하기
⑤ 시 · 도청 누리집에 의견 올리기

개념 4 지역의 문제 해결하기

(1) **지역 문제 확인:** 지역에서 해결할 문제를 여러 방법으로 알아봄.
(2) **지역 문제 원인 파악:** 왜 이러한 문제가 발생했는지 원인을 파악하기 위해 다양한 자료를 모음.
(3) **지역 문제 해결 방안 탐색:** 지역 문제를 해결하기 위한 여러 방안을 찾아봄.
(4) **지역 문제 해결 방안 결정:** 각 해결 방안의 장점과 단점을 비교하여 가장 적절한 해결 방안으로 결정함.
(5) **지역 문제 해결 방안 실천:** 지역 주민들은 결정된 해결 방안을 함께 실천함.

[07~08] 다음을 보고 물음에 답하시오.

> ㉠ 지역 문제 확인
> ㉡ 지역 문제 원인 파악
> ㉢ 지역 문제 해결 방안 탐색
> ㉣ 지역 문제 해결 방안 실천
> ㉤ 지역 문제 해결 방안 결정

07 지역의 문제를 해결하는 과정에 맞게 순서대로 기호를 나열하시오.

( ) → ( ) → ( ) → ( ) → ( )

08 다음은 지역 문제를 해결하는 과정 중 어느 단계인지 위에서 골라 기호를 쓰시오.

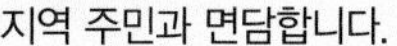
지역 주민과 면담합니다.

평소 우리 지역의 문제에 관심을 기울입니다.

( )

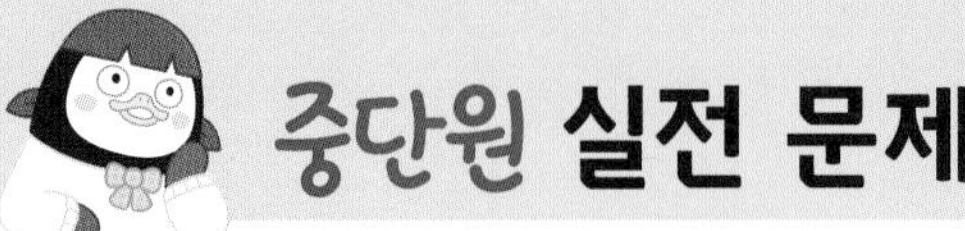

01 지역 문제에 대한 설명으로 알맞은 것은 어느 것입니까? (　　)

① 모든 지역이 같은 문제를 겪는다.
② 개인이 스스로 해결해야 할 문제이다.
③ 지역 문제는 지역의 환경과 관련이 없다.
④ 주민 전체의 생활에 영향을 주지 않는다.
⑤ 지역 주민들 사이에 갈등을 일으키는 문제이다.

02 다음 중 지역 문제로 알맞지 않은 것은 어느 것입니까? (　　)

① 소음 문제
② 안전 문제
③ 환경 문제
④ 시설 부족 문제
⑤ 학급 청소 당번 정하는 문제

03 다음과 같은 지역 문제는 무엇인지 쓰시오.

(　　　　　　　　　　)

04 다음 발표 내용에서 설명하는 지역 문제로 알맞은 것은 어느 것입니까? (　　)

① 안전 문제
② 소음 문제
③ 주택 문제
④ 교통 문제
⑤ 시설 부족 문제

05 다음 뉴스에서 이야기하고 있는 지역 문제로 알맞은 것은 어느 것입니까? (　　)

① 환경 문제
② 안전 문제
③ 소음 문제
④ 주택 문제
⑤ 교통 문제

06 다음 그림일기에 나타난 지역 문제는 무엇인지 쓰시오.

2OOO년 △△월 □□일 날씨: 맑음

제목: 사고 날 뻔했던 일

학원 가는 길에 환풍구 덮개가 열려 있어서 깜짝 놀랐다. 아래를 보지 않고 걸었더라면 여기에 빠질 뻔했기 때문이다. 그리고 도로 주변의 울타리도 훼손되어 있어 많이 위험하다고 생각했다. 어른들이 빨리 고쳐 주었으면 좋겠다.

( )

07 지역 문제를 해결하는 과정에서 지역 주민이 중심이 되어 참여하는 것을 무엇이라고 하는지 쓰시오.

( )

08 다음 지역 문제를 해결하는 데 주민 참여가 필요한 이유로 알맞은 것은 어느 것입니까? ( )

지역 주민 1: 우리 지역에는 병원이 없어서 병원을 가려면 다른 지역으로 나가야 하니 불편해요.
지역 주민 2: 우리 지역에는 특히 노인이 많아서 더욱 병원이 필요해요.

① 개인이 스스로 해결하기 위해서
② 지역의 질서를 유지하기 위해서
③ 지역 주민들에게 영향을 미치지 않아서
④ 지역에 사는 주민들이 가장 잘 알고 있어서
⑤ 공공 기관은 주민들의 생활에 도움이 되지 않아서

09 다음 ㉠에 들어갈 내용으로 알맞지 <u>않은</u> 것은 어느 것입니까? ( )

① 주민 투표　② 서명 운동
③ 공청회 참석　④ 공공 기관 조사
⑤ 시민 단체 활동

10 다음에서 설명하는 것으로 알맞은 것은 어느 것입니까? ( )

① 공청회　② 서명 운동
③ 시민 단체　④ 설문 조사
⑤ 주민 회의

11 다음 설명에 해당하는 주민 참여 방법으로 알맞은 것은 어느 것입니까? (   )

> 정책을 결정하기 전에 다양한 의견을 듣는 공개회의에 참석하였다.

① 주민 회의 ② 서명 운동
③ 설문 조사 ④ 공청회 참석
⑤ 시민 단체 활동

12 다음 기사의 제목에서 빈칸에 들어갈 알맞은 것은 어느 것입니까? (   )

○○ 신문 20◇◇년 ○○월 □□일

주민 참여 예산제, [   ](으)로 문제를 해결해요

○○구에서는 주민 참여 예산제를 도입하고 주민 참여 위원회를 운영하고 있다. 주민 참여 예산제는 지방 자치 단체 예산 편성에 주민이 직접 참여하는 것이다.

이 지역에서는 주민 참여 예산제를 운영하여 주민들이 구청의 예산을 심의하고 불필요한 예산을 줄여 6년 동안 약 270억 원을 아꼈다.

○○구 주민 참여 예산제의 가장 큰 특징은 주민들이 직접 의논할 문제를 제시하고 투표로 결정한 의견을 반영한다는 점이다.

① 주민 투표 ② 서명 운동
③ 설문 조사 ④ 공청회 참석
⑤ 시민 단체 활동

13 다음 주민 참여의 방법으로 알맞은 것은 어느 것입니까? (   )

① 주민 회의 ② 서명 운동
③ 공청회 참석 ④ 공공 기관 견학
⑤ 시·도청 누리집에 의견 올리기

14 다음 지역 문제를 해결하기 위해 시민 단체에서 하는 활동으로 알맞은 것은 어느 것입니까? (   )

① 지역의 경제 정책을 살핀다.
② 지역의 환경 보호 활동을 한다.
③ 지역의 어려운 사람들을 돕는다.
④ 교육 문제를 해결하고자 노력한다.
⑤ 청소년의 안전 문제에 관심을 가진다.

15 다음 지역 문제를 확인하는 방법으로 알맞은 것은 어느 것입니까? (   )

① 공공 기관 견학
② 지역 주민 면담
③ 지역 신문 살펴보기
④ 지역 뉴스 살펴보기
⑤ 시 · 도청 누리집 방문하기

16 **다음 ㉠에 들어갈 알맞은 말은 무엇인지 쓰시오.**

지인: 지역 문제를 확인한 후에는 왜 그러한 문제가 발생했는지 (㉠)을/를 파악해야 해.
서영: 그래, 수집한 자료들을 활용하여 문제의 발생 (㉠)을/를 알아보자.

( )

17 **지역의 쓰레기 무단 투기 문제를 해결하기 위한 방안을 바르게 말하지 <u>않은</u> 친구는 누구입니까?** ( )

① 정훈: 쓰레기통 개수를 늘리면 좋겠어.
② 경연: 감시 카메라를 설치하면 좋겠어.
③ 지원: 공공 쓰레기장을 설치하면 좋겠어.
④ 서우: 공공 주차장을 많이 마련하면 좋겠어.
⑤ 영일: 쓰레기를 버리지 말자는 캠페인을 벌이면 좋겠어.

18 **다음 ㉠에 들어갈 알맞은 말을 쓰시오.**

지역 문제 해결 방안을 결정하기 위해 충분한 시간을 두고 주민 간의 (㉠)와/과 타협으로 의견을 조정해.

( )

19 **다음 ㉠에 들어갈 내용으로 알맞은 것은 어느 것입니까?** ( )

해결 방안	장점	단점
쓰레기통 설치	길거리에 쓰레기가 줄어든다.	쓰레기통을 관리해야 한다.
감시 카메라 설치	주민들이 조심한다.	㉠
캠페인 실시	누구나 쉽게 참여할 수 있다.	효과가 바로 나타나지 않는다.

① 비용이 절감된다.
② 비용이 많이 든다.
③ 사생활을 보호할 수 있다.
④ 쓰레기 양이 줄어들게 된다.
⑤ 불법 주차에 관심을 가지게 된다.

20 **다음 질문에 대한 답변으로 알맞은 것은 어느 것입니까?** ( )

① 소수의 의견은 존중하지 않아도 된다.
② 지역 문제는 시민 단체에 전적으로 맡긴다.
③ 지역 주민이 관심을 갖고 적극적으로 참여한다.
④ 지역 문제 해결은 공공 기관이 중심이 되어야 한다.
⑤ 공공 기관이 잘해 줄 것이라 믿고 관심을 가지지 않는다.

서술형 평가 돋보기

학교에서 출제되는 서술형 평가를 미리 준비하세요.

문제 해결 전략

제시된 자료가 무엇인지 파악하기

↓

그림에 표시된 다양한 지역 문제 찾아내기

↓

지역에서 발생하는 여러 가지 문제를 확인할 수 있는 방법 서술하기

핵심 키워드

- 지역 문제
  - 지역 주민의 삶을 불편하게 하는 문제
  - 지역 주민들 사이에 갈등을 일으키는 문제
- 지역 문제 확인 방법
  - 평소 우리 지역의 문제에 관심 갖기
  - 시 · 도청 누리집 방문하기
  - 지역 신문이나 뉴스 살펴보기
  - 지역 주민과 면담하기

연습 문제

[1~3] 다음은 어느 지역의 상황을 그림으로 나타낸 것입니다. 물음에 답하시오.

1 위의 ○표시되어 있는 것처럼 지역 주민의 삶을 불편하게 하거나 갈등을 일으키는 문제를 무엇이라고 하는지 쓰시오.

(   )

2 지역에서 일어날 수 있는 다양한 문제에는 무엇이 있는지 서술하시오.

(   )에는 매연으로 공기가 오염되어 나타나는 (   ) 문제, 공사장에서 나오는 소음으로 생활에 불편이 생기는 (   ) 문제, 주정차 금지 구역에 주차를 해 교통 체증이 생기는 (   ) 문제 등이 있습니다.

3 지역 문제를 확인할 수 있는 방법에는 무엇이 있는지 두 가지 이상 쓰시오.

빈칸을 채우며 서술형 문제의 답안을 작성하는 연습을 해 보세요!

정답과 해설 27쪽

실전 문제

[1~2] 다음 그림을 보고, 물음에 답하시오.

1 **제시된 그림을 보고, 다음과 같이 정리하였습니다. (　　) 안에 알맞은 말을 써넣으시오.**

(1) 위 지역에서는 (　　　　　　) 문제가 발생하고 있습니다.

(2) 위 문제를 해결하기 위해 지역 주민이 중심이 되어 참여하는 것을 (　　　　　)(이)라고 합니다.

2 **위의 내용을 참고하여, 지역 주민이 지역 문제 해결에 참여하는 것이 중요한 까닭은 무엇인지 쓰시오.**

____

____

[3~4] 다음 그림을 보고, 물음에 답하시오.

3 (1) 위와 같이 지역 문제를 해결하기 위해 지역 주민이 참여한 방법은 무엇인지 쓰시오.

(　　　　　　　　　　)

(2) 지역 주민이 지역 문제 해결에 참여할 수 있는 방법에는 또 무엇이 있는지 두 가지 이상 쓰시오.

____

____

4 **위와 같이 지역 문제를 해결할 때 다양한 의견을 하나로 모을 수 있는 방법에는 무엇이 있는지 쓰시오.**

____

____

대단원 정리 학습

지역의 공공 기관과 주민 참여

우리 지역의 공공 기관

① 공공 기관

• (❶): 개인의 이익이 아닌 주민 전체의 이익과 생활의 편의를 위해 국가가 세우거나 관리하는 곳

② 공공 기관의 종류와 역할

(❷)	지역의 안전을 책임지며 질서를 유지함.
소방서	불이 났을 때 불을 끄며, 위험에 빠진 사람들을 구조함.
우체국	우편 업무와 은행 업무를 함.
(❸)	감염병과 질병을 예방하고 치료하려고 노력함.
도서관	책을 빌려주거나 책을 읽는 공간을 제공하며, 문화 행사를 열기도 함.
(❹)	전입 신고, 각종 서류 발급 등 주민들의 생활을 여러 분야에서 도와줌.
시 · 도청	주민을 위해 다양하게 지원하며, 여러 시설을 관리함.
박물관(국립, 시·도립)	많은 역사적 유물, 예술품을 수집하여 보관하고 전시함.

③ 공공 기관 조사하기

1단계		2단계		3단계		4단계		5단계
조사하고 싶은 공공 기관 정하기	➡	공공 기관에 대해 조사할 내용과 방법 정하기	➡	공공 기관 조사하기	➡	공공 기관 조사 결과 정리하기	➡	공공 기관 조사 결과 발표하기

지역 문제와 주민 참여

① 지역 문제

(❺) 의미	지역 주민의 삶을 불편하게 하거나 지역 주민들 사이에 갈등을 일으키는 문제
지역에서 볼 수 있는 다양한 문제	교통 문제, 주택 문제, 소음 문제, 환경 문제, 안전 문제, 시설 부족 문제 등

② 주민 참여

(❻) 의미	지역 주민이 중심이 되어 지역 문제를 해결하는 과정에 참여하는 것
주민 참여가 중요한 이유	• 지역 문제는 그 지역에 사는 주민들이 가장 잘 알고 있기 때문임. • 지역 문제는 그 지역에 사는 모든 주민들에게 영향을 주기 때문임. • 시청이나 도청 등에서 일을 제대로 하는지 관심 있게 살펴봐야 하기 때문임. • 주민들의 의견을 정책에 반영하기 때문임.
주민 참여 방법	공청회 참여하기, 주민 회의 참여하기, 시 · 도청 누리집에 의견 올리기, 서명 운동하기, (❼) 활동하기 등

③ 지역 문제 해결하기

1단계		2단계		3단계		4단계		5단계
지역 문제 확인	➡	지역 문제 원인 파악	➡	지역 문제 해결 방안 탐색	➡	지역 문제 해결 방안 결정	➡	지역 문제 해결 방안 실천

정답 ❶ 공공 기관 ❷ 경찰서 ❸ 보건소 ❹ 행정 복지 센터 ❺ 지역 문제 ❻ 주민 참여 ❼ 시민 단체

사고력 문제 엿보기

우리 지역의 문제를 친구들과 함께 이야기하기

1 다음 친구들이 생각하는 지역 문제는 무엇인지 써 봅시다.

예시 답안 학생들이 마음껏 책 읽을 공간이 없고, 읽고 싶은 책을 빌릴 수 있는 곳이 없습니다.

2 우리 지역에서 가장 필요한 공공 기관은 무엇인지 우리 반 친구들과 의견을 나누어 봅시다.

예시 답안 도서관이 없어 불편하다는 의견이 가장 많이 나왔습니다. 우리 지역에서 가장 필요한 공공 기관은 도서관입니다.

3 위 **1**의 지역 문제를 해결하기 위해 우리가 할 수 있는 일을 이야기해 봅시다.

예시 답안 우리 반 친구들과 서명 운동을 하여 도서관이 필요함을 알립니다.

대단원 마무리

3. 지역의 공공 기관과 주민 참여

01 다음 생각 그물의 ㈎에 들어갈 내용으로 알맞은 것은 어느 것입니까? (　　)

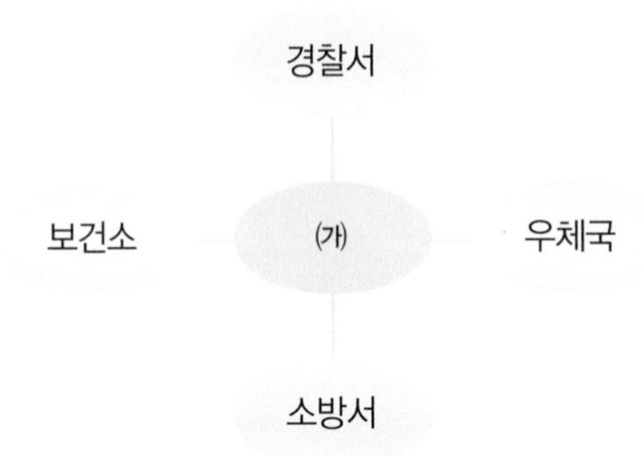

① 지도　② 방위표
③ 문화유산　④ 공공 기관
⑤ 관광의 중심지

02 공공 기관인 것을 모두 골라 기호를 쓰시오.

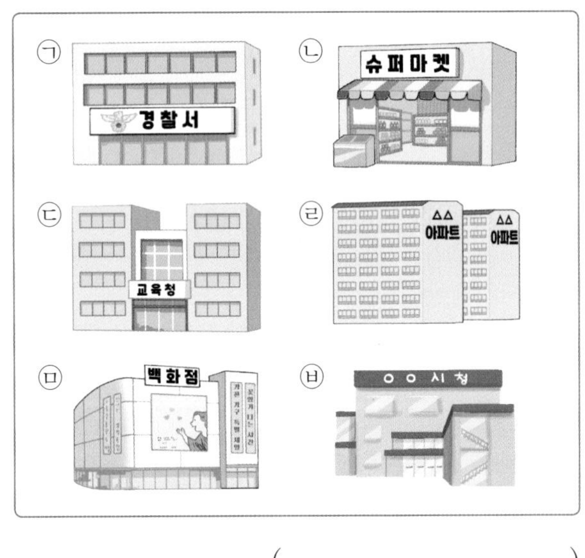

(　　　　　　　　)

⊂서술형⊃

03 시장이 공공 기관이 아닌 이유는 무엇인지 쓰시오.

04 다음 질문에 대한 대답은 무엇인지 쓰시오.

(　　　　　　　　)

05 지안이가 이용할 공공 기관으로 알맞은 것은 어느 것입니까? (　　)

지안: 시골에 계시는 할머니께 편지를 보내야겠어.

① 시장　② 경찰서
③ 우체국　④ 보건소
⑤ 백화점

06 다음과 관련된 일을 하는 공공 기관으로 알맞은 것은 어느 것입니까? (　　)

① 소방서　② 경찰서
③ 도서관　④ 박물관
⑤ 행정 복지 센터

07 다음에서 설명하는 공공 기관은 무엇인지 쓰시오.

- 주민의 안전을 책임진다.
- 교통질서를 유지한다.
- 범죄 예방을 위해 노력한다.

( )

08 다음과 같은 일을 해결할 공공 기관으로 알맞은 것은 어느 것입니까? ( )

> 학교 가는 길에 자전거 전용 도로를 만들어 주세요.

① 도서관
② 교육청
③ 소방서
④ 시·도청
⑤ 행정 복지 센터

09 다음 질문에 대한 대답으로 알맞은 것은 어느 것입니까? ( )

> 서우: 공공 기관이 필요한 이유는 무엇인가요?

① 많은 관광객이 방문하게 된다.
② 생활에 필요한 물건을 만들어 낸다.
③ 주민들이 필요한 물건을 팔 수 있다.
④ 주민들이 필요한 물건을 살 수 있다.
⑤ 주민들이 안전하고 편리하게 생활할 수 있다.

10 다음을 통해 알 수 있는 사실로 알맞은 것은 어느 것입니까? ( )

> 교통사고가 났을 때 경찰서에서는 교통이 혼잡하지 않도록 정리하고, 소방서에서는 구급차를 보내 다친 사람들을 병원으로 옮긴다. 또 사고 현장에 불이 났을 경우 소방서에서 불을 끄기도 한다.

① 공공 기관이 하는 일은 같다.
② 지역에 공공 기관은 한 개씩 있다.
③ 다른 공공 기관과 협력해 일을 한다.
④ 공공 기관은 국가에서 세우거나 관리한다.
⑤ 공공 기관은 개인의 이익을 위해 일을 한다.

⊂서술형⊃

11 공공 기관을 조사하는 방법을 한 가지 이상 쓰시오.

______

______

12 다음과 같이 공공 기관을 조사할 때의 좋은 점으로 알맞은 것은 어느 것입니까? ( )

① 조사 시간이 적게 걸린다.
② 공공 기관에 직접 가기 힘들다.
③ 사전 준비 없이 갈 수 있어 편하다.
④ 미리 견학 신청을 하지 않아도 된다.
⑤ 공공 기관이 하는 일을 더 자세히 알 수 있다.

13 다음 그림을 보고 알 수 있는 사실로 알맞은 것은 어느 것입니까? (　　)

① 상업의 중심지이다.
② 지역에 문화유산이 많다.
③ 지역 문제가 발생하고 있다.
④ 관광객이 많이 방문하는 곳이다.
⑤ 지도에는 여러 가지 정보가 많다.

14 오른쪽 그림에 나타나 있는 지역 문제는 무엇인지 쓰시오.

(　　　　　　　　　　)

15 다음 지역 주민이 겪게 될 문제로 알맞은 것은 어느 것입니까? (　　)

① 주차 공간이 부족해 불편하다.
② 매연으로 공기가 오염되어 힘들다.
③ 소음으로 인해 생활에 불편이 있다.
④ 지어진 지 오래된 주택이 많아 위험하다.
⑤ 도서관이 없어 멀리 나가야 해서 불편하다.

16 지역 주민이 중심이 되어 지역 문제를 해결하는 과정에 참여하는 것을 무엇이라고 하는지 쓰시오.

(　　　　　　　　　　)

17 다음 서영이의 대답으로 알맞지 않은 것은 어느 것입니까? (　　)

> 지효: 지역 문제에 주민들의 참여가 중요한 까닭은 무엇일까?
> 서영: ______________________

① 지역의 중심지를 만들기 위해서
② 주민들의 의견을 반영하기 위해서
③ 지역 주민 모두에게 영향을 주어서
④ 시·도청에서 일을 제대로 하는지 봐야 해서
⑤ 지역에 살고 있는 주민이 가장 잘 알고 있어서

18 다음 설명과 관련 있는 것은 어느 것입니까? (　　)

> • 시민들이 스스로 모여 사회 전체의 이익을 위해 활동하는 단체이다.
> • 다양한 분야에서 활동한다.

① 공청회　② 주민 회의
③ 시민 단체　④ 서명 운동
⑤ 주민 투표

19 다음에서 설명하는 주민 참여 방법으로 알맞은 것은 어느 것입니까? (　　)

정책을 결정하기 전에 전문가, 주민 등 다양한 사람들이 모여 의견을 나누는 공개적인 회의입니다.

① 투표　② 공청회
③ 주민 회의　④ 서명 운동
⑤ 시민 단체

20 다음과 같이 지역 문제 해결에 참여하는 방법으로 알맞은 것은 어느 것입니까? (　　)

① 설문 조사하기
② 서명 운동하기
③ 캠페인 활동하기
④ 주민 투표 참여하기
⑤ 시·도청 누리집에 의견 올리기

21 다음 ㉠에 해당되지 않는 것은 어느 것입니까? (　　)

효진: 우리 지역에서 해결해야 할 문제에는 무엇이 있는지 ㉠여러 가지 방법으로 알아보자.

① 서명 운동을 한다.
② 지역 뉴스를 살펴본다.
③ 지역 주민과 면담한다.
④ 지역 신문을 살펴본다.
⑤ 시·도청 누리집을 방문한다.

[22~23] 다음을 보고 물음에 답하시오.

인호: 우리 지역에는 주차 문제가 심각해요.

22 위의 지역 문제 확인 후 관련된 자료들을 수집하는 이유로 알맞은 것은 어느 것입니까? (　　)

① 지역의 중심지를 찾기 위해서
② 지역 문제의 원인을 찾기 위해서
③ 문제 해결 방안을 실천하기 위해서
④ 지역의 공공 기관을 조사하기 위해서
⑤ 우리 지역의 공공 기관을 견학하기 위해서

23 위의 지역 문제가 발생했을 때 문제 해결 방안으로 알맞은 것은 어느 것입니까? (　　)

① 환경 보호 캠페인에 참여한다.
② 거리에 쓰레기통의 수를 더 늘린다.
③ 분리배출에 대한 홍보 활동을 한다.
④ 공공 쓰레기장을 더 많이 설치한다.
⑤ 저녁 시간에 공공 기관의 주차장을 개방한다.

24 다음 ㉠에 들어갈 말로 알맞은 것은 어느 것입니까? (　　)

다양한 의견을 하나로 모을 때는 많은 사람이 원하는 것으로 결정하는 (　㉠　)을/를 따르되, 소수의 의견도 존중해야 한다.

① 공청회의 결과　② 전문가의 의견
③ 다수결의 원칙　④ 서명 운동의 결과
⑤ 공공 기관의 결정

⊂서술형⊃
25 지역 문제를 해결할 때의 바람직한 태도는 무엇인지 쓰시오.

수행 평가 미리 보기

지역 문제와 주민 참여 모습 알기

선생님의 출제 의도

이 단원에서는 지역 문제와 주민 참여 모습에 대해 공부하였습니다. 우리 주변에는 많은 사람이 함께 살아가면서 여러 문제를 겪고 있는데요. 지역에서 발생하는 다양한 문제를 해결하는 과정에 주민들의 참여가 참 중요하다는 것을 알게 되었습니다. 그래서 수업 시간에 배운 교과 지식을 일상생활에 적용할 수 있는지를 알아보고자 합니다.

이 단원의 수행 평가는 지역에서 발생할 수 있는 문제를 살펴보고 문제의 해결 방안을 찾을 수 있는지 알아보고자 문제를 출제하였습니다. 지역 문제의 종류와 원인을 파악하여 문제 해결 방안을 탐색하여 봅시다.

수행 평가 문제

◑ 우리 지역에서 발생하는 문제가 무엇인지 알아봅시다.

1 우리 지역에서 일어나고 있는 문제는 무엇인지 써 봅시다.

2 위의 문제로 인해 생활에 미치는 영향은 무엇인지 써 봅시다.

3 위 지역 문제를 해결하기 위해 우리가 할 수 있는 해결 방안을 정하고 실천해 봅시다.

평가 기준

잘함	보통	노력 요함
우리 지역의 문제가 우리 생활에 미치는 영향을 잘 찾아 정리하고, 해결 방안을 조리 있게 설명한다.	우리 지역의 문제가 우리 생활에 미치는 영향을 찾아 정리하고, 해결 방안을 간단하게 설명할 수 있다.	우리 지역의 문제가 우리 생활에 미치는 영향을 찾을 수 있으나, 해결 방안을 설명하는데 어려움을 느낀다.

수행 평가 예시 답안

1. 환경 오염 문제

2. ㉠ 하천이 오염되어 물고기들이 살기 힘듭니다. / 매연으로 공기가 오염되어 눈이 아픕니다.

3. ㉠ 환경을 보호하자는 캠페인을 벌입니다. / 환경을 보호하기 위해 일회용품을 사용하지 말아야 합니다.

수행 평가 꿀팁

우리 지역에서 발생하는 여러 가지 문제를 확인할 수 있는 방법은?

평소 우리 지역의 문제에 관심을 가집니다. 시·도청 누리집을 검색하거나 지역 신문이나 뉴스를 살펴볼 수 있습니다. 그리고 지역에 사는 주민들과 면담하는 방법도 있습니다.

MEMO

BOOK 1

개념책

BOOK 1 개념책으로 **학습 개념**을
확실하게 공부했나요?

BOOK 2

실전책

BOOK 2 실전책에는 **요점 정리**가
있어서 **공부한 내용을 복습**할 수 있어요!
단원평가가 들어 있어
내 실력을 확인해 볼 수 있답니다.

EBS

인터넷·모바일·TV
무료 강의 제공

초 | 등 | 부 | 터 EBS

예습, 복습, 숙제까지 해결되는

교과서 완전 학습서

만점왕

BOOK 2
실전책

사회 4-1

초등부터 EBS

연산 드릴 일일 학습서

만점왕 연산

단/계/별/구/성

- Pre 1 ~ 2단계 예비 초
- 1 ~ 2단계 초1
- 3 ~ 4단계 초2
- 5 ~ 6단계 초3
- 7 ~ 8단계 초4
- 9 ~ 10단계 초5
- 11 ~ 12단계 초6

하루 2쪽	주제별 원리와 연산 드릴 문제	군더더기 없는 구성
가벼운 학습	반복 훈련	연산 최적화

BOOK 2
실전책
만점왕
사회
4-1

넌 할 수 있어!

자기주도 활용 방법

BOOK 2 실전책

시험 2주 전 공부

핵심을 복습하기

시험이 2주 남았네요. 이럴 땐 먼저 핵심을 복습해 보면 좋아요.

만점왕 북2 실전책을 펴 보면

각 단원별로 핵심 정리와 쪽지 시험이 있습니다.

정리된 핵심 복습을 읽고 쪽지 시험을 풀어 보세요.

문제가 어렵게 느껴지거나 자신 없는 부분이 있다면

북1 개념책을 찾아서 다시 읽어 보는 것도 도움이 돼요.

시험 1주 전 공부

시간을 정해 두고 연습하기

앗, 이제 시험이 일주일 밖에 남지 않았네요.

시험 직전에는 실제 시험처럼 시간을 정해 두고 문제를 푸는 연습을 하는 게 좋아요.

그러면 시험을 볼 때에 떨리는 마음이 줄어드니까요.

이때에는 **만점왕 북2의 중단원 확인 평가, 대단원 종합 평가, 서술형 평가**를 풀어 보면 돼요.

시험 시간에 맞게 풀어 본 후 맞힌 개수를 세어 보면

자신의 실력을 알아볼 수 있답니다.

이 책의 **차례**

CONTENTS 

BOOK 2 실전책

중단원 핵심 복습 1단원 (1)

1 지도의 뜻과 필요성

(1) **지도**: 위에서 내려다본 땅의 실제 모습을 일정한 형식으로 줄여서 나타낸 것임.
- 정해진 약속에 따라 나타냄.
- 필요한 정보가 보기 쉽게 나타나 있음.

(2) **지도의 기본 요소**: 방위, 기호, 축척, 등고선 등

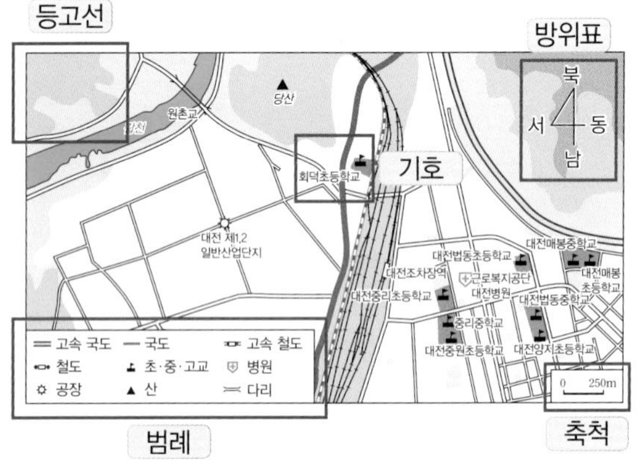

(3) **지도의 필요성**: 지역의 위치와 특징, 땅의 정보 등을 알 수 있으며, 길을 쉽게 찾을 수 있음.

2 지도에서 방위를 나타내는 방법

(1) **방위**: 방향의 위치(동서남북)

(2) **방위표**: 지도에서 동서남북의 방향을 알려 주는 표시임. (방위표가 없을 경우: 오른쪽이 동쪽, 왼쪽이 서쪽, 위쪽이 북쪽, 아래쪽이 남쪽으로 약속함.)

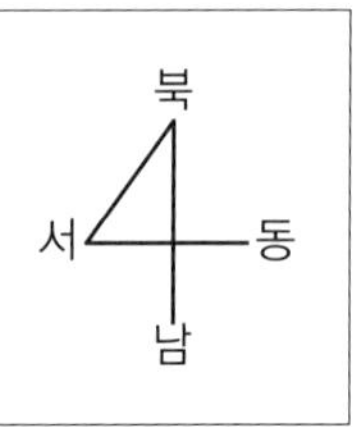

▲ 방위표

3 지도의 기호와 범례

구분	내용
기호	장소를 지도에 간단히 나타내기 위한 표시 예 ▲ 시청 ▲ 학교 ▲ 산 ▲ 우체국 ▲ 논 ▲ 밭 ▲ 등대 ▲ 경찰서
범례	• 지도에 쓰인 기호와 그 뜻을 나타냄. • 지도마다 쓴 기호가 다를 수 있고, 기호를 모두 외울 수 없기 때문에 범례를 통해 기호의 뜻을 나타냄.

4 지도의 축척

(1) **축척**: 지도에서 실제 거리를 줄인 정도로, 축척에 따라 지도의 자세한 정도가 달라짐.
- 실제 거리를 많이 줄인 지도: 넓은 지역을 간략하게 표현한 지도
- 실제 거리를 조금 줄인 지도: 좁은 지역을 자세하게 표현한 지도

(2) **축척의 쓰임새**: 두 지점 사이의 거리 알기, 자세한 정도 비교 등
- 예 0 2 km (1 cm): 지도의 1 cm는 실제 2 km를 나타냄.
  0 500 m (1 cm): 지도의 1 cm는 실제 500 m를 나타냄.
- 축척 막대자: 지도상의 거리와 실제 거리를 함께 알려 주는 자(두 지점 사이의 실제 거리를 쉽게 알 수 있음.)

축척	0 1 km
축척 막대자	0 cm 1 2 3 4 5 0 km 1 2 3 4 5
지도에서 잰 거리	5 cm
실제 거리	5 km

5 지도에서 땅의 높낮이를 나타내는 방법

(1) 지도에서는 등고선과 색깔로 땅의 높낮이를 나타냄.

(2) **등고선**: 지도에서 땅의 높이가 같은 곳을 연결한 선

(3) **색깔**: 땅의 높이에 따라 다른 색을 사용함. 땅의 높이가 높을수록 색이 진해짐.

위에서 본 모습

옆에서 본 모습

▲ 등고선 모형 만들기

6 지도의 활용

(1) **지도의 종류**: 약도, 도로 교통 지도, 안내도, 길도우미(내비게이션), 지하철 노선도 등

(2) 관광, 길 찾기, 교통 등 생활 속 다양한 상황에서 각각 알맞은 지도를 활용할 수 있음.

(3) 지도를 통해 다양한 정보를 얻어 생활에 이용함.

중단원 쪽지 시험 1 (1) 지도로 본 우리 지역

정답과 해설 30쪽

[01~02] 다음 ( ) 안에 들어갈 알맞은 말을 쓰시오.

01

방위, 기호, 축척, 등고선 등을 (   )의 기본 요소라고 한다.

(   )

02

지도는 땅의 (   )을/를 일정하게 줄여 정해진 약속대로 나타낸다.

(   )

03 방위표에 각각 알맞은 방위를 써넣으시오.

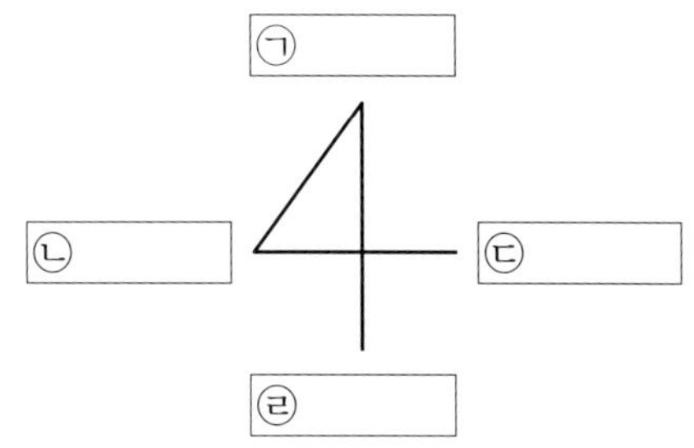

04 기호에 해당하는 것을 모두 골라 기호를 쓰시오.

㉠	㉡	㉢	㉣
(등고선 그림)	☼	◎	시청

(   )

05 지도마다 쓰는 기호가 다를 수 있고, 모든 기호를 외울 수 없기 때문에 지도의 정보를 쉽게 전달하기 위해 기호와 뜻을 한 곳에 모아 나타낸 것을 무엇이라고 합니까?

(   )

06 실제 500 m의 거리를 지도상에서 1 cm로 나타낸 축척을 골라 기호를 쓰시오.

㉠	㉡	㉢
0 500 m	0 100 m	0 5 km

(   )

07 지도에서 높이가 같은 곳을 연결하여 땅의 높낮이를 나타낸 선을 무엇이라고 합니까?

(   )

08 다음 자료의 공통적인 특징으로 옳은 것은 ○표, 옳지 않은 것은 ×표 하시오.

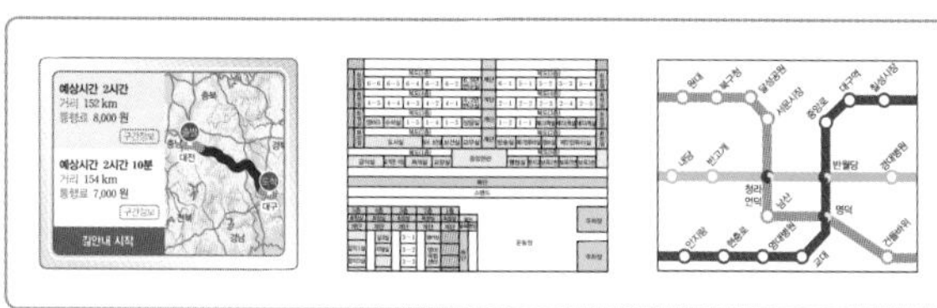

(1) 모두 지도이다. (   )

(2) 색깔로 땅의 높낮이를 표현했다. (   )

[09~10] 다음을 읽고, 알맞은 내용에 ○표 하시오.

09 지도에서 색깔이 고동색인 부분은 초록색인 부분보다 땅이 (높습니다 , 낮습니다).

10 실제 거리를 조금 줄인 지도는 (넓은 , 좁은) 범위를 자세히 나타내기 때문에 지역을 자세히 살펴보기에 알맞습니다.

중단원 확인 평가

01 지도의 특징으로 알맞은 것을 두 가지 고르시오. (,)

① 실제의 크기와 똑같게 나타낸다.
② 위에서 내려다본 모습을 알 수 있다.
③ 우리 학교의 모습 변화를 알 수 있다.
④ 주요 장소의 이름과 위치를 알 수 있다.
⑤ 지역에 살고 있는 사람의 수를 정확히 알 수 있다.

02 (가)와 (나)의 특징에 대한 설명으로 알맞은 것은 어느 것입니까? ( )

(가) (나)

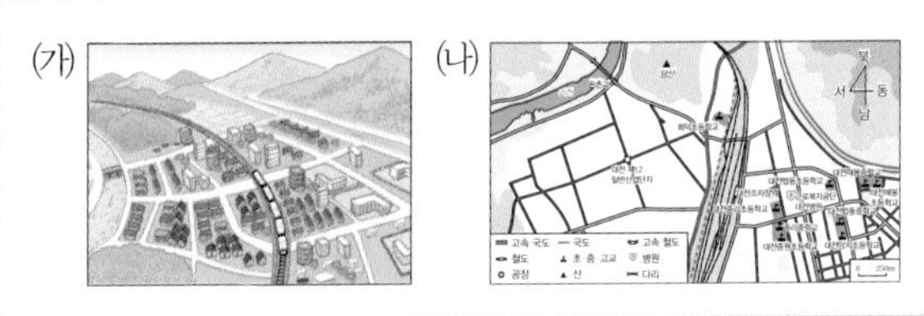

① (가)는 사진이다.
② (나)는 정해진 약속대로 나타낸 것이다.
③ (가)는 주로 기호로 건물과 땅의 형태를 나타낸다.
④ (가)는 축척을 이용하여 땅을 줄인 정도를 나타낸다.
⑤ (나)는 건물의 모습을 밑에서 바라보고 그린 것이다.

03 방위표를 통해 알 수 있는 정보는 무엇입니까? ( )

① 땅의 높이
② 지도의 크기
③ 장소의 이름
④ 장소의 위치
⑤ 실제 땅의 크기

서술형 **04** 다음 지도를 보고, 학교를 기준으로 우체국의 위치를 설명하시오.

05 우리나라 지도를 보고, 지역의 위치를 설명한 것으로 알맞지 않은 것은 어느 것입니까? ( )

① 충청남도는 경기도의 북쪽에 있다.
② 대구광역시는 강원특별자치도의 남쪽에 있다.
③ 광주광역시는 경상남도의 서쪽에 있다.
④ 부산광역시는 울산광역시의 남쪽에 있다.
⑤ 제주특별자치도는 전라남도의 남쪽에 있다.

06 방위표가 없는 경우 지도에서 남쪽은 어느 쪽입니까? ( )

① 위쪽 ② 왼쪽
③ 아래쪽 ④ 오른쪽
⑤ 가운데

[07~08] 다음 지도를 보고, 물음에 답하시오.

07 위 지도에 쓰인 기호와 그 의미를 바르게 짝지은 것은 어느 것입니까? ( )

① (기호) – 법원
② (기호) – 공원
③ (기호) – 우체국
④ (기호) – 경찰서
⑤ (기호) – 광역시청

08 다음 ( ) 안에 들어갈 내용으로 알맞지 않은 것을 두 가지 고르시오. (,)

> 대전광역시청을 기준으로 ( )은/는 북쪽에 있다.

① 병원 ② 탄방역
③ 종합체육관 ④ 샘머리공원
⑤ 정부대전청사

[09~10] 다음과 같이 실제 땅의 모습을 그림으로 나타낸 것을 보며 친구들과 토의를 하였습니다. 물음에 답하시오.

> 토의 주제: 실제 땅의 모습을 그림으로만 나타내면 어떤 점이 불편할까?
>
> 

09 주제에 알맞은 내용으로 의견을 발표한 사람은 누구입니까? ( )

① 형진: 산과 논을 구별하기가 어려워.
② 민지: 하천의 위치를 찾을 수가 없어.
③ 서윤: 색깔을 사용할 수 없어서 불편해.
④ 연우: 그림에서 길의 모습을 찾기가 어려워.
⑤ 아현: 장소의 정확한 이름과 위치를 알기 어려워.

서술형 **10** 위와 같은 불편을 해결하기 위해 지도에 사용하는 보기 의 특징은 무엇인지 쓰시오.

보기

(기호) ▲ ㅛㅛ

[11~13] 다음 지도를 보고, 물음에 답하시오.

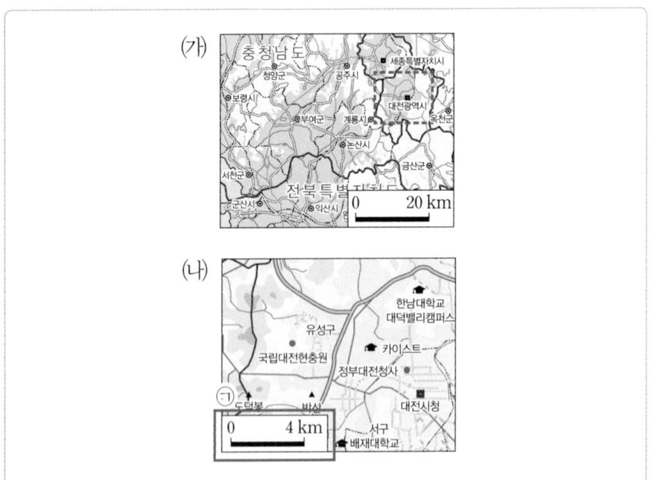

11 대전광역시와 그 주변 고장을 알아보려 할 때 사용하기에 알맞은 지도를 위에서 골라 기호를 쓰시오.

( )

12 위 ㉠의 정보를 바르게 해석한 것은 어느 것입니까? ( )

① 종이 지도의 크기
② 실제 거리를 줄인 정도
③ 지도에 나타난 범례의 수
④ 지도에서 표시된 땅의 높이
⑤ 지도에서 표시할 수 있는 건물의 수

13 (나) 지도에서 축척 막대자를 이용하여 국립대전현충원부터 정부대전청사까지의 거리를 재어 보니 약 2 cm였습니다. 실제 거리는 얼마입니까? ( )

① 2 cm ② 4 cm
③ 2 km ④ 4 km
⑤ 8 km

서술형 **14** 다음 지도를 참고하여 지도에서 축척이 필요한 이유를 쓰시오.

수진: 우리 지역이 두 지도에 다 있는데, 지도가 서로 다르게 보이는 것 같아.

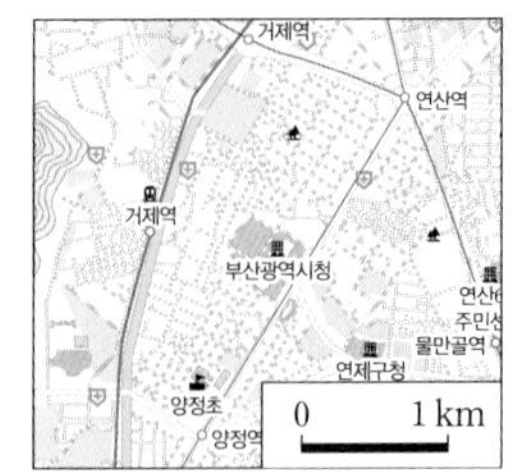

15 가장 좁은 지역을 자세하게 나타낸 축척은 어느 것입니까? ( )

① 0 200 m
② 0 500 m
③ 0 1 km
④ 0 2 km
⑤ 0 5 km

16 다음은 등고선 모형 만들기 활동을 하며 알게 된 점을 발표한 것입니다. 바르게 말한 사람을 모두 고른 것은 어느 것입니까? (　　)

민율: 색깔을 통해 땅의 높낮이를 표현할 수 있구나.
지현: 옆에서 본 모습과 위에서 본 모습은 모양이 같아.
현준: 초록색 부분보다 갈색 부분이 더 높이가 높다는 것을 알게 되었어.

① 민율　② 지현　③ 현준
④ 민율, 지현　⑤ 민율, 현준

[17~18] **다음 지도를 보고, 물음에 답하시오.**

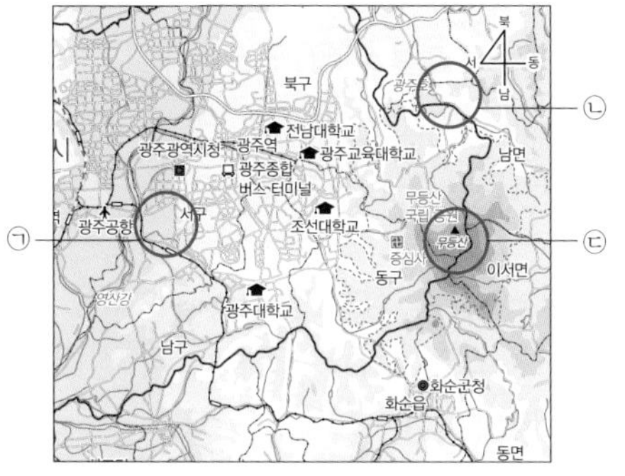

17 위 ㉠~㉢ 중 가장 높은 곳과 가장 낮은 곳을 찾아 기호를 쓰시오.

(1) 가장 높은 곳: (　　　　)
(2) 가장 낮은 곳: (　　　　)

18 위 지도를 바르게 읽은 것을 두 가지 고르시오. (　　,　　)

① 왼쪽보다 오른쪽의 색이 짙어진다.
② 공항은 땅의 높이가 높은 곳에 위치한다.
③ 지도에서 기차역과 터미널을 찾을 수 있다.
④ 지도에서 동쪽보다 서쪽이 땅의 높이가 높다.
⑤ 무등산국립공원은 광주대학교보다 땅의 높이가 낮다.

19 다음은 생활 속에서 주로 언제 사용할 수 있는 자료인지 쓰시오.

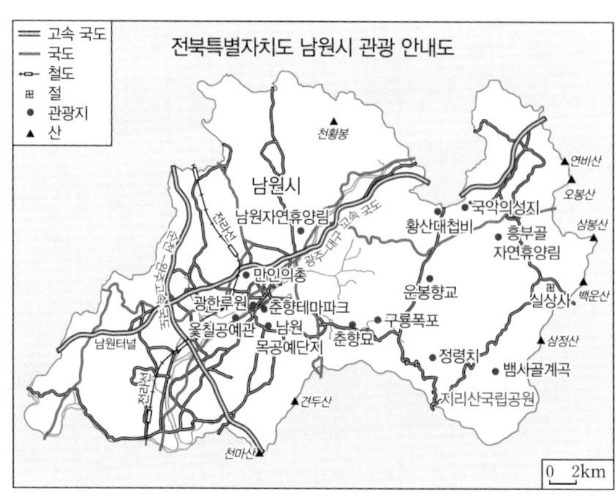

____

____

20 다음과 같은 지도의 특징으로 알맞은 것은 어느 것입니까? (　　)

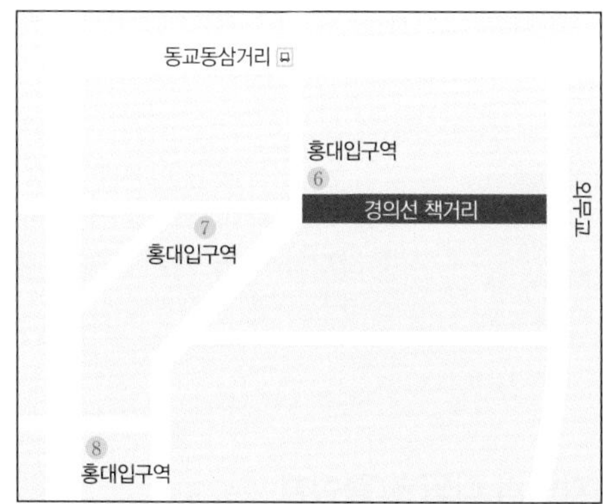

① 항공 사진으로 나타낸 지도이다.
② 땅의 높낮이를 알기 쉽게 표현하였다.
③ 실제 모습과 매우 비슷하게 나타내었다.
④ 장소를 찾기 쉽게 간단하게 나타낸 것이다.
⑤ 등고선을 이용하여 땅의 특징을 표현하였다.

중단원 핵심 복습 1단원 (2)

1 중심지

(1) 중심지

- 생활에 필요한 것을 구하거나 이용하기 위해 사람들이 많이 모이는 곳임.
- 사람들은 다양한 이유로 중심지에 있는 여러 시설을 방문함.

(2) 중심지에 있는 주요 시설들

- 군청(구청), 시장, 버스 터미널, 우체국, 도서관, 공연장 등
- 공통점: 사람들이 많이 모이는 곳임.
- 차이점: 사람들이 모이는 이유가 다름.

중심지의 시설	사람들이 모이는 이유
군청, 구청	행정적인 업무를 처리할 때, 서류를 내거나 구할 때
시장, 백화점	필요한 물건을 살 때
버스 터미널	버스를 이용할 때
병원	아픈 곳을 치료할 때
은행	돈을 저금하거나 보내는 등 돈과 관련된 일을 할 때
우체국	편지 및 소포, 택배 등을 보낼 때

2 중심지의 역할과 특징

역할	사람들의 생활과 관련된 여러 시설이 모여 있음.
특징	• 교통이 편리함. • 생활에 도움이 되는 다양한 시설이 있음. • 건물이 많고 복잡하며, 사람이 많음. • 지역에 따라 중심지가 여러 개일 수 있음. • 한 중심지가 여러 가지 기능을 하는 중심지가 될 수 있음.

3 지역의 다양한 중심지

(1) 지역에는 다양한 중심지가 있음.

(2) 지역의 대표 시설과 사람들이 모이는 이유, 주요 장소의 종류에 따라 중심지의 기능이 달라짐.

(3) 중심지마다 기능과 특징이 다름.

중심지의 기능	특징
산업의 중심지	물건을 만드는 공장 및 회사에서 일하는 사람들이 모임.
상업의 중심지	생활에 필요한 물건 등을 사기 위해 사람들이 모임.
행정의 중심지	행정적인 일을 처리하기 위해 사람들이 모임.
관광의 중심지	지역의 자연환경이나 문화유산, 유명한 것 등을 보기 위해 사람들이 모임.
교통의 중심지	다른 지역으로 이동할 수 있는 교통 시설을 이용하기 위해 사람들이 모임.

4 우리 지역의 중심지 조사

(1) 중심지를 조사하는 방법

- 답사하기
- 주변 어른께 여쭈어보기
- 책, 지도 등 자료 찾아보기
- 인터넷에서 중심지에 대한 자료 검색하기

(2) 중심지를 조사하는 과정

조사할 중심지 정하기 → 조사 내용 및 방법 정하기 → 조사하기 → 조사 결과 정리하기 → 조사 결과 발표하기

(3) 중심지 답사하기

- 답사: 어떤 장소에 직접 찾아가 조사하는 것
- 답사하는 과정: 답사할 중심지 정하기 → 답사 계획 세우기 → 답사하기 → 답사 결과 정리하기
- 답사 계획에 들어갈 내용: 답사 목적, 장소, 날짜, 내용, 방법, 준비물 등
- 답사할 내용: 중심지의 위치 확인하기, 중심지 모습 살펴보기, 중심지 시설의 특징 살펴보기, 중심지에서 사람들이 하는 일 알아보기 등
- 답사할 때 주의할 점: 답사 장소에 미리 연락하기, 어른과 함께 가기, 안전에 유의하기, 촬영 시 미리 허락 구하기 등

중단원 쪽지 시험 1 (2) 우리 지역의 중심지

정답과 해설 31쪽

01 생활에 필요한 것을 구하거나 시설을 이용하기 위해 사람들이 많이 모이는 곳을 무엇이라고 합니까?

( )

02 다음에서 사람들이 행정 업무를 처리하기 위해 방문하는 중심지의 시설을 모두 골라 쓰시오.

도청 , 병원 , 박물관 , 교육청 , 시장

( )

03 민수가 중심지를 조사한 방법은 무엇인지 쓰시오.

인터넷으로 ( ) 검색하기

04 어떤 곳에 직접 찾아가 조사하는 방법을 무엇이라고 합니까?

( )

[05~06] 다음 ( ) 안에 알맞은 말을 쓰시오.

05

고장의 중심지는 ( )이/가 발달하여 사람들이 이동하는 데 편리하다는 특징이 있다.

( )

06

중심지를 조사할 때, 시설과 기관을 방문하여 그 곳에서 일을 하는 사람에게 질문을 하는 등 ( )을/를 통해 알아볼 수 있다.

( )

[07~08] 다음을 읽고, 알맞은 내용에 ○표 하시오.

07 사람들은 필요한 물건을 사기 위해 (상업 , 행정)의 중심지를 많이 방문합니다.

08 답사 계획을 세울 때에는 답사의 (목적 , 결과)을/를 미리 정하는 것이 필요합니다.

[09~10] 다음 내용이 옳으면 ○표, 틀리면 ×표 하시오.

09 전자 제품 공장, 자동차 공장 등은 산업의 중심지에 있는 주요 시설입니다. ( )

10 중심지는 사람들이 이용하는 시설의 종류가 적은 편입니다. ( )

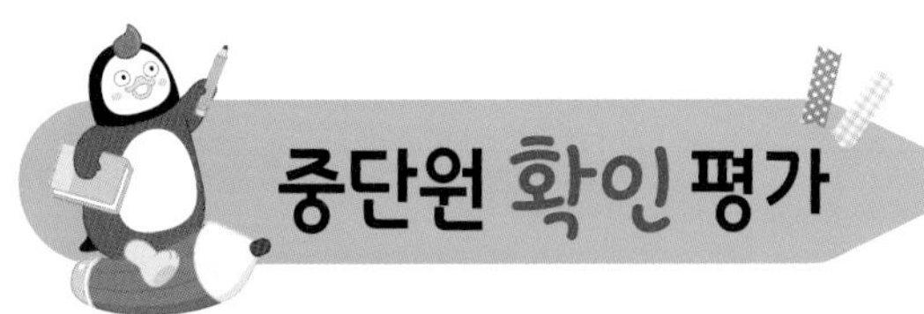

01 다음과 같은 시설이 많이 모여 있어 사람들이 많이 모이는 곳을 무엇이라고 합니까? (　　)

• 터미널　　• 백화점　　• 우체국

① 산지
② 시장
③ 고장
④ 관광지
⑤ 중심지

02 사람들이 다음과 같은 장소에 모이는 이유는 무엇입니까? (　　)

① 편지를 보내기 위해
② 물건을 생산하기 위해
③ 돈을 저금하거나 찾기 위해
④ 행정 업무를 처리하기 위해
⑤ 다른 고장으로 이동하기 위해

03 다음 지도에서 중심지의 특징을 찾을 수 있는 지역을 찾아 기호를 쓰시오.

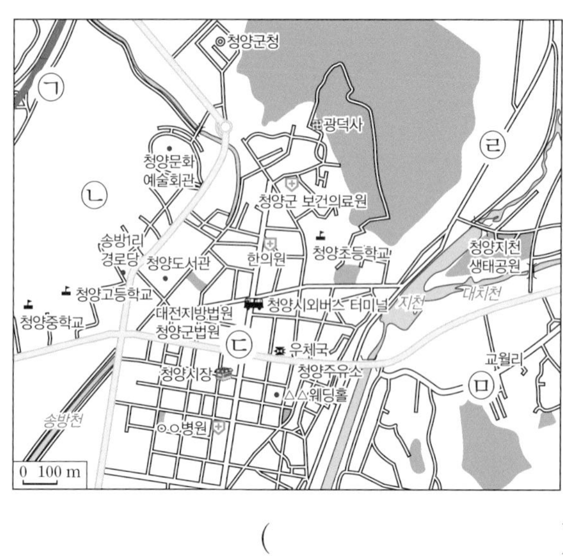

(　　　　　　　　)

04 편지나 택배를 보내기 위해 모이는 장소는 어디입니까? (　　)

① 시장
② 도서관
③ 우체국
④ 보건의료원
⑤ 문화예술회관

중심지의 교통이 발달한 까닭은 무엇인지 쓰시오.

[06~08] **다음 지도를 보고, 물음에 답하시오.**

06 **위 지역이 산업의 중심지 기능을 하고 있음을 알 수 있게 해 주는 시설을 두 가지 고르시오.** (　　,　　)

① 영인산
② 천안아산역
③ 버스 터미널
④ 자동차 공장
⑤ 전자 제품 공장

07 **산업의 중심지의 특징을 알아보고자 위 지역에 대해 조사를 할 때, 조사 내용으로 알맞은 것은 어느 것입니까?** (　　)

① 교육청, 시청이 있는 위치
② 지역의 유명한 문화유산 찾아가기
③ 사람들이 물건을 사기 위해 모이는 장소
④ 지역에서 제품을 많이 생산하는 시설의 위치
⑤ 지역 사람들이 많이 이용하는 교통수단의 종류

서술형 **08** **위 ㉠에 사람들이 모이는 이유는 무엇인지 쓰시오.**

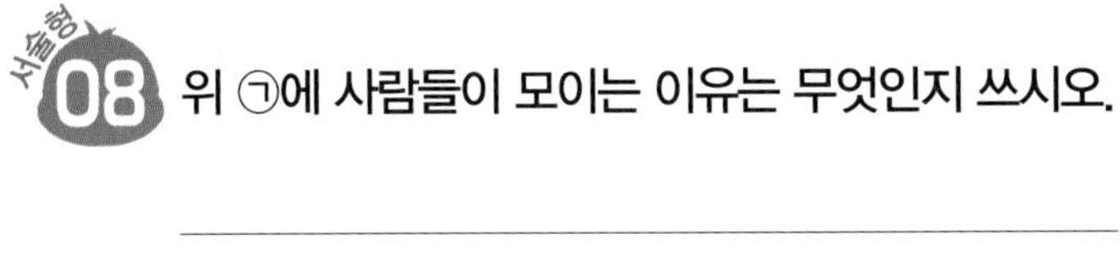

[09~10] **다음 지도를 보고, 물음에 답하시오.**

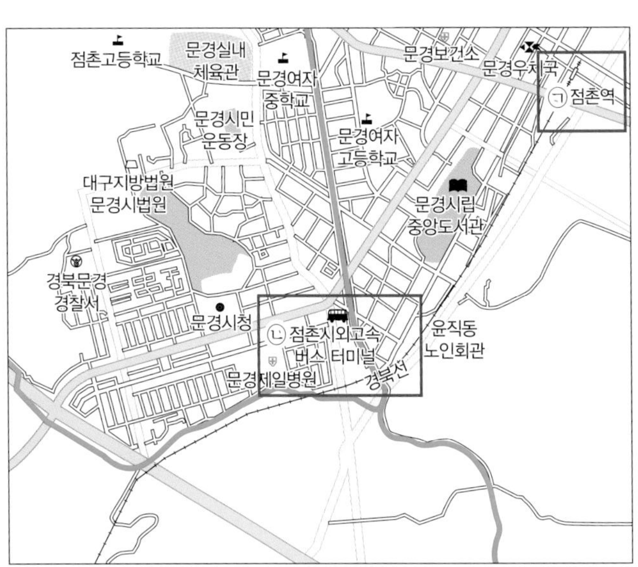

09 **위 ㉠과 ㉡의 공통적인 특징으로 알맞은 것은 어느 것입니까?** (　　)

① 관광지이다.
② 자연환경이다.
③ 이동을 편리하게 도와주는 시설이다.
④ 사람들이 물건을 구매하기 위해 찾는 곳이다.
⑤ 사람들이 몸이 아플 때 치료를 받기 위해 방문하는 곳이다.

10 **위 지도를 보고 친구들과 묻고 답하기 놀이를 하였습니다. 질문에 대한 답을 잘못 기록한 것은 어느 것입니까?** (　　)

	질문	답
①	이 지역은 중심지이다.	○
②	이 지역은 교통이 불편한 곳이다.	○
③	이 지역은 사람들의 이동이 적은 곳이다.	×
④	지도에는 시장, 백화점이 표시되어 있다.	×
⑤	시청은 행정 업무를 위해 사람들이 모인다.	○

11 아진이가 말하는 중심지의 모습으로 알맞은 것을 골라 기호를 쓰시오.

> 아진: 우리 지역의 중심지는 많은 사람이 물건을 구매하기 위해 찾는 중심지입니다.

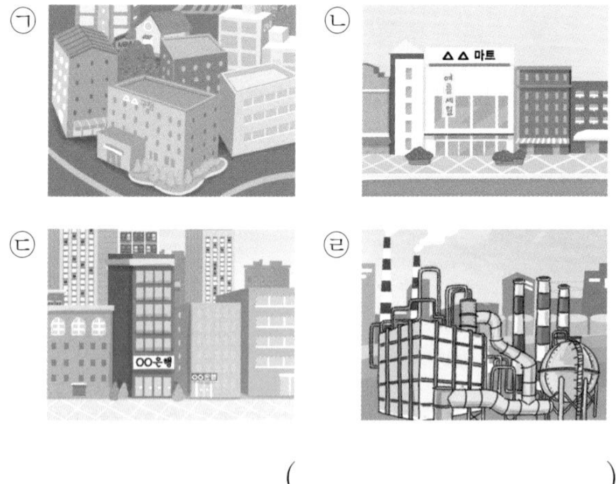

( )

12 다음 조사 자료를 보고, 이 지역이 행정의 중심지인 이유를 쓰시오.

> 세종특별자치시는 대한민국의 행정 수도 기능을 하는 특별자치시이다. 세종시의 행정 중심 복합 도시에는 정부세종청사가 있다. 정부세종청사에는 해양수산부, 환경부 등 다양한 행정 업무를 처리하는 많은 시설이 모여 있다.

____

____

[13~14] 지원이네 모둠은 중심지의 시설을 방문하여 그곳에서 일하는 사람에게 다음과 같이 질문을 하였습니다. 물음에 답하시오.

13 위와 같이 만나서 얼굴을 보고 이야기를 하며 조사하는 방법을 무엇이라고 하는지 쓰시오.

( )

14 지원이네 모둠이 방문한 중심지의 특징은 무엇입니까? ( )

① 행정 기관이 많다.
② 산업의 중심지에 해당한다.
③ 사람들이 많이 모여 사는 지역이다.
④ 물건을 구하기 위해 사람들이 모인다.
⑤ 한 곳이 여러 중심지 기능을 하는 곳이다.

15 다음 조사 주제에 알맞은 조사 방법은 무엇입니까? ( )

> • 조사 주제: 행정의 중심지 모습과 특징

① 박물관 견학
② 시장과 시장 주변 답사
③ 군청 누리집 검색 및 답사
④ 석유 공장 주변 지도 검색
⑤ 백화점과 주변 지하철역 답사

[16~17] 우리 지역의 중심지를 조사한 내용을 바탕으로 중심지를 소개하는 자료를 만들려고 합니다. 물음에 답하시오.

중심지 기능: (　　　㉠　　　)

중심지 모습

중심지 특징: 우리 지역은 역사적인 문화유산이 많고, 아름다운 자연환경으로 유명하다. 그래서 다른 지역 사람들이 기차와 버스를 이용하여 여행을 많이 온다.

중심지를 찾는 이유: (　　　㉡　　　)

16 위 ㉠에 들어갈 내용을 쓰시오.

(　　　　　　　　　　)

17 위 지역의 특징과 관련하여 ㉡에 들어갈 알맞은 내용은 어느 것입니까? (　　)

① 공장에서 근무하기 위해
② 건강과 관련된 시설을 이용하기 위해
③ 행정 기관에 필요한 서류를 내기 위해
④ 다양한 물건을 비교하며 구매하기 위해
⑤ 지역의 문화유산이나 자연을 보기 위해

18 중심지와 관련된 내용으로 인터넷 자료 검색을 하였습니다. 주제에 알맞은 검색어에 해당하지 않는 것은 무엇입니까? (　　)

① 관광지　　② 지하철역
③ 행정 기관　　④ 중심지 위치
⑤ 사람이 적은 곳

19 다음과 같은 답사 후, 보고서에 들어갈 사진 자료로 알맞은 것은 어느 것입니까? (　　)

• 답사 목적: 상업의 중심지와 특징 알아보기

① 바닷가 근처의 사진
② 시장과 시장 주변 모습의 사진
③ 석유를 만드는 공장 주변 사진
④ 박물관을 방문한 사람들의 사진
⑤ 시청에서 일하는 사람들의 사진

20 다음 상황과 관련하여 답사할 때 주의할 점은 무엇인지 쓰시오.

01 지도의 기본 요소로 알맞은 것을 두 가지 고르시오. (　　,　　)

① 날씨
② 기호
③ 축척
④ 높이
⑤ 소리

02 방위에 대한 설명으로 알맞지 않은 것은 어느 것입니까? (　　)

① 방향의 위치를 말한다.
② 방위에는 동서남북이 있다.
③ 방위표의 위쪽은 북쪽이다.
④ 방위표는 모든 지도에 나타나 있다.
⑤ 기준에 따라 장소의 방위가 달라진다.

03 다음 그림 지도에서 시청을 기준으로 동쪽에 있는 건물은 무엇입니까? (　　)

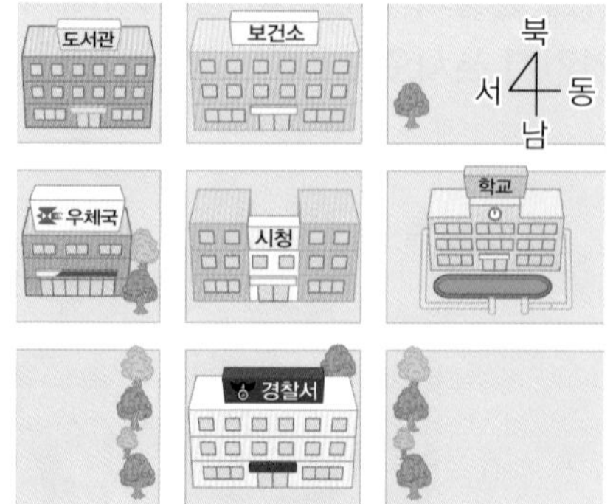

① 학교　② 도서관
③ 우체국　④ 경찰서
⑤ 보건소

04 지도에 쓰이는 기호와 범례가 잘못 짝지어진 것은 어느 것입니까? (　　)

① ▲ 산
② 병원
③ 학교
④ 경찰서
⑤ 소방서

05 다음은 현우가 살고 있는 지역을 나타낸 지도입니다. 이 지도에 대한 설명으로 알맞지 않은 것은 어느 것입니까? (　　)

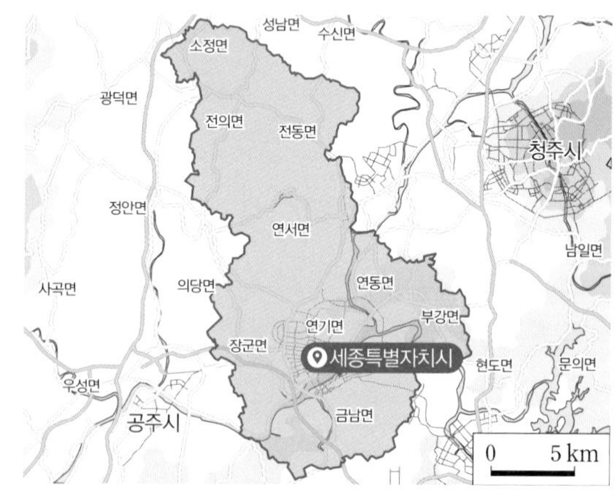

① 넓은 지역을 살펴볼 수 있다.
② 지역 전체의 모양을 알 수 있다.
③ 이 지도에서 1 cm는 실제 5 km를 나타낸다.
④ 지역에 있는 다양한 장소의 위치를 정확하게 알 수 있다.
⑤ 지역의 위치와 주변 지역을 파악하기에 알맞은 지도이다.

06 **지도에서 ㉠은 무엇입니까? (　　　)**

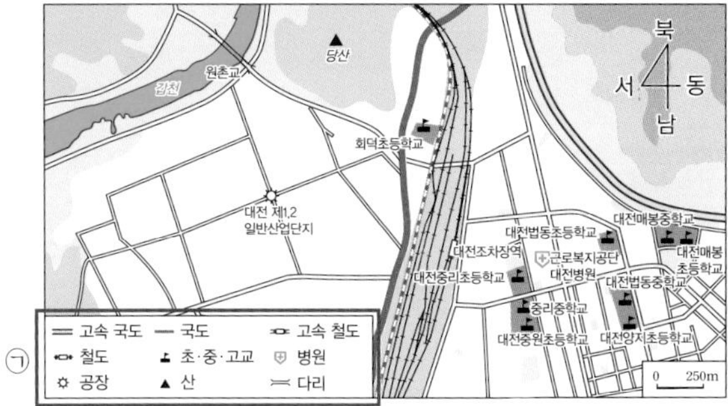

① 여러 장소의 방위 설명
② 실제와 지도의 차이점 설명
③ 지도에 쓰인 기호의 뜻 전달
④ 실제 거리를 줄인 정도 표시
⑤ 지역의 주요 장소의 개수 표시

07 **축척에 대한 설명으로 알맞은 것을 모두 고른 것은 어느 것입니까? (　　　)**

> ㉠ 축척에 따라 지도의 자세한 정도가 달라진다.
> ㉡ 쉽고 간단하게 장소의 위치를 나타낼 수 있다.
> ㉢ 실제 땅의 모습을 크게 나타내기 위해 필요하다.

① ㉠　　② ㉡
③ ㉢　　④ ㉠, ㉡
⑤ ㉠, ㉢

08 **다음 그림의 지형을 색깔로 지도에 나타내고자 할 때, 보기 의 색으로 나타내야 하는 부분은 어느 곳입니까? (　　　)**

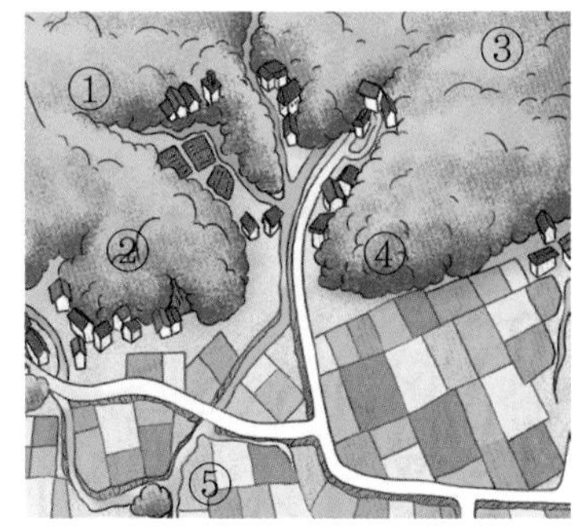

09 **다음 (가)와 (나)를 비교한 내용으로 알맞은 것은 어느 것입니까? (　　　)**

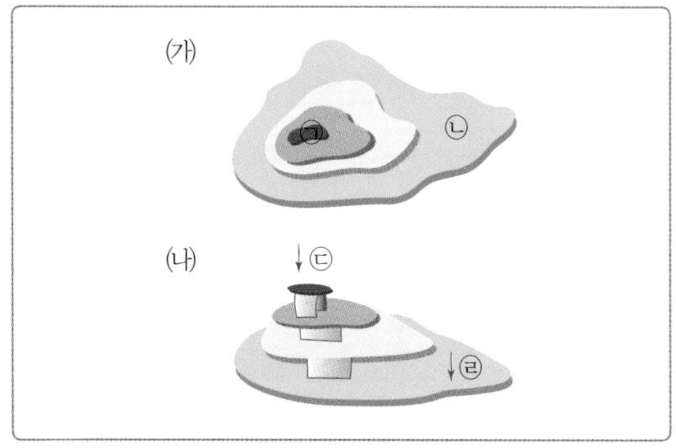

① (가)와 (나)는 모두 지도이다.
② (가)의 ㉠과 ㉡은 땅의 높이가 같다.
③ (가)의 ㉠은 (나)의 ㉢ 부분에 해당한다.
④ ㉢에서 ㉣로 갈수록 땅의 높이가 높아진다.
⑤ ㉢과 ㉣은 모두 같은 색으로 모형을 만들었다.

10 **지도의 종류와 설명이 바르게 짝지어진 것은 어느 것입니까? (　　　)**

① 도로 교통 지도 – 길을 찾을 때 활용하는 지도
② 약도 – 가장 실제 모습과 비슷하게 나타난 지도
③ 학교 안내도 – 고장에서 학교의 위치를 나타낸 지도
④ 지하철 노선도 – 지하철 주변의 위치를 알려 주는 지도
⑤ 디지털 영상 지도 – 밑에서 올려다본 땅의 모습을 사진으로 나타낸 지도

11 다음 모습을 통해 알 수 있는 중심지의 특징은 무엇입니까? (　　)

① 교통이 편리하다.
② 한적하고 조용하다.
③ 건물의 개수가 적다.
④ 사람들이 많이 산다.
⑤ 사람들의 이동이 적다.

12 다음 중 우리 지역 사람들이 다른 곳으로 갈 때 또는 다른 지역 사람들이 우리 지역으로 올 때 이용하는 시설은 무엇입니까? (　　)

① 학교　② 군청　③ 기차역
④ 도서관　⑤ 백화점

13 다음 장소에 사람들이 많이 모이는 이유는 무엇입니까? (　　)

① 책을 빌리기 위해
② 물건을 사기 위해
③ 문화 공연을 보기 위해
④ 돈을 저금하거나 찾기 위해
⑤ 제품을 개발하고 생산하기 위해

[14~15] 지도를 보고, 물음에 답하시오.

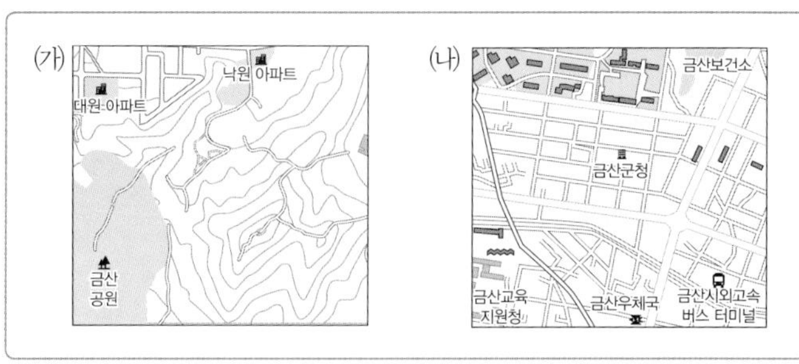

14 위 지도에 표시된 장소에서 다음과 관련된 장소는 어디입니까? (　　)

> 사람들은 몸이 아픈 곳을 치료받거나 건강에 관련된 일을 처리하기 위해 이곳에 모인다.

① 금산군청
② 금산공원
③ 금산보건소
④ 금산교육지원청
⑤ 금산시외고속버스 터미널

15 위 두 지도를 비교한 내용으로 알맞은 것을 보기 에서 모두 고른 것은 어느 것입니까? (　　)

보기
㉠ (가), (나) 모두 중심지의 지도이다.
㉡ (가)는 도로가 많고 복잡한 지역이다.
㉢ (나)는 사람의 이동이 많고, 시설이 다양하다.

① ㉠　② ㉡
③ ㉢　④ ㉠, ㉡
⑤ ㉡, ㉢

16 다음과 같은 특징을 가진 중심지로 알맞은 것은 어느 것입니까? (　　)

> • 문화유산을 보러 온 사람들로 붐빈다.
> • 역사적 장소를 보기 위해 다른 지역에서도 사람들이 많이 온다.

① 산업의 중심지　② 관광의 중심지
③ 상업의 중심지　④ 행정의 중심지
⑤ 교육의 중심지

17 다음에 나타난 지역의 특징은 무엇입니까? (　　)

> 경상북도 안동시에는 경상북도청과 경상북도 교육청이 있어 많은 사람이 생활에 필요한 업무를 처리하기 위해 모인다.

① 행정의 중심지이다.
② 기차, 버스 등 교통수단이 다양하다.
③ 산업의 중심지에 사람들이 모인 경우이다.
④ 상업의 중심지로서 사람들이 많이 찾는 곳이다.
⑤ 지역의 사람들이 필요한 것을 사기 위해 모인다.

18 상업의 중심지를 답사하며 찍은 사진 자료로 알맞은 것을 골라 기호를 쓰시오.

(　　　　　　　　)

19 다음과 같은 활동이 이루어지는 답사의 단계는 무엇입니까? (　　)

> • 중심지의 시설에서 일하는 분을 만나 면담을 한다.
> • 인터넷으로 찾아보았던 중심지의 모습과 실제 모습을 비교한다.

① 중심지 답사하기
② 답사 목적 정하기
③ 답사할 중심지 정하기
④ 중심지 답사 계획 세우기
⑤ 중심지 답사 결과 정리하기

20 다음과 같은 내용이 들어갈 답사 보고서의 항목은 어느 것입니까? (　　)

> • 산업의 중심지에는 공장, 회사 등이 많이 있다.
> • 많은 사람이 일을 하기 위해 모인다.

① 느낀 점
② 알게 된 점
③ 답사의 목적
④ 더 알고 싶은 점
⑤ 답사 장소의 사진

서술형 평가 1단원

[01~02] 다음 지도를 보고, 물음에 답하시오.

01 지도에서 다음 장소를 찾아 ○표 하고, 각각 그 개수를 쓰시오.

(1) 학교: (　　　　　　　　　　)개

(2) 병원: (　　　　　　　　　　)개

02 ㉠과 ㉡이 지도에 쓰이는 이유를 쓰시오.

(1) ㉠이 지도에 쓰이는 이유: ____________

(2) ㉡이 지도에 쓰이는 이유: ____________

[03~05] 지호가 사는 지역은 부산광역시입니다. 부산광역시를 나타낸 두 개의 지도를 보고, 물음에 답하시오.

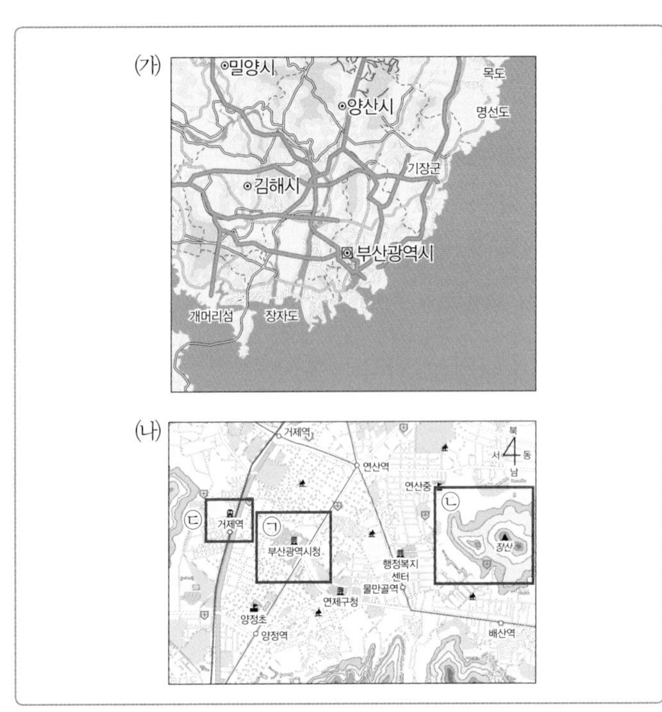

03 지호는 지역 근처에 위치한 바다와 주변의 지역을 알아보기 위해 (가), (나) 중, 어떤 지도를 활용해야 하는지 궁금했습니다. 지호가 활용하기에 알맞은 지도의 기호를 쓰고, 그 까닭을 쓰시오.

(1) 활용할 지도: (　　　　　　　　)

(2) 까닭: ____________

04 (나) 지도에서 ㉠과 ㉡의 땅의 높낮이를 비교하여 차이점을 쓰시오.

05 부산광역시청을 기준으로 하여 ㉢의 위치를 설명하시오.

[06~08] 다음은 전북특별자치도 지도와 각 지역의 주요 장소를 나타낸 것입니다. 물음에 답하시오.

군산시	공장 단지
익산시	익산역
전주시	전북특별자치도청, 한옥 마을, 백화점
정읍시	내장산 국립공원

06 정읍은 어떤 중심지인지 쓰시오.

( )의 중심지

07 다음에서 설명하는 중심지의 특징은 무엇인지 쓰시오.

> 전주시는 행정 업무를 처리하기 위해 사람들이 도청을 방문하기도 하고, 한옥 마을 등의 관광을 위해 많은 사람이 모이기도 한다.

08 ㉠ 지역 중심지의 기능을 알아보기 위한 답사 계획을 세우려 합니다. 답사 목적을 알맞게 쓰시오.

[09~10] 다음을 보고, 물음에 답하시오.

〈3모둠 중심지 답사 계획서〉

답사 장소	□□ 시장과 시장 주변
답사 날짜	20○○년 ○○월 ○○일
답사 내용	㉠
할 일	• 시장 사진 찍기 • 시장에 모이는 사람들 면담하기
준비물	지도, 필기도구, 사진기, 설문지 등
미리 조사할 내용	지도에서 중심지의 위치 확인하기
주의할 점	• 어른과 함께 가기 • 허락을 받고 사진 촬영하기 등

09 3모둠이 중심지를 조사하기 위해 선택한 조사 방법을 쓰고, 그 조사 방법의 특징을 쓰시오.

(1) 조사 방법: ( )

(2) 조사 방법의 특징:

10 시장과 시장 주변을 직접 조사하며 알아볼 ㉠의 내용으로 알맞은 것을 한 가지 쓰시오.

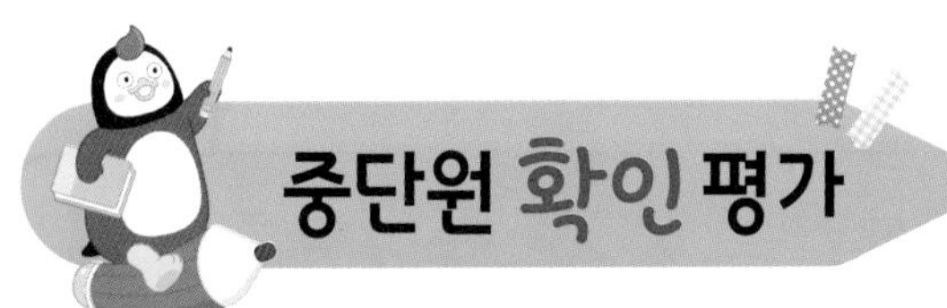

01 문화유산에 대한 설명으로 알맞지 않은 것은 어느 것입니까? (　　　)

① 조상 대대로 전해 내려온 것이다.
② 예술적, 문화적 가치가 높은 것이다.
③ 후손들에게 물려줄 만한 가치가 있다.
④ 가격이 비싸서 팔면 이익을 볼 수 있다.
⑤ 무형 문화유산과 유형 문화유산으로 구분된다.

[02~03] 다음을 보고, 물음에 답하시오.

㉠ 강강술래

㉡ 경주 첨성대

㉢ 경주 불국사 삼층 석탑

㉣ 강릉 단오제

02 위 문화유산을 구분하여 기호를 쓰시오.

(1)	유형 문화유산	
(2)	무형 문화유산	

03 위 문화유산에 대한 설명으로 적절하지 않은 것은 어느 것입니까? (　　　)

① 기록 문화유산도 있다.
② 경주 첨성대는 유형 문화유산이다.
③ 강릉 단오제는 강릉에서 열리는 행사이다.
④ 경주 불국사 삼층 석탑은 불국사라는 절에 있다.
⑤ 강강술래는 손을 잡고 원을 그리며 춤추고 노래하는 놀이이다.

[04~05] 다음 자료를 보고, 물음에 답하시오.

▲ 충청남도 문화유산 안내도

04 위 자료에 제시된 문화유산은 어느 나라와 관련된 것입니까? (　　　)

① 백제
② 신라
③ 발해
④ 부여
⑤ 고구려

05 위 문화유산 중 향을 피우는 데 사용된 문화유산을 골라 기호를 쓰시오.

(　　　　　　　　　　)

[06~08] 다음은 전북특별자치도 지도와 각 지역의 주요 장소를 나타낸 것입니다. 물음에 답하시오.

군산시	공장 단지
익산시	익산역
전주시	전북특별자치도청, 한옥 마을, 백화점
정읍시	내장산 국립공원

06 정읍은 어떤 중심지인지 쓰시오.

( )의 중심지

07 다음에서 설명하는 중심지의 특징은 무엇인지 쓰시오.

> 전주시는 행정 업무를 처리하기 위해 사람들이 도청을 방문하기도 하고, 한옥 마을 등의 관광을 위해 많은 사람이 모이기도 한다.

08 ㉠ 지역 중심지의 기능을 알아보기 위한 답사 계획을 세우려 합니다. 답사 목적을 알맞게 쓰시오.

[09~10] 다음을 보고, 물음에 답하시오.

〈3모둠 중심지 답사 계획서〉

답사 장소	□□ 시장과 시장 주변
답사 날짜	20○○년 ○○월 ○○일
답사 내용	㉠
할 일	• 시장 사진 찍기 • 시장에 모이는 사람들 면담하기
준비물	지도, 필기도구, 사진기, 설문지 등
미리 조사할 내용	지도에서 중심지의 위치 확인하기
주의할 점	• 어른과 함께 가기 • 허락을 받고 사진 촬영하기 등

09 3모둠이 중심지를 조사하기 위해 선택한 조사 방법을 쓰고, 그 조사 방법의 특징을 쓰시오.

(1) 조사 방법: ( )

(2) 조사 방법의 특징:

10 시장과 시장 주변을 직접 조사하며 알아볼 ㉠의 내용으로 알맞은 것을 한 가지 쓰시오.

쉬어가기 

집중력 향상 체조

책상에 앉아서도 간단히 할 수 있는 졸음 퇴치 및 집중력 체조를 소개합니다.

체조는 어깨, 허리, 머리, 전신 스트레칭을 통해 잠들어 가는 몸속 세포를 깨워 준답니다.

전신 스트레칭

❶ 의자에 앉은 뒤 허리를 곧게 편다.

❷ 두 팔과 다리를 쭉 뻗고 5초간 유지한다.

❸ 힘 빼기를 반복하며 5~10회 실시한다.

어깨 스트레칭

❶ 반듯하게 허리를 곧게 세운다.

❷ 양팔에 힘을 빼고 늘어뜨린다.

❸ 어깨를 천천히 돌려 주며 5~10회 반복한다.

허리 스트레칭

❶ 의자에 앉아 오른쪽 다리를 왼쪽 다리 위에 올린다.

❷ 왼쪽 팔꿈치가 오른쪽 무릎에 닿게끔 지탱하고, 오른손은 등 뒤로 돌린다.

❸ 허리를 오른쪽으로 천천히 비튼다. 반대로 반복하여 5~10회 실시한다.

머리 두드리기

❶ 양손을 손가락을 세운 채 머리 위로 올린다.

❷ 손가락으로 가볍게 '톡, 톡, 톡' 머리를 골고루 두드려 준다.

중단원 핵심 복습 2단원 (1)

1 우리 지역의 문화유산 알아보기

(1) 문화유산은 조상 대대로 전해 내려오는 것 중 다음 세대에 물려줄 만한 가치를 지닌 것임.

(2) 문화유산에는 역사적, 과학적, 예술적 가치 등이 담겨 있음.

(3) 문화유산의 종류

- 유형 문화유산: 탑, 건축물, 책과 같이 일정한 형태가 있는 것임.
- 무형 문화유산: 예술 활동이나 기술처럼 일정한 형태가 없는 것으로 기능 보유자나 예능 보유자를 통해 전해 내려옴.

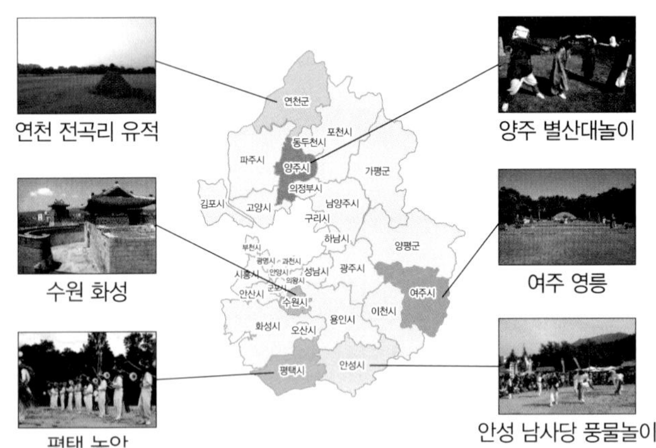

연천 전곡리 유적 / 양주 별산대놀이 / 수원 화성 / 여주 영릉 / 평택 농악 / 안성 남사당 풍물놀이

2 우리 지역의 문화유산 조사하기

(1) 조사 계획하기: 조사 목적, 조사할 문화유산, 조사하고 싶은 내용, 조사 방법 및 역할을 정하고, 준비물 및 주의할 점을 알아봄.

(2) 조사 방법: 인터넷 검색하기, 책이나 문서, 기록물 찾아보기, 전문가 면담하기, 답사하기, 박물관 관람하기 등

3 우리 지역의 문화유산 답사하기

(1) 답사는 문화유산에 직접 찾아가 실제 모습을 보고 조사하며 배우는 것임.

(2) 답사 과정: 답사할 문화유산 정하기 → 문화유산 사전 조사하기 → 답사 계획 세우기 → 답사하기 → 답사 보고서 작성하기

(3) 답사 계획서에 들어갈 내용: 답사 목적, 답사 장소, 답사 방법, 답사 일정, 답사할 사람, 답사하며 조사할 내용, 역할 나누기, 준비물, 주의할 점 등

(4) 답사하는 방법: 문화유산 안내판 설명 읽기, 문화유산 자세히 살펴보기, 문화 관광 해설사께 궁금한 점 여쭈어보기, 새롭게 알게 된 내용 기록하기, 문화유산 사진이나 영상을 촬영하거나 그림 그리기 등

4 우리 지역의 문화유산 소개하기

(1) 문화유산 소개 자료 만들기: 문화유산 안내 포스터, 문화유산 안내도, 문화유산 소개 책자, 문화유산 신문, 문화유산 카드, 문화유산 모형 등을 만들어 소개할 수 있음.

문화유산 안내 포스터 만들기	문화유산의 이름, 우수성이나 특징, 가치를 소개하는 짧은 글, 사진이나 그림, 문화유산을 체험할 수 있는 장소와 시간 등을 소개하는 안내 포스터 만들기
문화유산 안내도 만들기	지역에 있는 문화유산의 위치와 분포, 특징을 알려 주는 지도 만들기
문화유산 소개 책자 만들기	문화유산의 이름, 특징, 제작 시기 등이 드러나게 다양한 형태의 책자 만들기
문화유산 신문 만들기	문화유산 소개 기사나 인간문화재 인터뷰 내용, 만화, 광고 등을 넣어 신문 완성하기

(2) 문화유산 소개하기

- 제작한 소개 자료를 이용하거나 문화 관광 해설사가 되어 친구들에게 문화유산을 소개하기
- 문화유산을 소개하며 문화유산의 가치를 느끼고 조상에게 고마운 마음 갖기

5 문화유산을 보호하려는 노력 알아보기

(1) 문화유산은 조상들에게 물려받은 것이고, 조상의 지혜와 정신이 담겨 있으며, 우리의 역사가 담겨 있음.

(2) 문화유산을 보호하기 위해 문화유산에 관심 갖고 공부하기, 문화유산을 소중히 여기는 마음 갖기, 문화재 지킴이가 되어 문화유산 주변을 청소하고 문화유산 훼손 및 화재 감시하기, 문화유산 널리 홍보하기 등의 활동을 함.

중단원 쪽지 시험 2 (1) 우리 지역의 문화유산

정답과 해설 35쪽

01 조상 대대로 전해 내려오는 것 중 다음 세대에 물려줄 만한 가치를 지닌 것을 무엇이라고 합니까?

( )

02 다음과 같이 형태가 있는 문화유산을 무엇이라고 하는지 쓰시오.

▲ 경주 불국사

( )

03 다음에서 설명하는 문화유산을 무엇이라고 하는지 쓰시오.

- 예술 활동이나 기술처럼 형태가 없는 문화유산이다.
- 탈춤, 강강술래, 유기 만드는 기술 등이 있다.

( )

04 다음과 같은 조사 방법을 무엇이라고 하는지 쓰시오.

문화 관광 해설사, 박물관 큐레이터 등 전문가에게 설명을 듣거나 궁금한 점을 여쭈어보는 활동이다.

( )

05 다음에서 설명하는 것이 무엇인지 쓰시오.

조사할 문화유산이 있는 현장에 가서 직접 보고, 느끼며 조사하는 방법이다.

( )

06 답사 이후 보고 느낀 점이나 새롭게 알게 된 내용 등을 정리한 것을 무엇이라고 합니까?

( )

07 다음과 같은 소개 자료를 무엇이라고 합니까?

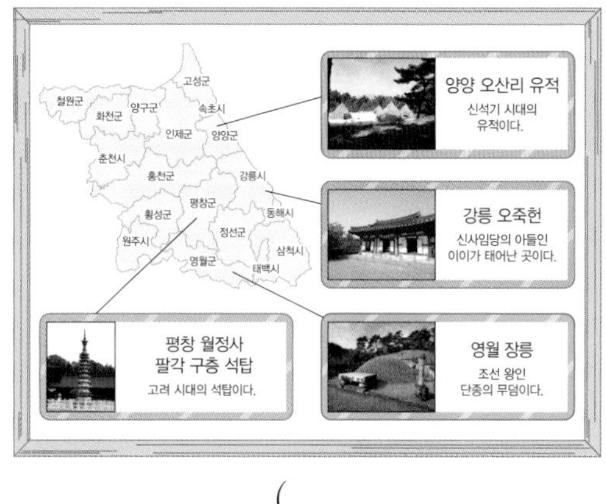

( )

08 다음 소개 자료를 무엇이라고 합니까?

문화유산 소개 기사나 인간문화재 인터뷰 내용, 만화, 광고 등의 내용을 넣어 만든 소개 자료이다.

( )

09 다음에서 설명하는 것은 무엇인지 쓰시오.

스스로 문화유산을 보호하고 지키기 위한 활동에 참여하는 사람을 말한다.

( )

10 다음 ( ) 안에 공통으로 들어갈 말을 쓰시오.

문화유산은 ( )에게 물려받은 것이고, ( )의 지혜와 정신, 우리의 역사가 담겨 있기 때문에 소중히 여겨야 합니다.

( )

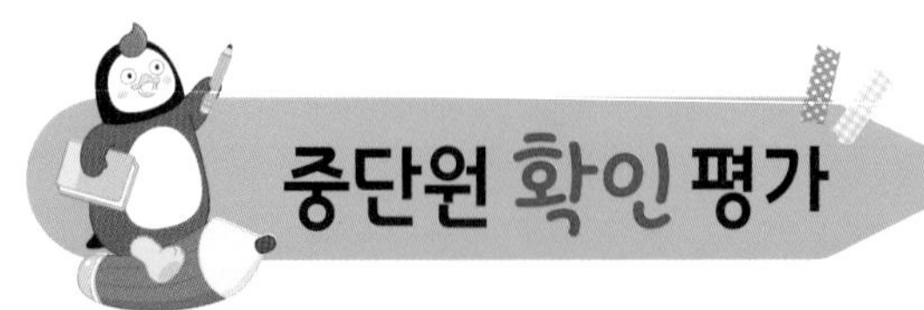

01 문화유산에 대한 설명으로 알맞지 않은 것은 어느 것입니까? (　　)

① 조상 대대로 전해 내려온 것이다.
② 예술적, 문화적 가치가 높은 것이다.
③ 후손들에게 물려줄 만한 가치가 있다.
④ 가격이 비싸서 팔면 이익을 볼 수 있다.
⑤ 무형 문화유산과 유형 문화유산으로 구분된다.

[02~03] 다음을 보고, 물음에 답하시오.

㉠ 강강술래

㉡ 경주 첨성대

㉢ 경주 불국사 삼층 석탑

㉣ 강릉 단오제

02 위 문화유산을 구분하여 기호를 쓰시오.

(1)	유형 문화유산	
(2)	무형 문화유산	

03 위 문화유산에 대한 설명으로 적절하지 않은 것은 어느 것입니까? (　　)

① 기록 문화유산도 있다.
② 경주 첨성대는 유형 문화유산이다.
③ 강릉 단오제는 강릉에서 열리는 행사이다.
④ 경주 불국사 삼층 석탑은 불국사라는 절에 있다.
⑤ 강강술래는 손을 잡고 원을 그리며 춤추고 노래하는 놀이이다.

[04~05] 다음 자료를 보고, 물음에 답하시오.

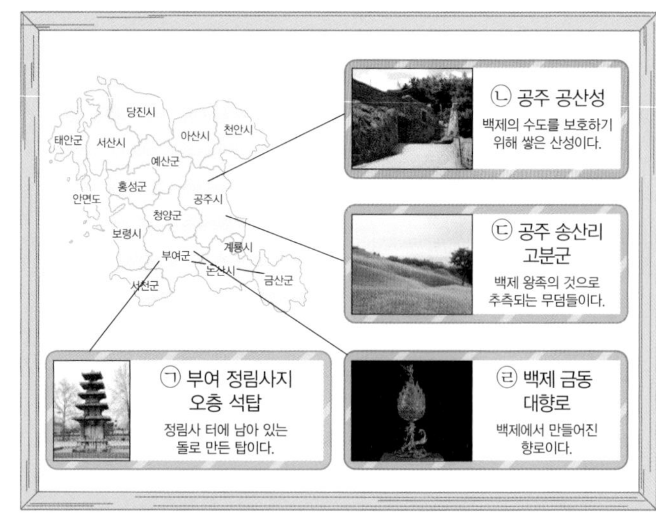

▲ 충청남도 문화유산 안내도

04 위 자료에 제시된 문화유산은 어느 나라와 관련된 것입니까? (　　)

① 백제
② 신라
③ 발해
④ 부여
⑤ 고구려

05 위 문화유산 중 향을 피우는 데 사용된 문화유산을 골라 기호를 쓰시오.

(　　　　　　)

[06~07] 다음 자료를 읽고, 물음에 답하시오.

경주에 다녀와서

나는 지난 주말 가족과 함께 경주에 다녀왔다. '신라'라는 나라의 수도였던 경주에는 다양한 신라의 문화유산이 남아 있다.

경주의 이곳저곳을 돌아보며 왕족의 무덤이었던 대릉원을 비롯해 '부처의 나라'라는 뜻을 가진 불국사와 돌을 쌓아 만든 석굴암을 볼 수 있었다. 또한 별을 관측하던 곳으로 추측되는 첨성대도 볼 수 있었다.

06 경주는 어느 나라의 수도였는지 위에서 찾아 쓰시오.

( )

07 경주 지역에서 볼 수 있는 문화유산으로 알맞지 않은 것은 어느 것입니까? ( )

① 창덕궁
② 첨성대
③ 석굴암
④ 불국사
⑤ 대릉원

08 다음에서 설명하는 문화유산은 어느 것입니까? ( )

유네스코에 등재된 한국의 세계 기록 유산으로, 한글이 만들어진 원리 및 만들어진 배경을 알 수 있는 문화유산이다.

① 경복궁
② 판소리
③ 팔만대장경
④ 직지심체요절
⑤ 훈민정음 해례본

09 우리 지역의 문화유산을 조사하는 방법으로 알맞은 것을 두 가지 고르시오. (,)

① 과학자와 면담하기
② 문화재청 누리집 검색하기
③ 의료 기관 누리집 검색하기
④ 다른 지역의 축제 참여하기
⑤ 문화유산 소개 책자 찾아보기

10 문화유산 조사 계획하기 중 다음과 같은 활동을 하는 단계는 어느 것입니까? ( )

문화유산이 만들어진 시대와 문화유산의 용도, 특징 등을 알아본다.

① 조사 목적 정하기
② 조사할 문화유산 정하기
③ 조사 방법 및 역할 정하기
④ 조사하고 싶은 내용 파악하기
⑤ 준비물 및 주의할 점 알아보기

11 답사 계획서에 들어갈 내용으로 알맞은 것을 보기에서 모두 고른 것은 어느 것입니까? (　　)

보기

㉠ 답사 목적
㉡ 답사 방법
㉢ 답사하고 난 느낌
㉣ 문화유산을 관찰하며 궁금한 점

① ㉠, ㉡
② ㉠, ㉢
③ ㉡, ㉢
④ ㉡, ㉣
⑤ ㉢, ㉣

12 답사할 때 주의할 점에 대해 <u>잘못</u> 발표한 사람은 누구입니까? (　　)

① 은유: 학급 친구들끼리만 답사합니다.
② 수린: 문화유산 안내판을 자세히 읽어 봅니다.
③ 효재: 문화유산을 함부로 만지지 않습니다.
④ 민정: 문화유산의 사진을 찍거나 그림으로 그립니다.
⑤ 승민: 교통수단으로 이동할 때 질서를 지켜 안전하게 이동합니다.

[13~15] 다음은 답사 계획서의 일부입니다. 물음에 답하시오.

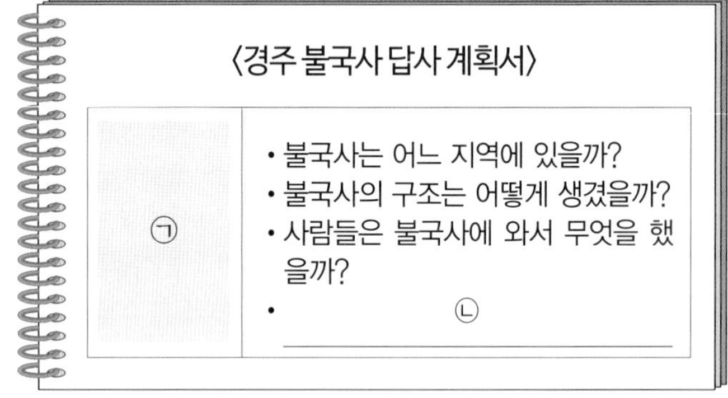

13 위 ㉠에 들어갈 내용으로 알맞은 것은 어느 것입니까? (　　)

① 답사 목적
② 답사 장소
③ 주의할 점
④ 답사 방법
⑤ 조사할 내용

위 ㉡에 들어갈 내용을 한 가지만 쓰시오.

____

15 위 자료의 문화유산을 답사하기 전에 미리 조사해 볼 내용으로 알맞지 <u>않은</u> 것은 어느 것입니까? (　　)

① 불국사의 특징
② 불국사에 얽힌 이야기
③ 불국사가 만들어진 시대
④ 불국사라는 이름이 붙은 까닭
⑤ 한 달 동안 불국사에 오는 사람의 수

[16~17] **다음 자료를 읽고, 물음에 답하시오.**

(　　　　): 안녕하십니까? 오늘 답사할 곳은 수원 화성입니다. 궁금한 점이 있습니까?
학생 1: 수원 화성은 언제 세워졌나요?
(　　　　): 조선 정조 임금 때 만들어졌습니다.

16 **(　　) 안에 공통으로 들어갈 사람은 누구인지 쓰시오.**

(　　　　　　　　　)

17 **위와 같은 조사 방법의 특징으로 알맞은 것은 어느 것입니까? (　　　)**

① 궁금한 점을 직접 질문할 수 있다.
② 책을 찾아보며 자세히 살펴볼 수 있다.
③ 시간과 관계없이 가능한 조사 방법이다.
④ 영상 자료를 살펴보며 깊이 있게 이해할 수 있다.
⑤ 모형을 만들어 보며 문화유산의 특징을 알 수 있다.

18 **다음 소개 자료의 장점으로 알맞은 것은 어느 것입니까? (　　　)**

〈우리 지역의 문화유산 안내도〉

① 지역의 특산물에 대해 알 수 있다.
② 문화유산의 실제 크기를 볼 수 있다.
③ 문화유산의 분포를 한눈에 알 수 있다.
④ 지역의 자연환경 변화를 파악할 수 있다.
⑤ 지역의 역사적 인물에 대해 자세히 알 수 있다.

19 **다음과 같은 사람들의 활동으로 알맞지 <u>않은</u> 것은 어느 것입니까? (　　　)**

① 문화유산 주변을 청소한다.
② 문화유산의 화재를 예방한다.
③ 문화유산이 훼손되지 않도록 한다.
④ 문화유산을 널리 알리는 활동을 한다.
⑤ 문화유산의 가격을 정하는 활동을 한다.

20 **다음 학습 주제와 관련하여 바르게 발표한 사람을 모두 고르시오. (　　　　　)**

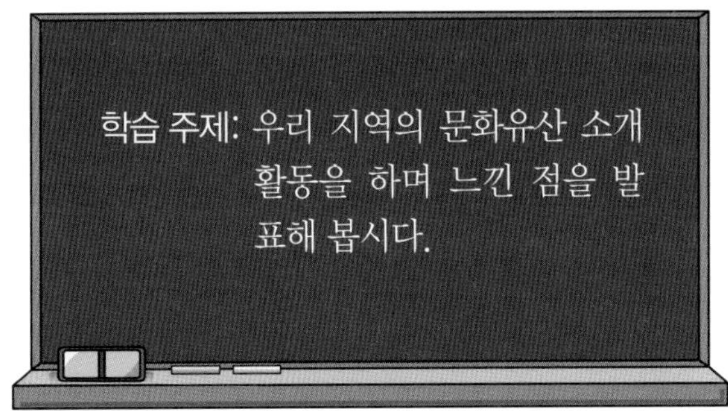

① 가을: 우리 지역의 역사에 대해 알게 되었습니다.
② 슬기: 우리 지역의 교통 상황을 알게 되었습니다.
③ 가람: 우리 지역의 경제 활동에 대해 알게 되었습니다.
④ 명진: 우리 지역의 문화유산을 소중히 여기게 되었습니다.
⑤ 기정: 우리 지역에서 해결해야 할 문제점을 파악할 수 있게 되었습니다.

중단원 핵심 복습 2단원 (2)

1 우리 지역의 역사적 인물 알아보기

(1) 역사적 인물
- 우리 조상 중 나라를 지키고 발전시키는 등 역사 속에서 훌륭한 업적을 남긴 인물이나 사회에 영향을 미친 인물임.
- 역사적 인물에 대해 조사하며 조상들의 삶과 그들의 마음을 알 수 있음.

(2) 우리나라의 대표적인 역사적 인물

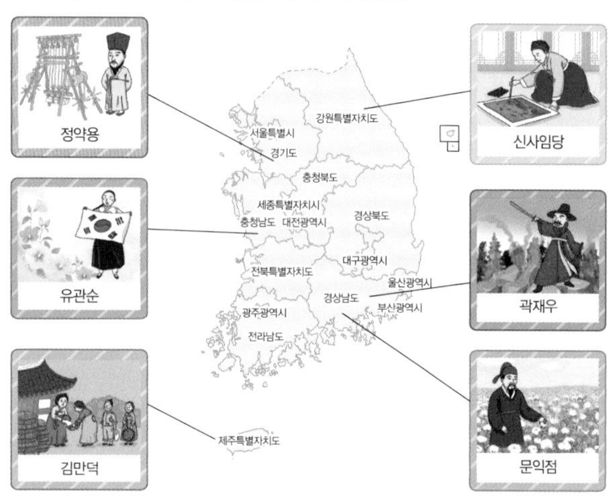

2 우리 지역의 역사적 인물 조사하기

(1) 역사적 인물 조사 과정: 조사할 역사적 인물 정하기 → 조사할 내용 정하기 → 조사 방법 정하기 → 역할 나누기 → 조사하기 → 조사한 내용 정리하기

(2) 역사적 인물 조사 방법

방법	내용
책으로 알아보기	역사적 인물을 소개한 책이나 백과사전 살펴보기
인터넷으로 검색하기	인터넷 백과사전이나 역사적 인물 기념관 누리집 등 검색하기, 영상 자료 살펴보기
현장 체험하며 알아보기	역사적 인물과 관련된 문화유산이나 관련 장소 등에 찾아가기

(3) 조사 보고서 작성하기: 조사한 인물, 조사 방법, 조사한 내용(태어난 곳, 살았던 때, 업적, 관련 장소, 느낀 점 등) 등을 담아 보고서 작성하기

3 우리 지역의 역사적 인물 소개 자료 만들기

(1) 역사적 인물 소개 자료에 들어갈 내용
- 역사적 인물의 삶과 업적이 드러나야 함.
- 당시 사회에 미친 영향을 알 수 있어야 함.
- 역사적 인물이 그 지역에서 어떤 형태로 기억되고 있는지 나타나야 함.

(2) 역사적 인물 소개 자료: 뉴스 대본 만들기, 인물 소개 포스터 만들기, 역할극 대본 만들기, 노래 가사 바꾸기, 인물 카드 만들기, 인물 명함 만들기 등

자료	내용
뉴스 대본 만들기	• 인물의 삶과 주요 활동이 드러나게 뉴스 대본을 만듦. • 뉴스 대본을 바탕으로 영상을 제작해도 좋음.
인물 소개 포스터 만들기	역사적 인물의 특징과 주요 활동을 한눈에 알아볼 수 있도록 만듦.
역할극 대본 만들기	• 역사적 인물과 관련된 일화 등을 소재로 역할극 대본을 만듦. • 역할극 준비하기(때, 장소, 등장인물 등 정하기) → 역할극 역할 정하기 → 역할극 대본 완성하기
노래 가사 바꾸기	역사적 인물에 대한 내용이 드러나게 노래 가사를 새롭게 바꾸어 봄.

4 우리 지역의 역사적 인물 소개하기

(1) 역할극 공연하기, 뉴스 만들어 소개하기, 노래 가사 바꿔 부르기, 문화 관광 해설사가 되어 소개하기 등 다양한 방법으로 역사적 인물을 소개함.

(2) 친구들이 소개한 자료를 보면서 궁금한 점이나 새롭게 알게 된 점, 느낀 점 등을 이야기함.

(3) 역사적 인물을 소개하며 우리 지역에 대한 자부심을 기를 수 있음.

▲ 역할극 공연하기

중단원 쪽지 시험

2 (2) 우리 지역의 역사적 인물

정답과 해설 36쪽

01 다음 설명에 해당하는 사람들을 무엇이라고 하는지 쓰시오.

> 우리 조상 중 나라를 지키고 발전시키는 등 역사 속에서 훌륭한 업적을 남긴 인물이나 사회에 영향을 미친 인물이다.

( )

02 다음 인물은 누구인지 쓰시오.

나는 임진왜란 때 거북선을 만들어 나라를 지킨 장군입니다.

( )

[03~06] 다음 ( ) 안에 들어갈 말을 쓰시오.

03

> 지역의 역사적 인물에 대해 ( )을/를 찾아 읽으며 조사하기

( )

04

> 한결이네 모둠은 역사적 인물을 소개한 누리집을 조사하고 사이버 박물관을 살펴보는 등 ( ) 검색을 하며 조사하였다.

( )

05

> 역사적 인물과 관련된 문화유산이나 장소를 직접 찾아가는 조사 방법은 ( ) 하며 조사하기이다.

( )

06

> 역사적 인물의 소개 자료를 만들 때에는 역사적 인물의 삶과 ( )이/가 드러나야 한다.

( )

07 다음과 같은 소개 자료를 무엇이라고 하는지 쓰시오.

( )

08 다음과 같이 우리 지역의 역사적 인물을 소개하는 방법은 무엇인지 쓰시오.

> 때: 조선 시대 장소: 궁궐
> 등장인물: 장영실, 세종, 신하들
> (장면1) 장영실이 만든 앙부일구(해시계)를 보고 있는 세종과 신하들

( )

[09~10] 다음 ( ) 안에 들어갈 알맞은 말을 쓰시오.

09

> 친구들이 우리 지역의 역사적 인물을 소개한 자료를 보면서 궁금한 점이나 새롭게 알게 된 점, ( ) 등을 이야기한다.

( )

10

> 우리 지역의 역사적 인물을 소개하며 우리 지역에 대한 ( )을/를 기를 수 있다.

( )

01 다음 토론 주제에 대한 발표 내용으로 알맞지 않은 것은 어느 것입니까? (　　)

토론 주제: 누가 역사적 인물일까요?

① 이순신처럼 나라를 지킨 인물이다.
② 흥부처럼 전래 동화에 나오는 인물이다.
③ 유관순처럼 만세 운동을 벌인 인물이다.
④ 장영실처럼 과학 기구를 발명한 인물이다.
⑤ 김만덕처럼 어려운 사람들을 도운 인물이다.

[02~03] 다음 자료를 보고, 물음에 답하시오.

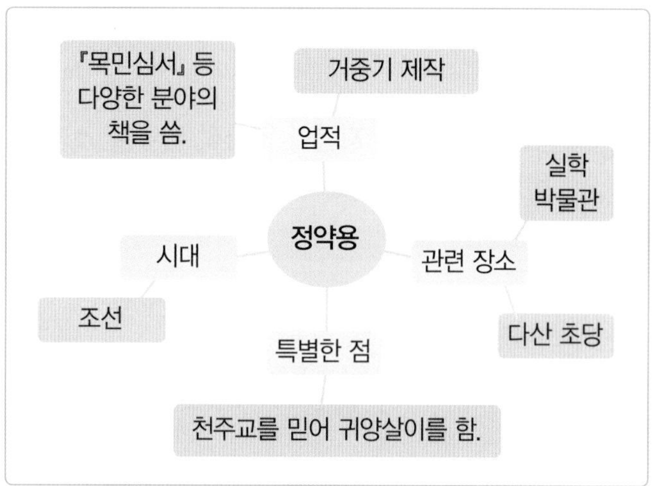

02 역사적 인물의 업적과 그가 살았던 시대 등에 대해 위와 같이 정리하는 방법을 무엇이라고 하는지 쓰시오.

(　　　　　　　　　　)(으)로 정리하기

03 위 자료를 통해 알 수 있는 정약용에 대한 내용으로 알맞지 않은 것은 어느 것입니까? (　　)

① 많은 책을 남겼다.
② 조선 시대 인물이다.
③ 거중기를 제작하였다.
④ 자격루를 제작하였다.
⑤ 관련 유적지는 다산 초당이다.

[04~05] 다음 자료를 보고, 물음에 답하시오.

04 위 ㉠ 지폐 속 인물이 한 일로 가장 알맞은 것은 어느 것입니까? (　　)

① 독립운동을 하였다.
② 과학 기구를 발명하였다.
③ 외적의 침입을 물리쳤다.
④ 뛰어난 예술 작품을 남겼다.
⑤ 학문 연구에 힘을 기울였다.

05 위 ㉡ 지폐 속 인물이 남긴 기록 유산으로 알맞은 것은 어느 것입니까? (　　)

① 석굴암
② 고려청자
③ 수원 화성
④ 경주 불국사
⑤ 훈민정음 해례본

[06~08] 다음은 장영실에 대해 조사하기 위한 조사 계획서입니다. 물음에 답하시오.

주제	우리 지역의 역사적 인물 장영실에 대해 알아보기
㉠	장영실의 일생과 업적
조사 방법	㉡
역할 나누기	조사 자료 정리(가람), 장영실의 일생 및 업적 정리(승윤), 장영실의 발명품 사진 모으기(가영)
주의할 점	㉢

06 위 ㉠에 들어갈 내용으로 알맞은 것은 어느 것입니까? (　　)

① 느낀 점
② 알게된 점
③ 조사할 내용
④ 역할 나누기
⑤ 조사 보고서 작성 방법

07 위 ㉡에 들어갈 내용으로 알맞지 않은 것은 어느 것입니까? (　　)

① 인터넷으로 검색하기
② 역사적 인물에 대한 위인전 읽기
③ 역사적 인물에 관한 기록 찾아보기
④ 역사적 인물과 관련된 장소 답사하기
⑤ 우리 지역 자연환경의 변화 파악하기

서술형 **08** 위 ㉢에 들어갈 내용을 두 가지 쓰시오.

____

____

09 다음과 같은 조사 방법은 무엇입니까? (　　)

① 책으로 찾아보기
② 전문가와 면담하기
③ 인터넷 백과사전 검색하기
④ 우리 학교 누리집 검색하기
⑤ 역사적 인물 관련 장소 답사하기

10 다음과 같은 조사 방법에 대한 설명으로 알맞은 것은 어느 것입니까? (　　)

① 역사적 인물의 일생을 알 수 있다.
② 역사적 인물에 대해 직접 질문할 수 있다.
③ 기념관 등에서 해설사의 설명을 들을 수 있다.
④ 역사적 인물과 관련된 문화유산을 실제로 볼 수 있다.
⑤ 인터넷 검색을 통해 더 알아보고 싶은 내용을 찾아볼 수 있다.

11 다음과 같은 방법으로 역사적 인물을 조사하는 방법으로 알맞은 것은 어느 것입니까? ( )

- 미리 작성한 질문 내용을 문화 관광 해설사께 직접 여쭈어본다.
- 설명을 적거나 동영상을 촬영할 수도 있다.

① 책으로 조사하는 방법이다.
② 백과사전을 살펴보는 방법이다.
③ 현장 체험을 하며 알아보는 방법이다.
④ 인터넷을 검색하며 알아보는 방법이다.
⑤ 역사적 인물 기념관 누리집을 검색하며 조사하는 방법이다.

12 다음 과제를 해결하기 위해 조사할 내용으로 알맞지 않은 것은 어느 것입니까? ( )

과제: 우리 지역의 역사적 인물인 문익점에 대해 조사 보고서를 작성해 봅시다.

① 목화씨를 가져온 이야기
② 목화 재배에 성공한 이야기
③ 목화 재배가 의생활에 가져온 변화
④ 문익점이 한 일을 알 수 있는 전시관
⑤ 문익점의 업적을 과장해 소개한 소설 내용

13 다음을 통해 알 수 있는 사실로 알맞은 것은 어느 것입니까? ( )

① 역사적 인물은 광고의 주인공이 되고 있다.
② 역사적 인물의 장점만 부풀려 기억되고 있다.
③ 역사적 인물은 다양한 형태로 기억되고 있다.
④ 역사적 인물과 지역의 역사는 아무 상관이 없다.
⑤ 역사적 인물은 오늘날 우리에게 영향을 미치지 않는다.

[14~15] 다음 자료를 보고, 물음에 답하시오.

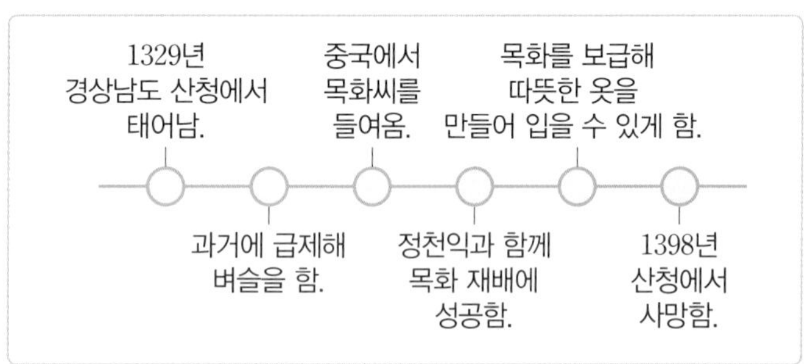

14 위 자료는 역사적 인물에 대해 조사한 내용을 어떻게 정리한 것인지 쓰시오.

( )

15 위와 같은 정리 방법의 특징으로 가장 알맞은 것은 어느 것입니까? ( )

① 인물의 주요 업적만 알 수 있다.
② 인물에 대한 평가가 나타나 있다.
③ 인물의 일생을 주제별로 정리한 것이다.
④ 인물의 일생을 시간 순서대로 알 수 있다.
⑤ 인물과 관련된 문화유산이나 장소가 나타나 있다.

16 **우리 지역의 역사적 인물을 기억하고 기념하는 방법으로 알맞지 않은 것은 어느 것입니까? (　　)**

① 인물을 기념하는 우표 제작
② 인물의 활동을 재현한 축제 열기
③ 인물을 주인공으로 한 연극 공연
④ 역사적 인물의 업적을 알 수 있는 공원 조성
⑤ 역사적 인물이 살았던 지역의 경제 상황 발표

[17~18] **다음 자료를 보고, 물음에 답하시오.**

때: 조선 시대
장소: 궁궐
등장인물: 세종, 장영실

〈장면1〉 세종과 장영실의 만남
세종: 해가 뜨지 않아도 시각을 알 수 있는 기구를 만들었다니 대단하오.
장영실: 자격루는 물을 이용해 시각을 알 수 있는 기구이옵니다. 앞으로 더 많은 과학 기구를 만들도록 하겠습니다.

17 **위 자료는 우리 지역의 역사 인물을 어떤 방법으로 소개하고 있는지 쓰시오.**

(　　　　　　　　　　)

18 **위와 같은 소개 자료에 들어갈 내용으로 알맞은 것을 두 가지 고르시오. (　　,　　)**

① 역사적 인물이 살았던 때
② 역사적 인물과 관련된 인물
③ 역사적 인물에 대한 노래 가사
④ 역사적 인물에 대한 아나운서의 소개
⑤ 역사적 인물에 대한 역사 전문가의 설명

19 **다음을 통해 알 수 있는 내용으로 가장 알맞은 것은 어느 것입니까? (　　)**

- 이순신이 태어난 서울특별시에서 이 충무공 탄신 기념행사가 열립니다.
- 명량 대첩이 일어난 전라남도 진도에서는 명량 대첩 축제가 열립니다.
- 경상남도 통영에서는 이순신의 승리를 기념한 한산 대첩 축제가 열립니다.

① 역사적 인물은 여러 지역과 관련되어 있다.
② 역사적 인물은 여러 시대와 연관되어 있다.
③ 역사적 인물은 한 지역에서만 기억해야 한다.
④ 역사적 인물과 지역과의 관련성은 찾기 힘들다.
⑤ 역사적 인물을 통해 지역 사회의 문제를 알 수 있다.

20 **다음 질문에 대한 답변으로 알맞은 것을 두 가지 고르시오. (　　,　　)**

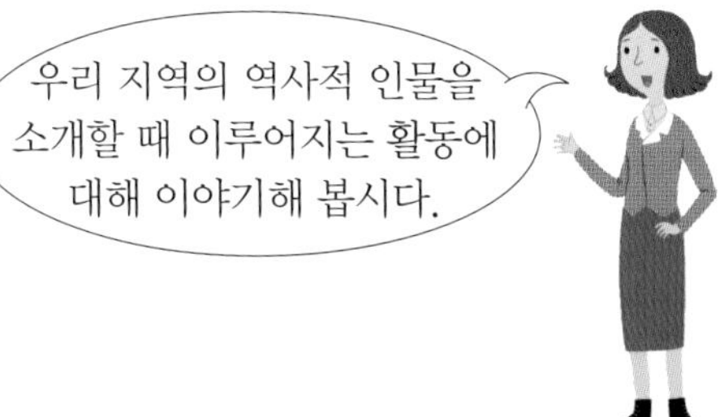

① 채연: 질문할 내용을 기록합니다.
② 우연: 재미있는 내용만 집중해서 듣습니다.
③ 희인: 발표를 들으며 느꼈던 점을 이야기합니다.
④ 은기: 새로 알게 된 내용은 기억하지 않습니다.
⑤ 성운: 자신과 친한 친구의 발표 내용만 듣습니다.

대단원 종합 평가

01 다음과 같이 후손들에게 전해 줄 가치가 있는 것을 무엇이라고 하는지 쓰시오.

▲ 경주 불국사

▲ 강강술래

( )

02 다음에 해당하는 문화유산으로 알맞지 않은 것은 어느 것입니까? ( )

> 예술 활동이나 기술처럼 일정한 형태가 없는 문화유산이다.

① 경주 첨성대
② 강릉 단오제
③ 임실 필봉 농악
④ 영산 줄다리기
⑤ 제주 해녀 문화

03 다음에서 설명하는 문화유산으로 알맞은 것은 어느 것입니까? ( )

> 전 세계에 알릴 가치가 있는 문화유산 중 유네스코(UNESCO)에서 선정한 특별한 가치가 있는 문화유산이다.

① 경복궁
② 창경궁
③ 덕수궁
④ 행주산성
⑤ 고창·화순·강화의 고인돌 유적

04 다음과 같은 조사 방법은 어느 것입니까? ( )

① 영화 관람하기
② 문헌 조사하기
③ 전문가 면담하기
④ 전시관 관람하기
⑤ 인터넷 검색하기

05 다음과 같은 장점이 있는 조사 방법을 바르게 발표한 사람은 누구입니까? ( )

> 언제든지 필요한 정보를 얻고 사진, 영상 자료에 대해 빠르게 이해할 수 있다.

① 경민: 문화유산 안내도를 살펴보는 방법이야.
② 효진: 인터넷으로 검색하며 조사하는 방법이야.
③ 지연: 문화유산을 직접 찾아가 조사하는 방법이야.
④ 인준: 문화유산에 대해 설명한 책을 찾아보는 방법이야.
⑤ 은영: 문화유산에 대해 잘 알고 있는 사람을 면담하는 방법이야.

06 답사 계획서를 만들 때 다음 내용이 들어갈 부분으로 가장 알맞은 것은 어느 것입니까? (   )

- 문화유산은 언제 만들어졌을까?
- 문화유산을 만든 까닭은 무엇일까?
- 사람들은 이 문화유산을 어떻게 이용했을까?

① 답사 목적
② 답사 방법
③ 주의할 점
④ 역할 나누기
⑤ 조사할 내용

07 문화유산을 답사할 때 주의할 점으로 알맞지 않은 것은 어느 것입니까? (   )

① 질서를 지키며 답사한다.
② 관람이 허락된 곳만 들어간다.
③ 음식물을 아무 곳에서나 먹지 않는다.
④ 문화유산 안내판 설명을 자세히 읽는다.
⑤ 내가 찍고 싶은 문화유산은 모두 촬영한다.

08 다음과 같은 특징이 있는 문화유산 소개 자료로 알맞은 것은 어느 것입니까? (   )

문화유산의 이름, 우수성이나 특징, 가치를 소개하는 짧은 글, 사진이나 그림으로 구성하며, 문화유산을 체험할 수 있는 장소와 시간 등을 소개한다.

① 문화유산 카드
② 문화유산 신문
③ 문화유산 안내도
④ 문화유산 소개 책자
⑤ 문화유산 안내 포스터

09 다음과 같은 순서로 만드는 소개 자료에 대한 설명으로 알맞은 것은 어느 것입니까? (   )

주제 정하기 → 백지도에 문화유산이 있는 위치 표시하기 → 문화유산 사진을 붙이고 설명 쓰기 → 문화유산의 위치와 문화유산 설명을 선으로 연결하기

① 문화유산의 특징을 적은 카드이다.
② 문화유산의 위치, 분포 등을 알려 준다.
③ 문화유산에 대해 자세히 정리된 책자이다.
④ 문화유산을 아나운서가 소개하는 대본이다.
⑤ 문화유산의 특징을 짧은 글과 그림으로 표현한 것이다.

10 다음 학습 활동에 대한 발표 내용으로 알맞지 않은 것은 어느 것입니까? (   )

학습 활동: 우리 지역의 문화유산을 보호하기 위해 학생들이 할 수 있는 일을 이야기해 봅시다.

① 아영: 문화유산에 대해 열심히 공부합니다.
② 해인: 문화유산을 홍보하는 활동을 벌입니다.
③ 명진: 문화유산이 훼손되지 않게 예방합니다.
④ 강숙: 친구들과 함께 문화유산 주변을 청소합니다.
⑤ 민균: 박물관에서 문화유산을 전시하기 위한 계획을 세웁니다.

11 역사적 인물에 대한 설명으로 알맞지 않은 것은 어느 것입니까? (　　)

① 뛰어난 예술 작품을 남긴 인물이다.
② 우리들의 삶에 영향을 주지 않는 사람이다.
③ 학문과 기술의 발전을 위해 노력한 인물이다.
④ 외적의 침입을 막아 내고 나라를 지킨 인물이다.
⑤ 자신을 희생해 다른 사람에게 도움을 준 인물이다.

12 정약용과 관련된 문화유산으로 알맞은 것은 어느 것입니까? (　　)

▲ 경복궁 근정전

② 
▲ 안동 도산 서원

▲ 수원 화성

④ 
▲ 경주 첨성대

⑤ 
▲ 공주 무령왕릉

13 다음 책의 주인공이 한 일로 알맞은 것은 어느 것입니까? (　　)

이순신, 그는 누구인가?
글쓴이: ◇◇◇
그림: ○○

① 거북선을 만들었다.
② 목화씨를 들여왔다.
③ 서예가로 이름을 날렸다.
④ 과학 기구를 발명하였다.
⑤ 독립 만세 운동을 하였다.

[14~15] 다음 자료를 보고, 물음에 답하시오.

14 위 자료를 통해 알 수 있는 내용으로 알맞지 않은 것은 어느 것입니까? (　　)

① 문학 활동을 한 인물이 있다.
② 독립운동에 참여한 인물이 나타나 있다.
③ 경상남도 지역에 가야라는 나라가 있었다.
④ 경상남도 지역의 역사적 인물을 알 수 있다.
⑤ 경상남도는 옛날에 목화 재배가 이루어진 지역이다.

15 위 지역에서 열리는 축제로 알맞은 것은 어느 것입니까? (　　)

① 백제 문화제
② 홍길동 축제
③ 정약용 문화제
④ 산청 목화 축제
⑤ 아우내 봉화 축제

16 **우리 지역의 역사적 인물에 대해 조사할 내용으로 알맞지 않은 것은 어느 것입니까? (   )**

① 역사적 인물은 어떤 활동을 했나?
② 역사적 인물은 어느 시대에 살았나?
③ 역사적 인물은 언제 태어나고 죽었나?
④ 역사적 인물과 관련된 사건은 무엇인가?
⑤ 드라마에서 역사적 인물이 얼마나 흥미롭게 다루어졌나?

17 **다음 활동에서 생각해야 할 내용으로 알맞지 않은 것은 어느 것입니까? (   )**

> 학습 활동: 우리 지역의 역사적 인물 홍보 계획 세우기

① 왜 그 인물을 알리고 싶은가?
② 알리고 싶은 인물이 누구인가?
③ 어떤 방법으로 알리면 좋을까?
④ 홍보로 잃게 되는 것이 무엇인가?
⑤ 널리 알리고 싶은 내용이 무엇인가?

18 **다음과 같은 방법으로 역사 인물을 소개할 때 미리 준비해야 하는 것은 무엇입니까? (   )**

> 아나운서: 일본에게 나라를 빼앗겼을 때 유관순은 어떤 일을 하였나요?
> 역사학자: 3·1 운동 당시 학생이었던 유관순은 고향으로 돌아가 만세 운동을 벌이다 감옥에 갇히게 되었습니다.

① 뉴스 대본　② 연극 대본
③ 바꾼 노래 가사　④ 인물 소개 포스터
⑤ 역사 인물 그림

19 **다음과 같이 역사적 인물을 소개하는 방법에 대한 설명으로 알맞은 것은 어느 것입니까? (   )**

> 동네 한 바퀴
>
> 다 같이 돌자 동네 한 바퀴
> 아침 일찍 일어나 동네 한 바퀴
> 우리 보고 나팔꽃 인사합니다
> 우리도 인사하며 동네 한 바퀴
> 바둑이도 같이 돌자 동네 한 바퀴
>
> ---
>
> 우리 지역 출신 장영실
> 실력으로 노비 신분 벗어났다네
> 혼천의, 앙부일구, 자~격루
> 연구하여 만들어낸 과학 기구들
> 백성들 모두 모두 칭찬한다네

① 역할극으로 소개하는 방법이다.
② 뉴스를 만들어 소개하는 방법이다.
③ 노래 가사를 바꿔 부르는 방법이다.
④ 인물과 관련된 사진을 전시하는 방법이다.
⑤ 인물 소개 포스터를 제작해 소개하는 방법이다.

20 **우리 지역의 문화유산과 역사적 인물에 대해 배우면서 얻을 수 있는 것으로 알맞은 것을 두 가지 고르시오. (,   )**

① 우리 지역의 역사를 잘 알게 된다.
② 우리 지역에 대한 자부심이 생긴다.
③ 우리 지역의 인구 변화를 알게 된다.
④ 우리 지역의 자연환경을 잘 알게 된다.
⑤ 우리 지역의 교통 상황을 잘 알게 된다.

서술형 평가 2단원

[01~03] 다음 자료를 보고, 물음에 답하시오.

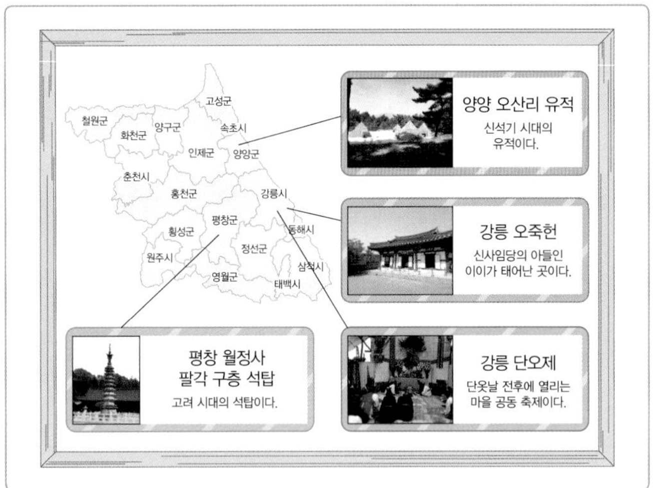

01 위와 같은 소개 자료를 무엇이라고 하는지 쓰시오.

( )

02 위와 같은 소개 자료의 특징을 한 가지만 쓰시오.

03 위 자료의 문화유산 중에서 유형 문화유산 한 가지를 쓰고, 유형 문화유산의 특징을 쓰시오.

(1) 유형 문화유산: ( )

(2) 특징:

04 다음과 같은 문화유산 조사 방법의 장점을 한 가지 쓰시오.

05 다음과 같은 활동을 벌이는 이유는 무엇인지 쓰시오.

> 스스로 문화유산을 가꾸고 지켜 나가는 활동에 참여한다.

정답과 해설 39쪽

[06~08] 다음 자료를 보고, 물음에 답하시오.

06 위 자료에 있는 인물의 공통점은 무엇인지 쓰시오.

07 위 인물 중에서 한 명을 골라 그 인물의 업적을 쓰시오.

08 위 인물들에 대해 조사할 때 무엇을 조사해야 하는지 쓰시오.

09 다음과 같은 소개 자료의 특징을 한 가지 쓰시오.

10 우리 지역의 역사적 인물을 소개하는 발표를 들을 때 어떻게 해야 하는지 쓰시오.

쉬어가기 키가 쑥쑥 크는 영양 간식

키 성장에 관심이 있는 친구들이 많을 텐데요.

키는 유전보다는 식습관이나 운동과 같은 환경의 영향을 많이 받는다고 합니다.

우리가 일상에서 쉽게 접하는 음식 중 키 성장에 도움이 되는 음식에는 어떤 음식이 있는지 소개합니다.

달걀

달걀은 성장에 있어 중요한 아세틸콜린이라는 성분을 생산합니다. 아세틸콜린은 청소년의 학습 능력을 높여 주는 물질입니다. 달걀에는 이뿐만 아니라 비타민도 풍부하게 들어가 있어서 피부 건강에도 도움을 주는 음식이라고 할 수 있습니다.

밤

밤은 단백질과 무기질이 풍부한 음식으로 알려져 있습니다. 이런 이유로 키 성장에도 도움이 되며 근육을 키우는 데도 효과적인 음식입니다. 더불어 비타민C 역시 풍부하게 들어가 있어서 피로 회복에도 효과적인 음식입니다.

굴

굴에는 마그네슘과 칼륨이 듬뿍 들어 있어서 키 성장에 도움을 주는 식품입니다. 특히 굴에 들어 있는 아연은 우리 몸에 필수 영양분을 공급해 주어 자주 섭취하면 키 성장에 도움이 될 수 있습니다.

호두

호두는 아미노산이 풍부하여 키 성장에 도움을 줍니다. 호두는 껍질을 까서 바로 섭취하는 것이 영양소 손실을 최소화하는 방법입니다. 우유와 함께 먹는다면 영양소 흡수에 도움이 된다고 합니다.

우유

키 성장에 도움이 된다고 널리 알려진 우유는 성장기에 쉽게 접할 수 있는 간식이지요. 우유에는 칼슘을 비롯해 각종 비타민과 단백질이 풍부하게 들어가 있습니다.

멸치

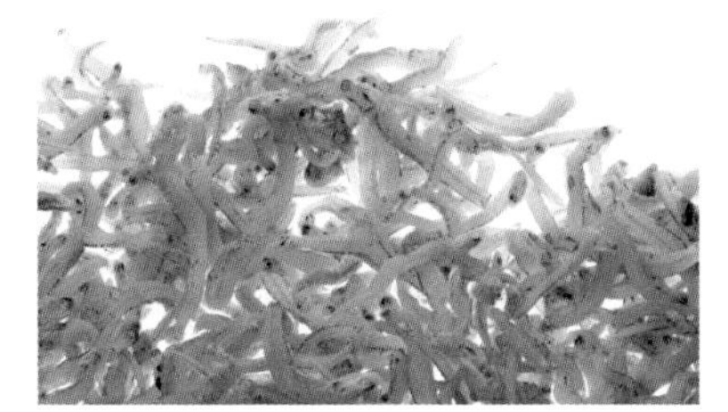

멸치는 우유와 마찬가지로 칼슘이 풍부하여 뼈를 튼튼하게 해주어 키를 크게 하는 데 도움을 많이 주는 식품입니다. 마른 멸치는 간식처럼 먹기도 하고 반찬으로 조리해서 먹기도 합니다. 하지만 뼈가 칼슘을 흡수하기 위해서는 비타민D가 많이 필요하다고 하니, 햇빛을 받으며 충분히 야외 활동을 함께하는 것이 좋습니다.

중단원 핵심 복습 3단원 (1)

1 공공 기관

(1) 공공 기관: 개인의 이익이 아닌 주민 전체의 이익과 생활의 편의를 위해 국가에서 세우거나 관리하는 곳

(2) 공공 기관인 것과 공공 기관이 아닌 것

- 공공 기관인 것: 경찰서, 소방서, 시청, 행정 복지 센터, 교육청 등
- 공공 기관이 아닌 것: 슈퍼마켓, 백화점, 시장, 아파트 등

2 공공 기관의 역할과 공공 기관이 필요한 까닭

(1) 공공 기관의 역할

- 다양한 공공 기관이 있으며 각각 하는 일이 있음.

구분	하는 일
시·도청	• 주민들의 요구 사항을 알아보고 지원함. • 여러 시설을 관리하며 좋은 환경을 만들려고 노력함.
소방서	• 불이 났을 때 불을 끔. • 위험에 빠진 사람들을 구조함.
보건소	• 감염병과 질병을 예방하고 치료함. • 주민들의 건강을 위해 일함.
경찰서	• 지역의 안전을 책임짐. • 질서를 유지함.
우체국	• 우편 업무와 은행 업무를 함.
행정 복지 센터	• 주민들의 생활을 도움. • 주민 등록증 발급, 전입 신고, 각종 서류 발급 등 주민들의 생활을 여러 분야에서 도와줌.
도서관	• 책을 빌려주거나 책을 읽는 공간을 제공함. • 지역 주민들을 위한 문화 행사를 열기도 함.
박물관(국립, 시·도립)	• 많은 역사적 유물, 예술품을 수집하여 보관하고 전시함.
교육청	• 학생들의 교육과 관련된 일을 함.

- 공공 기관에서 주민들의 요청을 처리하기도 함.
  예 우리 동네에 도서관이 생기면 좋겠어요. 골목길에 가로등이 생겼으면 좋겠어요.

(2) 공공 기관이 필요한 까닭

- 공공 기관이 없다면 지역에 여러 가지 문제가 생기거나 주민들의 생활이 불편해질 수 있음.
- 공공 기관은 지역 주민들이 안전하고 편리한 생활을 할 수 있게 도와주기 때문에 필요함.

3 공공 기관 조사하기

(1) 조사하고 싶은 공공 기관 정하기: 우리 지역에 있는 공공 기관 중 조사하고 싶은 공공 기관을 정함.

(2) 공공 기관에 대해 조사할 내용과 방법 정하기

- 우리 지역의 공공 기관에 대해 어떤 내용을 조사할지 정하고, 어떤 방법으로 조사하면 좋을지 정함.
- 조사 방법: 어른께 여쭈어보기, 지역 신문이나 방송 보기, 공공 기관 누리집 방문하기, 견학하기 등

(3) 공공 기관 조사하기: 정한 방법에 따라 우리 지역의 공공 기관을 조사함. 예 견학으로 공공 기관 조사하기

견학하기 전	견학 장소에 대해 알고 있는 점과 알고 싶은 점 정리, 견학 계획을 세우고 준비물과 역할 나누기
견학 중	예의를 지키며 견학하기, 궁금한 점을 해결하기 위해 질문을 하거나 견학 장소 살펴보기
견학이 끝난 후	견학하며 알게 된 점과 느낀 점 정리하기

(4) 공공 기관 조사 결과 정리하기: 우리 지역에 있는 공공 기관을 조사한 후 보고서를 작성함.

〈 조사 결과 보고서 〉

조사한 공공 기관	보건소
조사 일시	20○○년 □□월 ◇◇일
조사 방법	보건소 누리집 방문
알게 된 점	• 보건소는 감염병과 질병을 예방하고 치료합니다. • 보건소에서는 예방 접종을 해 줍니다.
느낀 점	우리의 건강을 위해 일하시는 보건소 선생님들에게 감사한 마음이 들었습니다.
더 알고 싶은 점	• 보건소는 어느 지역에나 다 있을까? • 보건소가 다른 공공 기관과 협력하여 하는 일은 무엇일까?

(5) 공공 기관 조사 결과 발표하기: 조사한 내용을 여러 가지 방법으로 발표함. 예 소개 책자, 소개 신문 등

중단원 쪽지 시험 3 (1) 우리 지역의 공공 기관

정답과 해설 40쪽

[01~02] 다음 내용을 읽고, 알맞은 말에 ○표 하시오.

01 공공 기관은 주민 전체의 이익과 생활의 편의를 위해 (개인 , 국가)이/가 세우거나 관리하는 곳이다.

02 (백화점 , 행정 복지 센터)은/는 공공 기관이다.

[03~07] 다음에서 설명하는 공공 기관을 쓰시오.

03
- 불이 났을 때 불을 끈다.
- 위험에 빠진 사람들을 구조한다.

( )

04
우편 업무와 은행 업무를 한다.

( )

05
- 감염병과 질병을 예방하고 치료한다.
- 주민들의 건강을 위해 일한다.

( )

06
- 지역의 안전을 책임진다.
- 질서를 유지한다.

( )

07
- 주민들의 요구 사항을 알아보고 지원한다.
- 여러 시설을 관리하며 좋은 환경을 만들려고 노력한다.

( )

[08~09] 다음 ( ) 안에 들어갈 알맞은 말을 쓰시오.

08
공공 기관은 지역 주민들이 안전하고 ( ) 한 생활을 할 수 있게 도와주기 때문에 필요하다.

( )

09
공공 기관을 조사하는 ( )에는 견학, 공공 기관 누리집 방문, 지역 신문이나 방송 보기 등이 있다.

( )

10 다음과 같은 조사 방법을 무엇이라고 합니까?

( )

3 (1) 우리 지역의 공공 기관

01 다음 대화의 주제로 알맞은 것은 어느 것입니까? (　　)

① 발명품
② 중심지
③ 문화재
④ 문화유산
⑤ 공공 기관

02 다음 퍼즐 조각 (가)~(마) 중 주제에 어울리지 않는 것을 골라 기호를 쓰시오.

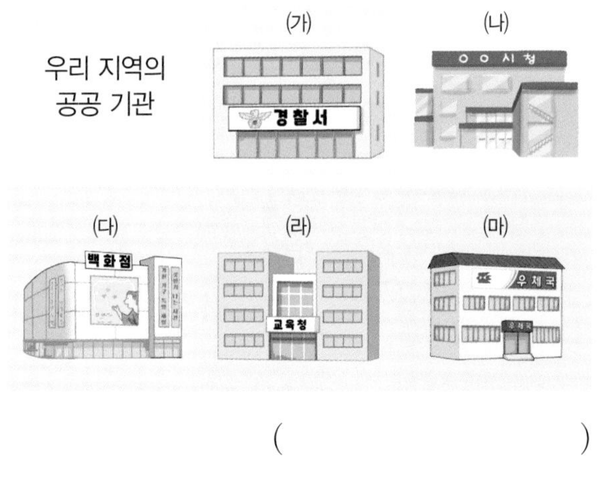

(　　　　　　　　)

03 다음 ㈎에 들어갈 공공 기관은 무엇인지 쓰시오.

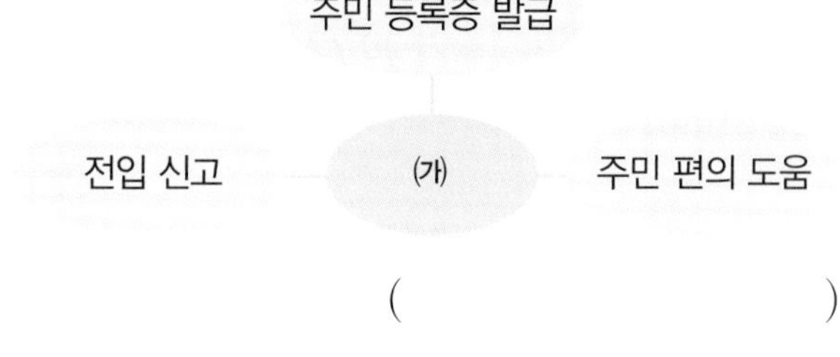

(　　　　　　　　)

04 다음과 같은 도움을 주는 공공 기관으로 알맞은 것은 어느 것입니까? (　　)

① 시청
② 우체국
③ 경찰서
④ 보건소
⑤ 교육청

05 다음과 같은 일을 하는 공공 기관으로 알맞은 것은 어느 것입니까? (　　)

① 경찰서
② 도서관
③ 우체국
④ 박물관
⑤ 교육청

06 다음 지역 주민이 요청한 일을 처리할 공공 기관으로 알맞은 것은 어느 것입니까? (　　)

> 학교 앞에 육교를 만들어 주세요.

① 시청　　② 소방서
③ 경찰서　　④ 보건소
⑤ 행정 복지 센터

07 다음 중 공공 기관의 공통점으로 알맞은 것은 어느 것입니까? (　　)

① 개인이나 기업이 세운 곳이다.
② 국가가 세우거나 관리하는 곳이다.
③ 상업이 발달한 곳에만 위치해 있다.
④ 기업의 이익을 위해 상품을 판매한다.
⑤ 문화생활을 즐기기 위해 모이는 곳이다.

08 다음과 같은 어려움을 겪고 있는 지역 주민에게 도움을 줄 공공 기관으로 알맞은 것은 어느 것입니까? (　　)

① 도서관
② 경찰서
③ 보건소
④ 소방서
⑤ 교육청

09 공공 기관이 필요한 이유는 무엇인지 쓰시오.

____

____

10 다음과 관련 있는 공공 기관으로 알맞은 것은 어느 것입니까? (　　)

① 시청
② 경찰서
③ 교육청
④ 박물관
⑤ 행정 복지 센터

11 다음 시 · 도청이 하는 일을 바르게 말한 사람은 누구입니까? (　　)

① 지효: 법에 따라 공정한 판결을 내려.
② 서영: 도로, 공원 등의 시설을 관리해.
③ 정훈: 책을 읽고 공부하는 공간을 제공해.
④ 성빈: 화재를 예방하고 응급 환자를 구조해.
⑤ 미정: 감염병을 예방하고 치료하려고 노력해.

12 다음과 같은 일이 발생했을 때 도움을 줄 공공 기관으로 알맞은 것은 어느 것입니까? (　　)

① 도서관　② 우체국
③ 박물관　④ 소방서
⑤ 행정 복지 센터

13 다음에서 설명하는 공공 기관은 무엇인지 쓰시오.

(　　　　　　　)

14 다음과 관련 있는 공공 기관으로 알맞은 것은 어느 것입니까? (　　)

① 보건소
② 경찰서
③ 도서관
④ 시·도청
⑤ 국립 박물관

15 다음 (　　) 안에 들어갈 공공 기관으로 알맞은 것은 어느 것입니까? (　　)

공공 기관은 하는 일이 정해져 있지만 때로는 다른 기관과 협력해 일을 한다. (　　　　)에서는 학교에 학교 전담 경찰관을 보내 학교 폭력 예방 교육을 한다.

① 경찰서
② 소방서
③ 도서관
④ 박물관
⑤ 시·도청

16 다음 중 질문에 대한 대답으로 알맞지 않은 것은 어느 것입니까? (　　)

① 견학하기
② 지역 방송 보기
③ 지역 신문 보기
④ 지역의 시장 찾아보기
⑤ 공공 기관 누리집 검색하기

17 다음과 관련하여 공공 기관을 조사하는 방법으로 알맞은 것은 어느 것입니까? (　　)

> 수호: 공공 기관을 조사할 때 직접 가서 볼 수 있어 공공 기관이 하는 일을 더 자세히 알 수 있어.

① 견학하기
② 지역 신문 보기
③ 지역 방송 보기
④ 지역 주민 면담하기
⑤ 공공 기관 누리집 검색하기

18 다음 견학 계획을 세울 때 해야 할 일로 알맞지 않은 것은 어느 것입니까? (　　)

① 질문할 내용을 정리한다.
② 견학 보고서를 작성한다.
③ 준비물을 챙기고, 역할을 나눈다.
④ 공공 기관에 미리 견학을 신청한다.
⑤ 견학 장소까지 이동하는 방법을 알아본다.

19 다음 ㉠에 들어갈 공공 기관으로 알맞은 것은 어느 것입니까? (　　)

〈조사 보고서〉
- 조사 대상: ㉠
- 조사한 내용
  - 불이 났을 때 불을 끈다.
  - 위험에 빠진 사람을 구조한다.

(이하 생략)

① 도서관
② 경찰서
③ 소방서
④ 시·도청
⑤ 행정 복지 센터

20 우리 지역 공공 기관 조사 보고서에 들어갈 내용을 두 가지 이상 쓰시오.

중단원 핵심 복습 3단원 (2)

1 지역 문제

(1) **지역 문제**: 지역 주민의 삶을 불편하게 하거나 지역 주민들 사이에 갈등을 일으키는 문제를 말함.

(2) **지역에서 볼 수 있는 다양한 문제**

교통 문제	• 주정차 금지 구역에 주차를 함. • 도로가 자주 막힘.
주택 문제	지어진 지 오래된 주택이 많아 위험함.
소음 문제	주변에서 나는 큰 소리 때문에 시끄러움.
환경 문제	매연으로 공기가 오염됨.
안전 문제	시설에 훼손된 것이 있어 위험함.
시설 부족 문제	의료 시설이 없어 멀리 나가야 하기 때문에 불편함.

2 주민 참여의 중요성

(1) **주민 참여**: 지역 주민이 중심이 되어 지역 문제를 해결하는 과정에 참여하는 것

(2) **주민 참여가 중요한 이유**

- 지역 문제는 그 지역에 사는 주민들이 가장 잘 알고 있기 때문임.
- 지역 문제는 그 지역에 사는 모든 주민들에게 영향을 주기 때문임.
- 시청이나 도청 등에서 일을 제대로 하는지 관심 있게 살펴봐야 하기 때문임.
- 주민들의 의견을 정책에 반영하기 때문임.

(3) 주민 참여 방법

주민 투표하기	지역의 중요한 일을 투표로 결정함.
공청회 참여하기	정책을 결정하기 전 다양한 의견을 나누는 공개회의에 참여함.
주민 회의 참여하기	지역의 일을 결정하기 전에 주민들의 의견을 나누는 회의에 참여함.
시 · 도청 누리집에 의견 올리기	지역 주민은 지역 문제와 관련하여 누리집에 의견을 올림.
서명 운동하기	지역 문제에 뜻을 같이하는 사람들의 서명을 받는 운동에 참여함.
시민 단체 활동하기	지역의 여러 문제를 해결하기 위해 같은 분야에 관심 있는 시민들이 스스로 모여 활동함.

3 지역의 문제 해결하기

지역 문제 확인	지역에서 해결할 문제를 여러 방법으로 알아봄. ㉥ 지역 주민 면담, 시 · 도청 누리집 방문, 지역 신문이나 뉴스 살펴보기
지역 문제 원인 파악	왜 이러한 문제가 발생했는지 원인을 파악하기 위해 다양한 자료를 모음.
지역 문제 해결 방안 탐색	지역 문제를 해결하기 위한 여러 방안을 찾아봄.
지역 문제 해결 방안 결정	각 해결 방안의 장점과 단점을 비교하여 가장 적절한 해결 방안으로 결정함. • 대화와 타협으로 의견을 조정함. • 다양한 의견을 하나로 모을 때는 주민 투표를 하기도 함. • 다수결의 원칙에 따르되, 소수의 의견도 존중함.
지역 문제 해결 방안 실천	지역 주민들은 결정된 해결 방안을 함께 실천함.

4 지역 문제를 해결하는 바람직한 자세

우리 지역을 잘 알고 있는 지역 주민이 지역 문제 해결에 앞장서는 태도를 가져야 함.

중단원 쪽지 시험

3 (2) 지역 문제와 주민 참여

정답과 해설 41쪽

[01~02] 다음 내용을 읽고, 알맞은 말에 ○표 하시오.

01 (개인 문제 , 지역 문제)는 지역 주민의 삶을 불편하게 하거나 지역 주민들 사이에 갈등을 일으키는 문제를 말한다.

02 지역 문제 중 주변에서 나는 큰 소리 때문에 시끄러운 것은 (소음 문제 , 안전 문제)이다.

03 다음에서 말하는 지역 문제는 무엇인지 쓰시오.

> 의료 시설이 없어 멀리 나가야 하기 때문에 불편해요.

(   )

04 다음 지역에서 발생한 문제는 무엇인지 쓰시오.

(   )

05 다음에서 설명하는 용어는 무엇인지 쓰시오.

> 지역 문제를 해결하는 과정에서 지역 주민이 중심이 되어 참여하는 것을 말한다.

(   )

06 다음에서 설명하는 주민 참여 방법은 무엇인지 쓰시오.

> 지역 문제에 뜻을 같이하는 사람들의 서명을 받는 운동에 참여한다.

(   )

07 다음에서 설명하는 내용은 무엇인지 쓰시오.

> 시민들이 스스로 모여 사회 전체의 이익을 위해 활동하는 단체이다.

(   )

[08~10] 다음 (   ) 안에 들어갈 알맞은 말을 쓰시오.

08

> 주민 참여 방법으로 지역 주민은 지역 문제와 관련하여 시·도청 (   )에 의견을 올린다.

(   )

09

> 지역의 문제 해결 과정은 '지역 문제 확인 → 지역 문제 (   ) 파악 → 지역 문제 해결 방안 탐색 → 지역 문제 해결 방안 결정 → 지역 문제 해결 방안 실천'으로 이루어진다.

(   )

10

> 다양한 의견을 하나로 모을 때는 많은 사람이 원하는 것으로 결정하는 (   )의 원칙을 따르되, 소수의 의견도 존중해야 한다.

(   )

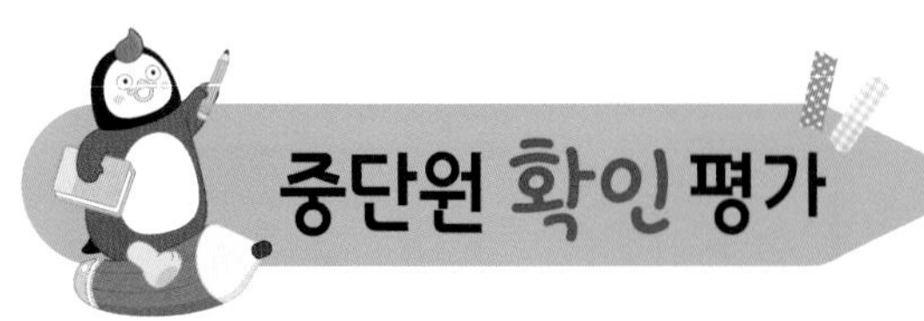

중단원 확인 평가

01 다음에서 설명하는 내용으로 알맞은 것은 어느 것입니까? (　　)

> 선생님: 지역 주민의 삶을 불편하게 하거나 지역 주민들 사이에 갈등을 일으키는 문제입니다.

① 경제 문제
② 가정 문제
③ 차별 문제
④ 지역 문제
⑤ 공공 기관

02 다음 (가)에 들어갈 사진으로 알맞지 않은 것은 어느 것입니까? (　　)

> 서우는 지역에서 발생할 수 있는 다양한 문제를 사진으로 알아보고 있다.
>
> 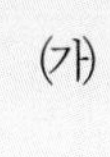
>

① 

② 

③ 

④ 

⑤ 

03 다음 정훈이네 지역의 문제점으로 알맞은 것은 어느 것입니까? (　　)

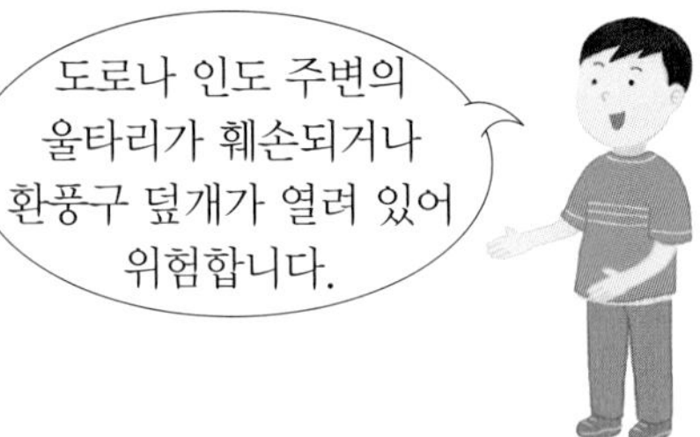

① 교통 문제　② 소음 문제
③ 안전 문제　④ 환경 문제
⑤ 주택 노후화 문제

04 다음 지역에서 겪고 있는 문제는 무엇인지 쓰시오.

(　　　　　　　　　　)

05 다음 중 소음 문제 때문에 지역 주민이 겪는 어려움으로 알맞은 것은 어느 것입니까? (　　)

① 매연으로 공기가 오염되어 눈이 아프다.
② 지어진 지 오래된 주택이 많아 위험하다.
③ 도서관이 없어 멀리 나가야 해서 불편하다.
④ 공사장에서 나오는 여러 가지 소리로 시끄럽다.
⑤ 쓰레기가 제대로 버려지지 않고 쌓여 있어 보기 안 좋다.

06 다음 지역 문제에 대해 바르게 말한 사람은 누구인지 쓰시오.

서우: 지역마다 겪는 문제는 같아.
지안: 주민 생활에 거의 영향을 주지 않아.
미선: 지역 문제는 다양하게 나타나지 않아.
주원: 각 지역의 환경에 따라 다르게 나타나.

( )

07 다음 질문에 대한 대답으로 알맞은 것은 어느 것입니까? ( )

① 견학
② 주민 참여
③ 공공 기관
④ 상품 판매
⑤ 중심지 찾기

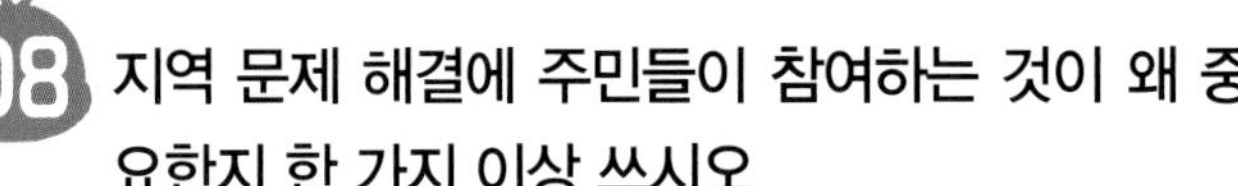

서술형 **08** 지역 문제 해결에 주민들이 참여하는 것이 왜 중요한지 한 가지 이상 쓰시오.

09 다음 설명에 대한 예시로 알맞지 <u>않은</u> 것은 어느 것입니까? ( )

지역 주민들은 지역 문제를 해결하는 과정에 다양한 방법으로 참여합니다.

① 주민 투표
② 공청회 참여
③ 서명 운동하기
④ 주민 회의 참여
⑤ 공공 기관 견학하기

10 다음 설명과 관련 있는 주민 참여 방법으로 알맞은 것은 어느 것입니까? ( )

- 지역 문제에 참여할 수 있는 방법이다.
- 환경, 경제, 교육 등 다양한 분야에서 활동한다.
- 같은 분야에 관심 있는 시민들이 스스로 모여 활동하는 단체이다.

① 공청회 ② 주민 회의
③ 시민 단체 ④ 공공 기관
⑤ 캠페인 활동

11 다음 ㉠에 들어갈 내용으로 알맞은 것은 어느 것입니까? (　　)

> ㉠
>
> 지역 주민들은 정책을 결정하기 전 다양한 의견을 나누는 공개회의에 참여한다.

① 공청회 참여
② 서명 운동하기
③ 주민 회의 참여
④ 시민 단체 활동하기
⑤ 시·도청 누리집에 의견 올리기

12 다음 주민들이 지역 문제 해결에 참여하는 방법을 바르게 말한 어린이는 누구입니까? (　　)

① 지효: 공청회에 참여하고 있어.
② 서영: 주민 회의에 참여하고 있어.
③ 경연: 서명 운동에 참여하고 있어.
④ 영일: 주민 투표에 참여하고 있어.
⑤ 미정: 공공 기관 누리집에 의견을 올리고 있어.

서술형 13 다음 질문에 대한 답변을 한 가지 이상 쓰시오.

____

____

[14~15] 다음을 보고, 물음에 답하시오.

14 위 지역 문제에 대해 다음과 같이 자료를 수집하는 이유로 알맞은 것은 어느 것입니까? (　　)

> • 인구 대비 길거리에 설치된 쓰레기통 개수
> • 신문에서 찾은 우리 지역 사례
> • 지역 주민과 면담한 내용

① 주민 참여 사례 알기
② 지역 문제 해결 방안 실천
③ 지역 문제 해결 방안 결정
④ 지역 문제 해결 방안 탐색
⑤ 지역 문제 발생 원인 파악

15 위 지역 문제의 해결 방안으로 알맞은 것은 어느 것입니까? (　　)

① 쓰레기통 개수를 늘린다.
② 공공 기관의 주차장을 개방한다.
③ 각 가정에 개인 주차장을 만든다.
④ 우리 지역에 도서관을 새로 만든다.
⑤ 저녁 시간에는 소음이 발생되지 않도록 한다.

16 지역 문제 해결 방안의 장점과 단점을 비교하는 이유로 알맞은 것은 어느 것입니까? (　　)

① 지역 주민과 면담하기 위해서
② 공공 기관을 견학하기 위해서
③ 지역 문제가 무엇인지 찾기 위해서
④ 지역 문제의 발생 원인을 찾기 위해서
⑤ 가장 적절한 해결 방안을 찾기 위해서

17 다음 ㉠에 들어갈 내용으로 알맞은 것은 어느 것입니까? (　　)

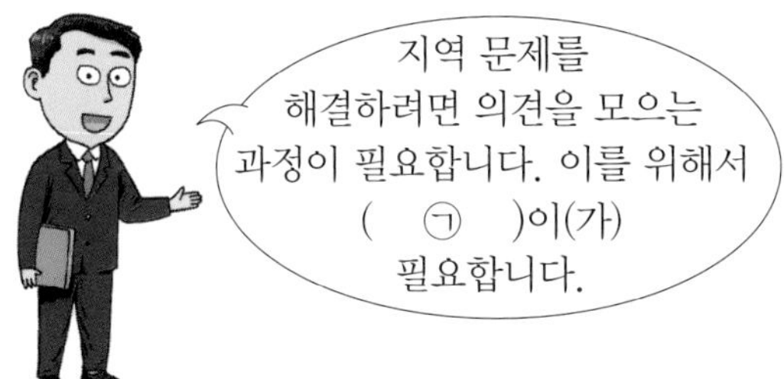

① 서명 운동
② 캠페인 실시
③ 대화와 타협
④ 시민 단체 활동
⑤ 시·도청 누리집에 의견 올리기

18 다음 상황에서 다양한 의견을 하나로 모으기 위해 사용한 원칙은 무엇인지 쓰시오.

(　　　　　　　　　　)

19 지역 문제가 발생했을 때 다음과 같은 활동을 하는 단계로 알맞은 것은 어느 것입니까? (　　)

① 지역 문제 확인
② 지역 문제 해결 방안 결정
③ 지역 문제 해결 방안 탐색
④ 지역 문제 발생 원인 파악
⑤ 지역 문제 해결 방안 실천

서술형 **20** 다음 답변에 들어갈 알맞은 내용을 쓰시오.

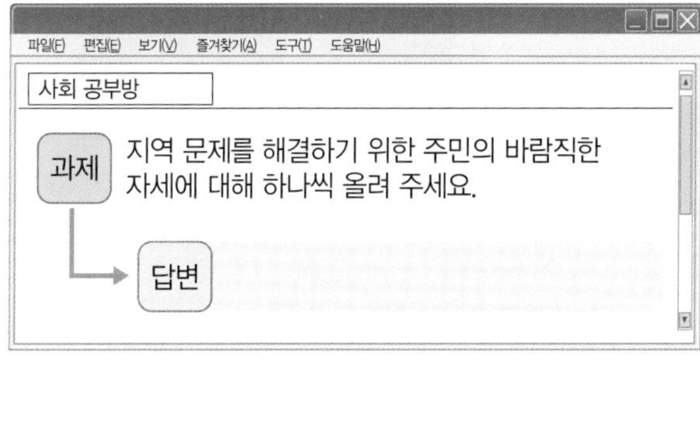

대단원 종합 평가

01 다음 중 공공 기관이 아닌 것은 어느 것입니까? (　　)

① 

② 

③ 

④ 

⑤ 

02 다음 공공 기관에서 하는 일을 바르게 말한 어린이는 누구입니까? (　　)

① 지효: 우편 업무를 해.
② 서영: 여러 시설을 관리해.
③ 정훈: 지역의 안전을 책임져.
④ 미현: 책을 읽는 공간을 제공해.
⑤ 영일: 위험에 빠진 사람을 구조해.

03 다음 ㉠에 들어갈 내용으로 알맞은 것은 어느 것입니까? (　　)

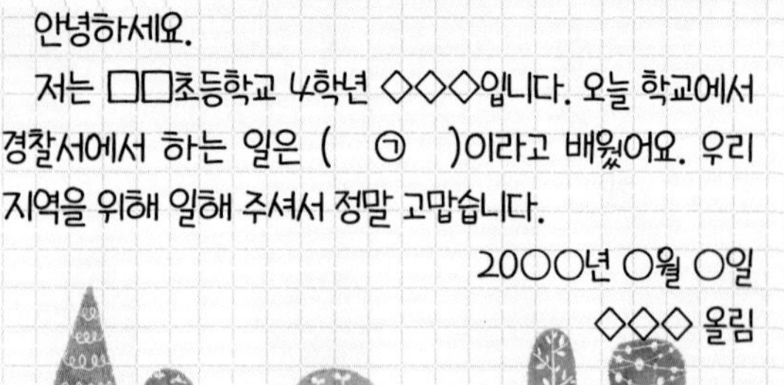

안녕하세요.
저는 □□초등학교 4학년 ◇◇◇입니다. 오늘 학교에서 경찰서에서 하는 일은 (　㉠　)이라고 배웠어요. 우리 지역을 위해 일해 주셔서 정말 고맙습니다.
20○○년 ○월 ○일
◇◇◇ 올림

① 여러 시설을 관리하는 일
② 많은 예술품을 전시하는 일
③ 지역의 안전을 책임지는 일
④ 불이 났을 때 불을 끄는 일
⑤ 감염병과 질병을 예방하는 일

04 다음 일을 맡아 할 공공 기관으로 알맞은 것은 어느 것입니까? (　　)

찬우: 이사를 왔는데 전입 신고를 어디서 하지?

① 도서관　② 경찰서
③ 교육청　④ 우체국
⑤ 행정 복지 센터

05 다음 퀴즈의 정답으로 알맞은 것은 어느 것입니까? (　　)

① 시청　② 보건소
③ 박물관　④ 도서관
⑤ 경찰서

06 다음 질문에 대한 대답으로 알맞은 것은 어느 것입니까? (   )

① 책을 빌리기 힘들다.
② 우편물을 보내지 못한다.
③ 건강 관리를 받기 힘들다.
④ 불이 났을 때 불을 끄기 힘들다.
⑤ 위험에 처한 사람을 구조하기 힘들다.

07 다음 공공 기관에서 볼 수 있는 모습으로 알맞은 것은 어느 것입니까? (   )

① 예방 접종을 하는 모습
② 우편 업무를 하는 모습
③ 안전 체험 활동을 하는 모습
④ 읽고 싶은 책을 빌리는 모습
⑤ 건강과 관련된 검사를 하는 모습

08 다음 서영이의 대답으로 알맞은 내용은 어느 것입니까? (   )

> 지효: 공공 기관이 필요한 까닭은 무엇일까?
> 서영: ______________________

① 재미있는 영화를 볼 수 있다.
② 다른 지역으로 쉽게 이동할 수 있다.
③ 생활에 필요한 물건을 판매할 수 있다.
④ 생활에 필요한 물건을 구매할 수 있다.
⑤ 주민들이 안전하고 편리하게 살 수 있다.

09 다음 공공 기관을 조사하는 방법을 바르게 말한 사람은 누구입니까? (   )

① 지안: 어른들께 여쭈어보는 방법이야.
② 서우: 공공 기관을 견학하는 방법이야.
③ 정훈: 지역 신문을 찾아보는 방법이야.
④ 미선: 지역 방송을 찾아보는 방법이야.
⑤ 주원: 공공 기관 누리집을 검색하는 방법이야.

10 다음 조사 보고서 ㉠에 들어갈 내용으로 알맞은 것은 어느 것입니까? (   )

조사 주제	㉠
조사 일시	20◇◇년 ○○월 □□일
조사 방법	누리집 방문
알게 된 점	지역의 안전을 책임지며 질서를 유지하는 일을 한다.
느낀 점	지역 주민들을 위해 일하는 점이 감사했다.

① 우리 지역의 경찰서가 하는 일
② 우리 지역의 소방서가 하는 일
③ 우리 지역의 보건소가 하는 일
④ 우리 지역의 교육청이 하는 일
⑤ 우리 지역의 도서관이 하는 일

11 다음 대화 내용의 공통된 주제로 알맞은 것은 어느 것입니까? (　　)

> 지원: 공사장에서 나오는 소음으로 생활에 불편을 겪고 있어.
> 정훈: 쓰레기가 제대로 버려지지 않고 쌓여 있어.

① 지도
② 중심지
③ 문화유산
④ 공공 기관
⑤ 지역 문제

12 다음 지역 문제로 알맞은 것은 어느 것입니까? (　　)

주변에 공장이 있어
대기 오염이 심각해요.

① 환경 문제　② 교통 문제
③ 소음 문제　④ 안전 문제
⑤ 주택 노후화 문제

13 다음에서 말하고 있는 지역 문제로 알맞은 것은 어느 것입니까? (　　)

> 기자: 우리 지역에서 겪고 있는 문제가 있나요?
> 지역 주민: 우리 지역에는 고속버스 터미널이나 도서관이 없어서 멀리 나가야 하기 때문에 불편합니다.

① 안전 문제　② 환경 문제
③ 교통 문제　④ 소음 문제
⑤ 시설 부족 문제

14 지역 문제 해결에 주민 참여가 중요한 까닭을 바르게 말하지 않은 사람은 누구입니까? (　　)

① 연수: 공공 기관이 필요 없어서입니다.
② 찬주: 주민들의 의견을 반영하기 위해서입니다.
③ 호재: 지역 주민 모두에게 영향을 주기 때문입니다.
④ 형지: 시·도청에서 일을 제대로 하는지 봐야 해서입니다.
⑤ 민아: 지역에 살고 있는 주민이 가장 잘 알고 있어서입니다.

15 다음 내용과 관련 있는 것은 어느 것입니까? (　　)

> ☝ 지역 문제에 참여할 수 있는 방법이다.
> ✌ 정책을 결정하기 전에 다양한 의견을 듣는 공개회의이다.

① 공청회　② 서명 운동
③ 시민 단체　④ 공공 기관
⑤ 주민 투표

16 다음 발표 내용과 관련 있는 주민 참여 방법으로 알맞은 것은 어느 것입니까? (　　)

① 공청회
② 서명 운동
③ 주민 회의
④ 시민 단체 활동
⑤ 시·도청 누리집에 의견 올리기

17 다음 질문에 대한 대답으로 알맞지 않은 것은 어느 것입니까? (　　)

① 지역 방송 찾아보기
② 지역 신문 찾아보기
③ 지역 주민과 면담하기
④ 시·도청 누리집 방문하기
⑤ 공공 기관에서 하는 일 알아보기

18 다음 중 지역 문제 해결 방안을 결정할 때 고려해야 할 점으로 알맞은 것은 어느 것입니까? (　　)

① 지역의 문화유산을 알아본다.
② 나에게 이익을 주는지 파악한다.
③ 지역 문제가 몇 가지인지 살펴본다.
④ 공공 기관에서 정해 줄 때까지 기다린다.
⑤ 각 해결 방안의 장점과 단점을 비교한다.

19 다음 ㉠에 들어갈 내용으로 알맞지 않은 것은 어느 것입니까? (　　)

① 투표를 통해 의견을 모은다.
② 대화와 타협으로 의견을 조정한다.
③ 충분한 시간을 두고 의견을 주고받는다.
④ 무조건 나의 의견이 받아들여지도록 얘기한다.
⑤ 다수결의 원칙에 따르되, 소수의 의견도 존중한다.

20 다음 중 지역 문제를 해결하는 자세로 바람직한 것은 어느 것입니까? (　　)

① 자신의 이익만 생각한다.
② 시 · 도청에 모든 일을 맡긴다.
③ 지역 문제에 관심을 갖지 않는다.
④ 지역 문제 해결에 앞장서는 태도를 가진다.
⑤ 지역의 일은 나와 상관없으므로 신경 쓰지 않는다.

서술형 평가 3단원

[01~04] 다음은 지역에서 볼 수 있는 장소들을 나타낸 것입니다. 물음에 답하시오.

01 위 지역의 공공 기관에는 무엇이 있는지 (　　) 안에 알맞은 말을 써넣으시오.

> 공공 기관에는 (　　　　　), (　　　　　), (　　　　　), (　　　　　), (　　　　　) 이/가 있다.

02 위 01에서 답한 곳들이 공공 기관이라고 생각하는 이유는 무엇인지 쓰시오.

이곳들은 ____________________

03 위 01에서 답한 공공 기관을 쓰고 하는 일이 무엇인지 쓰시오.

공공 기관의 이름	공공 기관에서 하는 일

04 위와 같은 공공 기관이 필요한 이유는 무엇인지 쓰시오.

정답과 해설 43쪽

[05~06] 다음 뉴스를 보고, 물음에 답하시오.

05 위 뉴스를 보고 다음과 같이 정리하였습니다. (　　) 안에 알맞은 말을 써넣으시오.

(1) 지역 주민의 삶을 불편하게 하거나 지역 주민들 사이에 갈등을 일으키는 문제를 (　　　　)(이)라고 합니다.

(2) 위 지역에서 발생한 문제는 (　　　　)입니다.

06 위에 제시된 방법(뉴스 보기) 외에 지역 문제를 알 수 있는 방법을 두 가지 쓰시오.

지역에서 발생하는 여러 가지 문제를 확인할 수 있는 방법에는 ________________

____

____

등이 있습니다.

[07~08] 다음 신문 기사를 읽고, 물음에 답하시오.

○○ 신문　　20◇◇년 ○○월 □□일

주민 참여 예산제,
주민 투표로 문제를 해결해요

○○구에서는 주민 참여 예산제를 도입하고 주민 참여 위원회를 운영하고 있다. 주민 참여 예산제는 지방 자치 단체 예산 편성에 주민이 직접 참여하는 것이다.

이 지역에서는 주민 참여 예산제를 운영하여 주민들이 구청의 예산을 심의하고 불필요한 예산을 줄여 6년 동안 약 270억 원을 아꼈다.

○○구 주민 참여 예산제의 가장 큰 특징은 주민들이 직접 의논할 문제를 제시하고 투표로 결정한 의견을 반영한다는 점이다.

07 위 신문 기사를 읽고 다음과 같이 정리하였습니다. (　　) 안에 알맞은 말을 써넣으시오.

(1) 지역 문제를 해결하는 과정에서 지역 주민들이 중심이 되어 참여하는 것을 (　　　　)(이)라고 합니다.

(2) 위 지역에서는 (　　　　)(으)로 지역의 일에 참여하였습니다.

08 위의 지역 문제를 해결하는 과정에 주민들이 참여해야 하는 까닭을 한 가지 이상 쓰시오.

지역 문제를 해결하는 과정에 주민들이 참여해야 하는 까닭은 ________________

____

____

쉬어가기

기억력을 높이는 6가지 뇌 자극법

손으로 글씨 쓰기

종이에 연필이나 펜으로 글씨를 쓰면 뇌에 좋다는 연구 결과가 있다고 합니다. 단순히 컴퓨터나 휴대 전화의 자판을 두드리는 것보다 직접 글씨를 쓰는 것이 훨씬 더 많은 뇌 부위를 자극하기 때문입니다.

큰 소리로 읽기

책이나 신문을 큰 소리로 읽으면 조용히 속으로 읽을 때보다 뇌에 더 많은 자극이 전달됩니다. 이러한 자극은 뇌 안의 혈액 순환을 도와 뇌를 활동적으로 만듭니다.

왼손(혹은 오른손) 쓰기

평소에 주로 쓰지 않던 손을 사용하면 새로운 신경망이 발달한다고 합니다. 오른손잡이라면 왼손을, 왼손잡이라면 오른손으로 이를 닦거나 외투의 지퍼를 채워 보면 어떨까요? 이러한 새로운 활동은 그동안 쓰지 않던 뇌 부위를 자극할 것입니다.

중간 휴식 시간 갖기

몇 시간을 연속해서 공부하는 것보다 중간에 휴식을 취하면서 공부하는 것이 기억력 향상에 더 도움이 된다고 합니다. 중간 휴식은 정보 기억력과 개념을 학습하는 능력을 높여 주기 때문입니다.

명상하는 시간 갖기

조용한 명상의 시간을 규칙적으로 갖게 되면 뇌에 물리적인 변화가 일어난다고 합니다. 뇌 신경에 새로운 네트워크가 생기기 때문입니다. 명상은 주의력과 함께 자기 스스로를 인식하고 감정을 이입하는 능력을 키워 줍니다. 명상의 장점은 언제, 어디서나 할 수 있다는 데에 있습니다.

단순한 게임하기

규칙적인 룰을 가진 게임을 하면 비판적 사고, 추론, 정보 처리와 관련된 뇌의 영역에 긍정적인 변화가 생긴다는 사실이 연구 결과로 확인되었습니다. 하지만 너무 많은 시간을 게임에 쏟으면 눈의 피로와 집중력을 해친다는 것, 잊지 마세요!

MEMO

아직 기초가 부족해서
차근차근
공부하고 싶어요.

조금 어려운 내용에
도전해보고 싶어요.

영어의 모든 것!
체계적인
영어공부를 원해요.

조금 어려운
내용에
도전해보고
싶어요.

학습 고민이 있나요?

초등온에는
친구들의 **고민에 맞는**
다양한 강좌가 준비되어 있답니다.

학교 진도에
맞춰
공부하고
싶어요.

초등ON 이란?

EBS가 직접 제작하고 분야별 전문 교육업체가 개발한
다양한 콘텐츠를 바탕으로,

초등 목표달성을 위한 <**초등온**>**서비스**를 제공합니다.

BOOK 3

해설책

BOOK 3 해설책으로
틀린 문제의 해설도 확인해 보세요!

EBS

인터넷·모바일·TV
무료 강의 제공

초 | 등 | 부 | 터 EBS

예습, 복습, 숙제까지 해결되는

교과서 완전 학습서

만점왕

BOOK 3
해설책

사회 4-1

BOOK 3
해설책
만점왕
사회
4-1

Book 1 개념책

1 지역의 위치와 특성

(1) 지도로 본 우리 지역

핵심 개념 문제 10~11쪽

01 ④ 02 ⑤ 03 ④ 04 (나) ○ 05 높낮이 06 ⑤
07 (1)-㉠ (2)-㉢ (3)-㉡ 08 ③

중단원 실전 문제 12~15쪽

01 ② 02 ③ 03 ㉠ 04 북 05 ③ 06 ㉠ 북 ㉡ 서 ㉢ 동 ㉣ 남 07 ⑤ 08 ④ 09 ③ 10 ③ 11 ② 12 5
13 ⑤ 14 (나) ○ 15 3 16 ② 17 ④ 18 (가) ○ 19 ①
20 ㉣, ㉤, ㉡

서술형 평가 돋보기 16~17쪽

연습 문제

1 ㉠ 경찰서 ㉡ 학교 ㉢ 우체국 ㉣ 병원 2 병원, 동 3 경찰서는 학교의 서쪽에 있습니다. / 경찰서는 우체국의 동쪽에 있습니다.

실전 문제

1 (1) (가) 3 (나) 300 (2) (가), (나), 축척 (3) 예 지도의 축척이 다릅니다. / 지도에서 실제 거리를 줄인 정도가 다릅니다. / (가)는 넓은 지역을 간략하게 보여 주는 지도이고, (나)는 좁은 지역을 자세하게 보여 주는 지도입니다. 2 (1) (가) 항공 사진 (나) 지도 (2) 위(하늘), 사진(항공 사진), 위(하늘), 줄여 (3) 1) 등고선 2) 예 땅의 높낮이를 표현합니다.

(2) 우리 지역의 중심지

핵심 개념 문제 20~21쪽

01 ④ 02 (1)-㉡ (2)-㉢ (3)-㉠ 03 ①, ④ 04 ②
05 ⑤ 06 관광 07 ㉢ 08 ③

중단원 실전 문제 22~25쪽

01 ①, ④ 02 ② 03 ⑤ 04 ③ 05 교통 06 ①
07 ④ 08 ① 09 행정 10 ① 11 ② 12 ④ 13 ⑤
14 ㉡ 15 ⑤ 16 ④ 17 지도, 사진기(휴대 전화), 필기도구 등 18 ② 19 ③, ④ 20 (라), (나), (가), (다)

서술형 평가 돋보기 26~27쪽

연습 문제

1 산업 2 충청남도청, 정부세종청사, 행정, 행정 3 예 지역의 중심지에서 볼 수 있는 시설은 각각 다르고, 이에 따라 중심지의 기능이 달라집니다. 등

실전 문제

1 (1) ㉠ (2) 경찰서, 시장, 버스 터미널 (3) 1) (가) 2) 예 사람들이 많이 모입니다. / 건물이 많고 복잡합니다. / 교통이 발달했습니다. / 도로가 많습니다. 등 2 (1) ㉠ 행정 ㉡ 교통 (2) 예 기차나 버스를 이용하기 위해 모입니다. / 역에서 기차를 타고 다른 지역으로 갑니다. / 버스 터미널에서 버스를 타고 다른 지역으로 갑니다. 등 (3) 예 사람들이 많이 모이는 곳입니다. / 생활에 편리함을 주는 여러 시설이 있습니다. / 교통이 편리합니다. 등

대단원 마무리 30~33쪽

01 ②, ⑤ 02 예 지도를 더 알아보기 쉽게 하기 위해 / 간단하게 표현하기 위해 / 그림이나 글자로만 실제 모습을 표시하면 알아보기 어렵기 때문에 등 03 (1) 3 (2) 2 (3) 2 04 ② 05 ② 06 강원특별자치도 07 ⑤ 08 2 09 예 등고선과 색깔로 나타낸다. 10 ⑤ 11 ④ 12 ②, ③ 13 ①, ④ 14 ④ 15 ③ 16 ⑤ 17 ② 18 상업 19 ③ 20 ③ 21 ㉠ 22 ④ 23 ① 24 답사 결과 정리하기 25 ④, ⑤

2 우리가 알아보는 지역의 역사

(1) 우리 지역의 문화유산

핵심 개념 문제 40~41쪽

01 문화유산 02 ④ 03 ⑤ 04 ② 05 답사 06 ① 07 문화유산 안내도 08 ③

중단원 실전 문제 42~45쪽

01 ② 02 ④ 03 ② 04 ① 05 (1) 수원 화성, 여주 영릉, 연천 전곡리 유적 (2) 평택 농악, 양주 별산대놀이, 안성 남사당 풍물놀이 06 ⑤ 07 ④ 08 전문가 면담하기(면담) 09 ④ 10 ⑤ 11 ① 12 ⑤ 13 ① 14 ④ 15 ㉡, ㉢ 16 ① 17 ⑤ 18 문화재 지킴이 19 ②, ③ 20 ⑤

서술형 평가 돋보기 46~47쪽

연습 문제

1 문화유산 안내도 2 위치, 사진 3 예 문화유산에 관심 갖고 공부하기, 문화유산을 소중히 여기는 마음 갖기, 문화재 지킴이가 되어 문화유산 주변을 청소하고 문화유산 훼손 및 화재 감시하기, 문화유산 널리 홍보하기 등

실전 문제

1 (1) 불국사, 부처의 나라 (2) 통일 신라 2 예 문화유산을 직접 눈으로 보며 문화유산에 대한 흥미와 관심을 높일 수 있습니다. 3 (1) 해설 참조 (2) 문화재 지킴이 4 예 조상들에게 물려받은 것입니다. / 조상의 지혜와 정신이 담겨 있습니다. / 우리의 역사가 담겨 있습니다. 등

(2) 우리 지역의 역사적 인물

핵심 개념 문제 50~51쪽

01 역사적 02 ① 03 ④ 04 ② 05 역할극 대본 06 ⑤ 07 노래 가사 바꿔 부르기 08 ④

중단원 실전 문제 52~55쪽

01 ③ 02 김만덕 03 ⑤ 04 ③ 05 ④, ⑤ 06 ④ 07 ㉣ 08 ① 09 ④ 10 ⑤ 11 ② 12 ① 13 노래 가사 바꿔 부르기 14 ②, ⑤ 15 ① 16 뉴스 만들어 소개하기 17 ①, ③ 18 ⑤ 19 ② 20 ④

서술형 평가 돋보기 56~57쪽

연습 문제

1 예 인터넷 검색하기 2 업적, 거중기, 목민심서, 다산 초당 3 예 정약용의 업적을 더 잘 알게 되었습니다.

실전 문제

1 (1) 업적, 영향 (2) 문익점, 김만덕, 정약용 2 (1) 예 문익점 (2) 예 목화씨를 들여와 재배에 성공해 당시 사람들이 추운 겨울에 조금 더 따뜻한 옷을 입을 수 있게 되었습니다. 3 (1) 책, 인터넷 (2) 현장 체험(답사), 문화 관광 4 (1) 예 인터넷 검색하기 (2) 예 인터넷 백과사전이나 누리집 등을 검색하는 것은 쉽고 다양한 자료를 얻을 수 있기 때문입니다.

대단원 마무리 60~63쪽

01 ③ 02 강릉 단오제 03 ②, ④ 04 ③ 05 ⑤ 06 ⑤ 07 ⑤ 08 ②, ③ 09 박물관 10 ① 11 ③, ④ 12 ④ 13 예 문화유산 주변을 청소한다. 등 14 ④ 15 ⑤ 16 예 뛰어난 예술 작품(그림)을 남겼다. 17 ㉣ 18 ② 19 유관순 열사 기념관, 서대문 형무소 역사관 등 20 ④ 21 ②, ③ 22 ③ 23 ⑤ 24 인물 카드 25 예 우리 지역의 역사에 대해 알게 되었고, 지역에 대한 자부심을 기를 수 있었다. 등

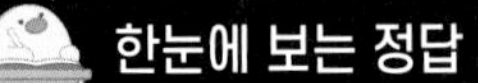

3 지역의 공공 기관과 주민 참여

(1) 우리 지역의 공공 기관

핵심 개념 문제 70~71쪽

01 공공 기관 02 ⑤ 03 소방서 04 ① 05 도서관 06 ① 07 ③ 08 ⑤

중단원 실전 문제 72~75쪽

01 ⑤ 02 ①, ⑤ 03 ㉣ 04 ③ 05 ① 06 보건소 07 우체국 08 ② 09 교육청 10 ④ 11 도서관 12 ① 13 ⑤ 14 ② 15 소방서 16 ④ 17 ⑤ 18 ⑤ 19 ① 20 ③

서술형 평가 돋보기 76~77쪽

연습 문제

1 공공 기관 2 공공 기관, 개인, 주민, 편의, 국가 3 예 경찰서, 국가가 세워 관리하는 곳이고, 지역 주민들에게 도움이 되기 때문입니다.

실전 문제

1 (1) 우체국, 경찰서 (2) 슈퍼마켓, 백화점 2 (1) 예 영화관 (2) 예 영화관은 주민 전체의 이익을 위한 곳이 아니며, 개인이나 기업이 재산상의 이익을 위해서 설립한 곳이기 때문입니다. 3 예 불이 났을 때 불을 끄기 힘들고, 위험에 빠진 사람을 구조하기 힘듭니다. 4 예 공공 기관은 지역 주민들이 안전하고 편리한 생활을 할 수 있게 도와주기 때문에 필요합니다. 5 예 소방서에서는 학생들에게 화재 예방 교육, 화재 대피 훈련을 합니다.

(2) 지역 문제와 주민 참여

핵심 개념 문제 80~81쪽

01 지역 문제 02 ④ 03 ③ 04 ① 05 공청회 참여하기 06 ① 07 ㉠㉡㉢㉤㉣ 08 ㉠

중단원 실전 문제 82~85쪽

01 ⑤ 02 ⑤ 03 소음 문제 04 ⑤ 05 ① 06 안전 문제 07 주민 참여 08 ④ 09 ④ 10 ③ 11 ④ 12 ① 13 ⑤ 14 ② 15 ② 16 원인 17 ④ 18 대화 19 ② 20 ③

서술형 평가 돋보기 86~87쪽

연습 문제

1 지역 문제 2 지역 문제, 환경, 소음, 교통 3 예 지역 주민과 면담하기, 시 · 도청 누리집 방문하기, 지역 신문이나 뉴스 살펴보기 등

실전 문제

1 (1) 쓰레기(쓰레기 무단 투기) (2) 주민 참여 2 예 지역 문제는 그 지역에 사는 주민들이 가장 잘 알기 때문에 / 지역 문제는 지역의 모든 주민에게 영향을 미치기 때문에 3 (1) 주민 회의 (2) 예 시민 단체 활동하기, 서명 운동하기, 시 · 도청 누리집에 의견 올리기 등 4 예 대화와 타협으로 의견을 조정합니다. / 투표를 통해 의견을 모읍니다. / 다수결의 원칙에 따릅니다. 등

대단원 마무리 90~93쪽

01 ④ 02 ㉠, ㉢, ㉥ 03 예 개인이나 기업의 이익을 위해 세운 곳이므로 04 소방서 05 ③ 06 ⑤ 07 경찰서 08 ④ 09 ⑤ 10 ③ 11 예 공공 기관 누리집 찾아보기, 공공 기관 견학하기 등 12 ⑤ 13 ③ 14 안전 문제 15 ② 16 주민 참여 17 ① 18 ③ 19 ② 20 ③ 21 ① 22 ② 23 ⑤ 24 ③ 25 예 지역의 일에 관심을 가지고 함께 참여하여 해결하려는 태도를 가진다.

Book 2 실전책

1 지역의 위치와 특성

1단원 (1) 중단원 쪽지 시험 5쪽

01 지도 02 (실제) 모습 03 ㉠ 북 ㉡ 서 ㉢ 동 ㉣ 남 04 ㉡, ㉢ 05 범례 06 ㉠ 07 등고선 08 (1) ○ (2) × 09 높습니다 10 좁은

6~9쪽

중단원 확인 평가 1 (1) 지도로 본 우리 지역

01 ②, ④ 02 ② 03 ④ 04 학교를 기준으로 우체국은 북쪽에 있다. 05 ① 06 ③ 07 ⑤ 08 ②, ③ 09 ⑤ 10 ㉥ 실제 모습과 닮게 단순한 모양으로 표현한다. 11 (가) 12 ② 13 ⑤ 14 ㉥ 같은 지역이라도 축척에 따라 지도의 자세한 정도가 다르기 때문이다. 15 ① 16 ⑤ 17 (1) ㉢ (2) ㉠ 18 ①, ③ 19 ㉥ 관광 및 여행을 하기 위해 / 다른 지역의 관광지 등을 알기 위해 20 ④

1단원 (2) 중단원 쪽지 시험 11쪽

01 중심지 02 도청, 교육청 03 지도 04 답사 05 교통 06 면담 07 상업 08 목적 09 ○ 10 ×

12~15쪽

중단원 확인 평가 1 (2) 우리 지역의 중심지

01 ⑤ 02 ④ 03 ㉢ 04 ③ 05 ㉥ 여러 사람이 많이 찾는 시설이 모여 있기 때문에 / 사람들의 이동이 많기 때문에 등 06 ④, ⑤ 07 ④ 08 ㉥ 공장에서 일을 하기 위해 09 ③ 10 ② 11 ㉡ 12 ㉥ 정부세종청사 등 행정 업무를 처리하는 시설이 많기 때문에 13 면담 14 ② 15 ③ 16 관광의 중심지 17 ⑤ 18 ⑤ 19 ② 20 ㉥ 사진이나 영상을 찍을 때에는 미리 그 사람에게 허락을 구한다.

16~19쪽

대단원 종합 평가 1. 지역의 위치와 특성

01 ②, ③ 02 ④ 03 ① 04 ⑤ 05 ④ 06 ③ 07 ① 08 ⑤ 09 ③ 10 ① 11 ① 12 ③ 13 ① 14 ③ 15 ③ 16 ② 17 ① 18 ㉡ 19 ① 20 ②

1단원 서술형 평가 20~21쪽

01 해설 참조 (1) 2 (2) 2 02 (1) ㉥ 지도에 쓰인 기호의 뜻을 알려 주기 위해 (2) ㉥ 땅의 높낮이를 나타내기 위해 03 (1) (가) (2) ㉥ 우리 지역의 주변에 있는 고장과 바다까지 넓은 지역이 나타나 있으므로 04 ㉥ ㉠보다 ㉡ 지역이 땅의 높이가 더 높다. / ㉡보다 ㉠이 땅의 높이가 더 낮다. 05 ㉥ 거제역은 부산광역시청을 기준으로 서쪽에 있다. 06 관광 07 ㉥ 한 지역이 여러 기능의 중심지가 될 수 있다. 08 ㉥ 산업 중심지의 특징에 대해 알아본다. 09 (1) 답사 (2) 직접 장소를 찾아가 조사하는 것 10 ㉥ 지도로 확인한 중심지의 모습과 실제 모습을 비교한다. / 시장을 방문하는 이유를 알아본다. / 상업 중심지의 특징을 알아본다. / 시장 주변의 특징을 조사한다. / 중심지에서 볼 수 있는 것을 살펴본다. / 중심지의 사람들이 하는 일을 알아본다. 등

2 우리가 알아보는 지역의 역사

2단원 (1) 중단원 쪽지 시험 25쪽

01 문화유산 02 유형 문화유산 03 무형 문화유산 04 전문가 면담하기(면담) 05 답사 06 답사 보고서 07 문화유산 안내도 08 문화유산 신문 09 문화재 지킴이 10 조상

26~29쪽

중단원 확인 평가 2 (1) 우리 지역의 문화유산

01 ④ 02 (1) ㉡, ㉢ (2) ㉠, ㉣ 03 ① 04 ① 05 ㉣ 06 신라 07 ① 08 ⑤ 09 ②, ⑤ 10 ④ 11 ① 12 ① 13 ⑤ 14 예 이름을 불국사라고 지은 까닭은 무엇일까? 등 15 ⑤ 16 문화 관광 해설사 17 ① 18 ③ 19 ⑤ 20 ①, ④

2단원 (2) 중단원 쪽지 시험 31쪽

01 역사적 인물 02 이순신 03 책(문헌, 백과사전) 04 인터넷 05 현장 체험(답사) 06 업적(한 일) 07 인물 소개 포스터 08 역할극 09 느낀 점 10 자부심(자긍심)

32~35쪽

중단원 확인 평가 2 (2) 우리 지역의 역사적 인물

01 ② 02 생각 그물(주제망, 조사 내용 그물) 03 ④ 04 ④ 05 ⑤ 06 ③ 07 ⑤ 08 예 자료의 출처를 밝힌다. 답사할 때는 안전하게 이동한다. 등 09 ⑤ 10 ① 11 ③ 12 ⑤ 13 ③ 14 시간의 흐름에 따라 정리하기 15 ④ 16 ⑤ 17 역할극 공연하기(역할극) 18 ①, ② 19 ① 20 ①, ③

36~39쪽

대단원 종합 평가 2. 우리가 알아보는 지역의 역사

01 문화유산(문화재) 02 ① 03 ⑤ 04 ④ 05 ② 06 ⑤ 07 ⑤ 08 ⑤ 09 ② 10 ⑤ 11 ② 12 ③ 13 ① 14 ② 15 ④ 16 ⑤ 17 ④ 18 ① 19 ③ 20 ①, ②

2단원 서술형 평가 40~41쪽

01 문화유산 안내도 02 예 문화유산의 위치, 분포 등을 한눈에 알 수 있다. 03 예 강릉 오죽헌, 형태가 있는 문화유산이다. 등 04 예 문화유산을 직접 눈으로 생생하게 볼 수 있다. 등 05 예 문화유산을 스스로 보호하기 위해서이다. 등 06 예 우리 역사 속 인물로 다양한 업적을 남긴 사람들이다. 등 07 예 유관순은 일제 강점기 때 만세 운동을 벌이며 독립을 위해 노력한 인물이다. 등 08 예 어린 시절, 살았던 때, 업적, 관련 장소 등을 조사한다. 09 예 우리 지역의 역사적 인물에 대해 한눈에 알 수 있다. 등 10 예 궁금한 점이 있으면 질문한다. / 중요한 내용은 기록하며 듣는다. / 발표를 들으며 느낀 점을 이야기한다. 등

3 지역의 공공 기관과 주민 참여

3단원 (1) 중단원 쪽지 시험 45쪽

01 국가 02 행정 복지 센터 03 소방서 04 우체국 05 보건소 06 경찰서 07 시 · 도청 08 편리 09 방법 10 견학

중단원 확인 평가 3 (1) 우리 지역의 공공 기관 46~49쪽

01 ⑤ 02 (다) 03 행정 복지 센터 04 ④ 05 ③ 06 ① 07 ② 08 ① 09 예 주민들이 안전하고 편리한 생활을 할 수 있도록 한다. 10 ② 11 ② 12 ④ 13 교육청 14 ⑤ 15 ① 16 ④ 17 ① 18 ② 19 ③ 20 예 조사 일시, 조사 장소, 조사 방법, 알게 된 점, 느낀 점 등

3단원 (2) 중단원 쪽지 시험 51쪽

01 지역 문제 02 소음 문제 03 시설 부족 문제 04 환경 문제(쓰레기 무단 투기 문제) 05 주민 참여 06 서명 운동 07 시민 단체 08 누리집 09 원인 10 다수결

중단원 확인 평가 3 (2) 지역 문제와 주민 참여 52~55쪽

01 ④ 02 ⑤ 03 ③ 04 환경 문제 05 ④ 06 주원 07 ② 08 예 지역 문제는 주민들에게 영향을 미치기 때문에 등 09 ⑤ 10 ③ 11 ① 12 ③ 13 예 지역 신문이나 뉴스 살펴보기, 시 · 도청 누리집 방문, 지역 주민 면담 등 14 ⑤ 15 ① 16 ⑤ 17 ③ 18 다수결의 원칙 19 ⑤ 20 예 지역의 일에 관심을 가지고 함께 참여하여 해결하려는 태도를 가진다. 등

대단원 종합 평가 3. 지역의 공공 기관과 주민 참여 56~59쪽

01 ② 02 ⑤ 03 ③ 04 ⑤ 05 ② 06 ① 07 ② 08 ⑤ 09 ② 10 ① 11 ⑤ 12 ① 13 ⑤ 14 ① 15 ① 16 ④ 17 ⑤ 18 ⑤ 19 ④ 20 ④

3단원 서술형 평가 60~61쪽

01 경찰서, 시청, 우체국, 행정 복지 센터, 교육청 02 예 개인의 이익이 아닌 주민 전체의 이익과 생활의 편의를 위해 국가가 세우거나 관리하는 곳이기 때문이다. 등 03 해설 참조 04 예 주민들이 안전하고 편리한 생활을 할 수 있도록 한다. 등 05 (1) 지역 문제 (2) 주차 문제(교통 문제) 06 예 평소 우리 지역의 문제에 관심 갖기, 시 · 도청 누리집 방문하기, 지역 신문 살펴보기, 지역 주민과 면담하기 07 (1) 주민 참여 (2) 주민 투표 08 예 지역의 문제는 지역의 모든 주민에게 영향을 미치기 때문이다. 등

1 단원 지역의 위치와 특성

(1) 지도로 본 우리 지역

핵심 개념 문제 10~11쪽

01 ④ 02 ⑤ 03 ④ 04 (나) ○ 05 높낮이 06 ⑤
07 (1)-㉠ (2)-㉢ (3)-㉡ 08 ③

01 방위표는 방향의 위치를 알려 주는 표시로, 동서남북 방위가 있습니다.

02 기호는 병원, 경찰서, 산 등을 지도에 간단히 나타내는 표시를 말합니다. 실제 모습을 그림으로 그리거나 모든 정보를 글자로만 표시하면 지도를 알아보기 어렵기 때문에 간단한 기호가 필요합니다.

03 ㉠은 지도에 표시된 축척으로, 지도에서 실제 거리를 줄인 정도를 나타냅니다. 지도상의 1 cm가 실제 거리로 얼마만큼인지 나타냅니다.

04 (나) 지도가 길, 건물 이름 등이 더 자세히 나타나 있는 것을 알 수 있습니다.

오답 피하기

(가)는 (나)보다 넓은 지역을 나타낸 것으로 (나) 지역의 주변까지 나타나 있습니다. (가)와 비교했을 때, (나) 지도는 좁은 지역을 자세히 나타낸 것입니다.

05 땅의 입체적인 높이를 평면인 지도에 나타내기 어렵기 때문에, 지도에서는 등고선과 색을 이용하여 땅의 높낮이를 표현합니다.

06 땅이 높은 곳은 갈색으로 표현된 곳입니다. ①~④는 모두 초록색이며, 등고선이 많이 그려져 있지 않아 낮은 곳임을 알 수 있습니다.

07 지도는 모양, 특징에 따라 종류가 달라지며, 각각 나타내는 정보가 다릅니다.

08 생활 속에서 여행, 관광 등에 지도가 많이 쓰입니다.

중단원 실전 문제 12~15쪽

01 ② 02 ③ 03 ㉠ 04 북 05 ③ 06 ㉠ 북 ㉡ 서 ㉢ 동 ㉣ 남 07 ⑤ 08 ④ 09 ③ 10 ③ 11 ② 12 5
13 ⑤ 14 (나) ○ 15 3 16 ② 17 ④ 18 (가) ○ 19 ①
20 ㉣, ㉤, ㉡

01 지도는 위에서 내려다본 땅의 실제 모습을 일정한 형식에 맞게 줄여서 나타낸 그림으로, 정해진 약속에 따라 표현되어 있습니다.

02 지도를 통해 도로, 산, 하천 등 장소의 이름, 위치, 방위, 땅의 높낮이 등을 알 수 있습니다.

오답 피하기

③ 디지털 영상 지도의 기능을 활용한다면 건물의 높이를 대략적으로 알 수 있지만, 일반 지도를 통해 건물의 층수 등을 정확히 알기는 어렵습니다.

03 방위는 동서남북을 말하며 방위표는 (북, 서, 동, 남 방위표)입니다.

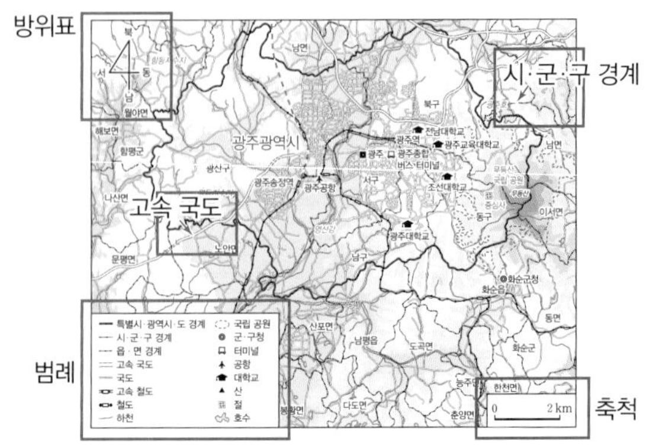

04 지도의 ㉠은 근린공원으로 경주시청의 북쪽에 있습니다.

05 경주시립도서관은 황성공원의 오른쪽에 있으므로, 동쪽에 있습니다.

06 방위표가 없을 경우 지도의 오른쪽이 동쪽, 왼쪽이 서쪽, 위쪽이 북쪽, 아래쪽이 남쪽이라고 약속합니다.

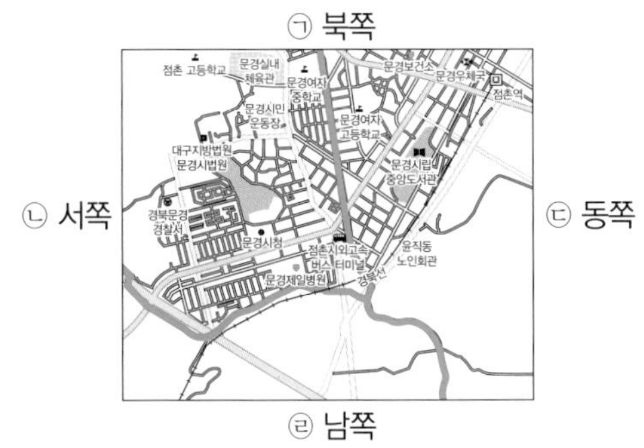

07 지도에는 방위표, 등고선, 범례, 축척, 기호가 표시되어 있지만, 정확한 산의 높이가 숫자로 표시되어 있지는 않습니다.

08 ㉠은 범례로, 지도에 쓰인 기호와 그 뜻을 나타내기 위해 지도의 한 부분에 표시한 것입니다.

09 (학교 기호)는 학교를 나타내는 기호입니다. 기호는 땅과 건물의 정보를 간단하게 나타내기 위해 사용합니다.

오답 피하기

①은 방위표입니다.
②는 축척입니다.
④는 등고선입니다.

10 (가)는 장소의 위치를 점과 글자로만 나타내었지만, (나)는 주요 장소를 간단한 기호로 나타낸 후 몇몇 장소만 글자와 함께 나타낸 지도입니다.

오답 피하기

(가)와 (나)는 같은 고장을 나타낸 지도입니다. (가), (나)에 나타난 선들은 등고선이 아닌 도로와 하천을 표시하는 선입니다.

11 가수원역 주변에는 논과 밭을 나타내는 기호가 많이 표시되어 있습니다. 이를 통해 역 주변에는 논과 밭이 있음을 알 수 있습니다. 또한 색을 통해 땅의 높이가 낮은 지역임을 알 수 있습니다.

12 지도에서 학교 기호(학교 기호)를 5개 찾을 수 있으며 산 2개, 경찰서 2개, 우체국 1개, 병원 2개가 표시되어 있습니다.

13 기호와 범례는 하천, 논, 밭, 산 등의 땅의 형태나 우체국, 병원 등의 장소를 나타낼 때 많이 사용합니다.

14 축척은 1 cm가 나타내는 거리가 짧을수록 줄여진 정도가 적은 것이므로, 더 자세한 지도라고 할 수 있습니다. (가)는 1 cm가 2 km이고, (나)는 1 cm가 500 m이므로 (나)가 더 좁은 면적을 자세하게 나타낸 지도임을 알 수 있습니다.

15 축척 막대자에 3 cm 눈금은 실제 거리 3 km라고 표기되어 있는 것을 통해 ㉠-㉡ 사이의 실제 거리는 3 km임을 알 수 있습니다.

16 등고선과 색으로 땅의 높낮이를 나타냅니다.

17 색이 진해질수록 땅의 높이가 높아집니다.

오답 피하기

㉡은 하천이 아니며 ㉢보다는 높고 ㉠보다는 낮은 땅을 나타냅니다.

18 등고선과 색을 통해 다른 부분보다 땅의 높이가 높은 봉우리가 2개 있고, 왼쪽보다 오른쪽의 봉우리가 더 높다는 것을 알 수 있습니다.

19 궁 안의 건물 위치 및 정보를 얻기 위해 궁궐 안내도를 활용합니다.

오답 피하기

⑤ 길도우미를 이용하여 궁궐의 대략적 위치를 알 수 있지만, 궁궐 안의 자세한 위치 및 소개, 내용 등을 알기 위해서는 궁궐 안내도를 이용하는 것이 더 알맞습니다.

20 지리산국립공원은 주변 지역보다 땅의 높이가 높은 산에 해당합니다. 산 → 계곡 → 향교의 순서로 지도에서 위치를 찾습니다.

서술형 평가 돋보기

16~17쪽

연습 문제

1 ㉠ 경찰서 ㉡ 학교 ㉢ 우체국 ㉣ 병원 **2** 병원, 동 **3** 경찰서는 학교의 서쪽에 있습니다. / 경찰서는 우체국의 동쪽에 있습니다.

실전 문제

1 (1) (가) 3 (나) 300 (2) (가), (나), 축척 (3) 예 지도의 축척이 다릅니다. / 지도에서 실제 거리를 줄인 정도가 다릅니다. / (가)는 넓은 지역을 간략하게 보여 주는 지도이고, (나)는 좁은 지역을 자세하게 보여 주는 지도입니다. **2** (1) (가) 항공 사진 (나) 지도 (2) 위(하늘), 사진(항공 사진), 위(하늘), 줄여 (3) 1) 등고선 2) 예 땅의 높낮이를 표현합니다.

연습 문제

1 범례를 통해 은 경찰서, 은 학교, 은 우체국, 은 병원을 나타낸 것임을 알 수 있습니다.

2 ㉣ 병원은 지도에서 기차역의 오른쪽에 있으며, 방위로 볼 때 동쪽에 위치합니다.

3 ㉠은 경찰서를 나타낸 기호입니다. 경찰서의 주변에는 오른쪽에 학교, 왼쪽에 우체국이 있습니다.

채점 기준

학교, 우체국 중 한 개를 정해 방위를 맞게 썼다면 정답으로 합니다. 주변의 고속 철도, 고속 국도, 금강은 건물이 아니므로 정답으로 인정하지 않습니다.

실전 문제

1 (1) 축척에 나타난 숫자를 통해 지도의 1 cm가 나타내는 실제 거리를 알 수 있습니다.

(2) (가)와 (나) 중 넓은 지역을 간략하게 나타낸 것은 (가)이고, 좁은 지역을 자세하게 나타낸 것은 (나)입니다.

(3) 축척에 따라 나타낸 지역의 범위가 달라집니다.

채점 기준

지도의 축척이 다른 것을 바탕으로 지도의 자세한 정도, 나타낸 범위가 다르다는 내용을 설명한 경우 정답으로 합니다.

2 (1) (가)는 하늘에서 찍은 땅의 모양으로 항공 사진이며, (나)는 이것을 지도로 나타낸 것입니다.

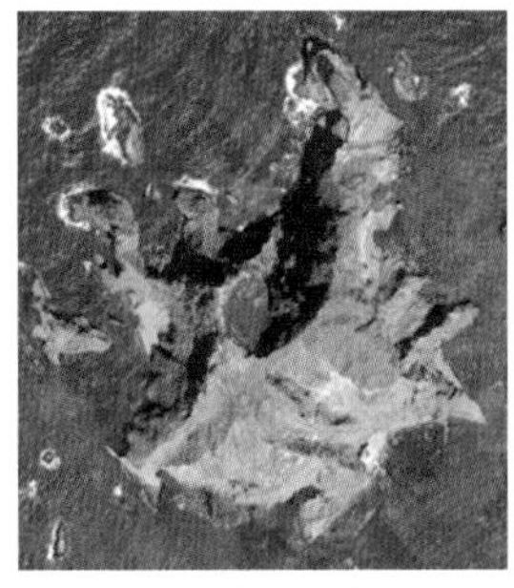

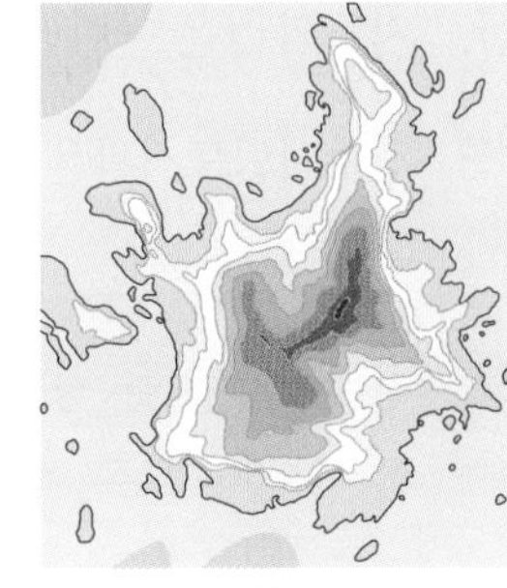

▲ 항공 사진 ▲ 지도

(2) (가), (나) 모두 위(하늘)에서 내려다본 모습이라는 공통적인 특징이 있지만, 지도는 실제 모습을 줄여 약속된 기호로 나타냈다는 점이 항공 사진과 다릅니다.

(3) ㉠은 등고선입니다. 지도는 위에서 내려다본 모습을 평면으로 나타내기 때문에 땅의 높낮이를 나타내기 위해 선과 색을 이용합니다.

채점 기준

땅의 높낮이를 지도에 나타내기 위해 필요하다는 내용으로 쓴 경우 정답으로 합니다.

(2) 우리 지역의 중심지

핵심 개념 문제 20~21쪽

01 ④ 02 (1)-ⓛ (2)-ⓒ (3)-ⓖ 03 ①, ④ 04 ② 05 ⑤ 06 관광 07 ⓒ 08 ③

01 물건을 사거나 일을 하는 등 여러 이유로 사람들이 많이 모이는 곳을 중심지라고 합니다.

02 중심지의 주요 시설은 각각 사람들이 방문하는 이유가 다릅니다. 은행에서는 돈을 저금하거나 찾을 수 있고, 병원은 아픈 곳을 치료받기 위해 방문하는 곳입니다. 군청, 구청, 시청 등의 기관은 사람들이 행정 업무를 처리하거나 행정에 대한 의견을 전하기 위해 방문하는 곳입니다.

03 중심지는 사람들이 많이 방문하는 곳이므로 사람들의 이동이 많고, 시장과 같이 물건을 사고파는 시설을 볼 수 있습니다.

04 중심지는 다양한 시설이 모여 있고, 사람들의 이동이 많아 교통이 발달한 곳입니다. 사람들은 각 시설을 이용하기 위해 중심지의 다양한 장소를 방문하며, 중심지를 방문하는 이유는 사람마다 다릅니다.

05 중심지의 종류는 중심지의 기능에 따라 달라집니다. 하천은 지형의 한 종류입니다.

06 문화유산, 아름다운 자연환경 등은 관광지와 관련된 내용입니다.

07 답사를 다녀온 후 답사 결과를 정리합니다. 정리한 결과를 바탕으로 다른 사람에게 중심지를 소개할 수도 있습니다.

08 중심지 답사를 할 때 중심지의 위치, 주요 시설, 하는 일 등을 조사합니다. 중심지의 날씨는 중심지의 기능을 알아보려는 답사 주제와 어울리는 내용이 아닙니다.

중단원 실전 문제 22~25쪽

01 ①, ④ 02 ② 03 ⑤ 04 ③ 05 교통 06 ① 07 ④ 08 ① 09 행정 10 ① 11 ② 12 ④ 13 ⑤ 14 ⓛ 15 ⑤ 16 ④ 17 지도, 사진기(휴대 전화), 필기도구 등 18 ② 19 ③, ④ 20 (라), (나), (가), (다)

01 중심지에서는 많은 건물, 기차역, 지하철역, 많은 도로, 많은 사람 등을 볼 수 있습니다.

02 중심지는 한 지역에서 사람들이 많이 모이는 곳을 말하며, 군청, 우체국, 시장 등 다양한 시설을 볼 수 있습니다.

오답 피하기

논과 밭이 많고, 건물이 적어 한산한 곳은 중심지가 아닌 곳의 모습입니다.

03 제시된 내용은 사람들이 중심지에 모이는 이유에 대한 설명입니다. 중심지에는 여러 시설이 모여 있고 이를 이용하려고 사람들이 많이 모여 복잡합니다.

04 음악회와 관련된 시설은 공연장입니다. 공연장, 박물관, 도서관 등은 사람들이 여가를 보내고 예술을 즐길 때 찾는 시설입니다. 중심지에는 사람들의 여가 생활에 도움을 주는 다양한 시설이 있습니다.

05 중심지는 교통이 편리하고, 다양한 편의 시설이 모여 있는 특징을 가지고 있습니다. 교통의 발달은 접근성을 높여 주어 중심지의 형성과 발달에도 영향을 미칩니다.

06 병원, 구청, 우체국, 도서관 등은 사람들의 생활에 도움을 주는 시설로, 편의 시설이라고도 합니다. 중심지에는 다양한 편의 시설이 있습니다. 주택은 사람들이 사는 집을 뜻합니다.

07 제시된 그림은 대형 할인점, 시장의 모습입니다. 사람들은 물건을 사기 위해 시장, 백화점, 대형 할인점과 같은 곳에 많이 모입니다.

08 중심지 모습에 대한 설명 중 기차를 이용할 수 있다는 내용을 통해 기차역 주변에 발달한 중심지임을 알 수 있습니다.

오답 피하기

⑤ 제시된 내용을 통해 지역에 문화유산이 있다는 사실을 알기 어렵습니다.

09 사람들은 서류를 내거나 얻기 위해 또는 행정 업무를 처리하기 위해 군청, 구청 등의 시설을 방문합니다.

10 첨성대, 불국사 등의 문화유산이 있는 경주시는 관광의 중심지입니다.

11 회사, 공장 등은 산업의 중심지에 많이 있는 시설로 사람들은 회사, 공장 등에서 일을 하기 위해 모입니다.

12 전주시는 행정, 상업, 관광의 중심지 기능 등 여러 가지 중심지 특징을 가진 도시입니다. 설명을 통해 한 중심지가 여러 가지 중심지 기능을 할 수 있음을 알 수 있습니다.

오답 피하기

① 지역마다 중심지의 기능이 다르지만 주어진 설명에는 한 지역이 여러 가지 중심지 기능을 할 수 있음을 나타내고 있습니다.

13 울산과 당진은 공장이 많이 있는 산업의 중심지로서 많은 사람들이 일하기 위해 모이는 지역입니다.

14 주어진 지도에서 버스 터미널, 시장, 보건소 등의 시설이 모여 있는 곳은 ㉡입니다.

15 버스 터미널, 기차역 등은 다른 지역으로 이동을 하기 위해 사람들이 찾는 장소입니다.

오답 피하기

도서관은 책을 빌리기 위해, 보건소는 예방 주사를 맞거나 건강에 관련된 일을 처리하기 위해 방문하는 곳입니다. 시청은 행정 업무 처리, 시장은 물건 구매와 관련된 장소입니다.

16 답사 계획서는 답사를 하기 전 작성하는 것이므로 답사 결과의 내용을 미리 알 수 없습니다.

17 답사 준비물로는 지도, 사진기, 필기도구 등이 있습니다.

채점 기준

답사 준비물 중 조사와 관련된 것을 한 개 이상 썼으면 정답으로 합니다.

18 장소를 직접 찾아가 조사하는 것은 답사입니다.

19 교통이 발달한 곳, 사람들이 많이 모이는 곳은 중심지의 특징입니다.

오답 피하기

①, ②는 고장의 특징에 해당하지만 중심지의 특징과 관련된 것은 아닙니다.

⑤를 통해 지역의 다양한 장소의 종류를 알 수 있지만, 중심지와 관련지어 이해할 수는 없습니다.

20 답사는 답사할 장소를 정하고 계획을 세운 다음 답사를 하고, 그 결과를 정리하는 과정으로 이루어집니다.

서술형 평가 돋보기

26~27쪽

연습 문제

1 산업 2 충청남도청, 정부세종청사, 행정, 행정 3 예 지역의 중심지에서 볼 수 있는 시설은 각각 다르고, 이에 따라 중심지의 기능이 달라집니다. 등

실전 문제

1 (1) ㉠ (2) 경찰서, 시장, 버스 터미널 (3) 1) (가) 2) 예 사람들이 많이 모입니다. / 건물이 많고 복잡합니다. / 교통이 발달했습니다. / 도로가 많습니다. 등 2 (1) ㉠ 행정 ㉡ 교통 (2) 예 기차나 버스를 이용하기 위해 모입니다. / 역에서 기차를 타고 다른 지역으로 갑니다. / 버스 터미널에서 버스를 타고 다른 지역으로 갑니다. 등 (3) 예 사람들이 많이 모이는 곳입니다. / 생활에 편리함을 주는 여러 시설이 있습니다. / 교통이 편리합니다. 등

연습 문제

1 ㉠ 제철소와 산업 단지가 있는 당진시이고, ㉡ 전자 제품, 자동차 공장 등이 모여 있는 아산시입니다. 두 지역은 모두 공장이 있다는 공통적 특징이 있습니다. 공장, 회사 등을 통해 산업 활동이 활발하게 이루어지는 지역은 산업의 중심지입니다.

2 군청, 구청, 시청, 정부청사, 읍사무소, 행정복지센터, 교육청 등은 모두 행정 업무와 관련된 시설입니다.

3 지역에는 다양한 중심지가 있으며, 주요 시설에 따라 중심지의 기능이 달라집니다. 공장, 회사 등이 많은 곳은 산업의 중심지, 행정 기관들이 있는 곳은 행정의 중심지 역할을 합니다.

채점 기준

중심지에서 볼 수 있는 다양한 시설에 따라 중심지의 기능이 달라진다는 내용으로 쓴 경우 정답으로 합니다.

실전 문제

1 (1) ㈎는 도로, 건물 등이 많이 모여 있는 ㉠ 부분의 항공 사진이며, ㈏는 산이 보이고, 건물의 모습이 적은 것으로 보아 ㉡ 부분의 항공 사진임을 알 수 있습니다.

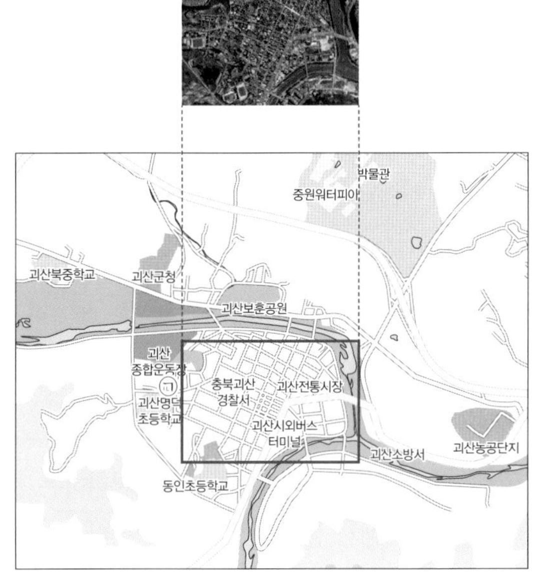

(2) ㈎ 지역은 보기 의 지도에서 ㉠ 부분에 해당하며, 충북괴산경찰서, 괴산전통시장, 괴산시외버스 터미널이 있습니다.

(3) 중심지는 다양한 시설이 있고, 건물이 많으며 도로가 복잡한 특징이 있습니다.

채점 기준

다양한 시설이 있고, 도로가 복잡한 것, 교통이 발달한 것 등 사람이 많이 모이기 때문에 나타나는 모습을 설명한 경우 정답으로 합니다.

2 (1) ㉠은 교육청, 도청을 조사한 내용으로, 행정의 중심지에 있는 장소를 조사한 결과입니다. ㉡은 기차역, 버스 터미널을 조사한 것으로 교통의 중심지에 대한 조사 결과입니다.

(2) 기차역과 버스 터미널을 이용하는 이유는 기차, 버스를 타고 다른 지역으로 이동하기 위해서입니다. 사람들은 이러한 교통수단을 이용하기 위해 교통의 중심지에 모이게 됩니다.

(3) 중심지는 사람이 많이 모이는 곳이며, 여러 시설이 있습니다.

채점 기준

중심지의 일반적인 특징을 썼으면 정답으로 합니다.

대단원 마무리 30~33쪽

01 ②, ⑤ **02** 예 지도를 더 알아보기 쉽게 하기 위해 / 간단하게 표현하기 위해 / 그림이나 글자로만 실제 모습을 표시하면 알아보기 어렵기 때문에 등 **03** (1) 3 (2) 2 (3) 2 **04** ② **05** ② **06** 강원특별자치도 **07** ⑤ **08** 2 **09** 예 등고선과 색깔로 나타낸다. **10** ⑤ **11** ④ **12** ②, ③ **13** ①, ④ **14** ④ **15** ③ **16** ⑤ **17** ② **18** 상업 **19** ③ **20** ③ **21** ㉠ **22** ④ **23** ① **24** 답사 결과 정리하기 **25** ④, ⑤

01 기호와 글자 등을 사용하여 알아보기 쉽게 표시된 지도는 ②, ⑤입니다.

오답 피하기

①과 ③은 지역의 모습을 그린 그림의 형태이고, ④는 항공 사진입니다.

02 지역의 실제 모습을 그림으로 그리거나, 모든 정보를 글자로만 표시하면 지도를 알아보기가 어렵기 때문에 땅, 건물의 모습을 지도에 나타낼 때에는 약속된 기호를 사용합니다.

채점 기준

기호를 이용하여 내용을 더 쉽게 전달하고 알아보기 쉽게 해 준다는 의미로 쓴 경우 정답으로 합니다.

03

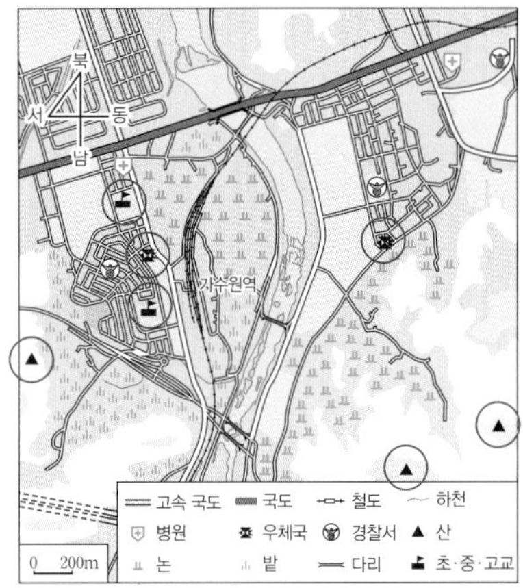

04 지도에는 기호 및 범례가 표시되어 있지 않습니다. 방위표는 오른쪽 윗부분에, 축척은 오른쪽 아랫부분에 나타나 있으며, 시 · 도의 이름은 글자로 표시되어 있습니다.

05 인천광역시는 서울특별시의 왼쪽에 있으므로 서쪽에 위치하고 있습니다.

06 경기도의 동쪽(오른쪽), 충청북도와 경상북도의 북쪽(위쪽)에 위치한 지역은 강원특별자치도입니다.

07 범례를 통해 기호의 뜻을 찾고 그 기호가 어느 곳에 표시되어 있는지 찾습니다. 주어진 기호는 '터미널'이며, 지도에 '울산고속버스 터미널'로 표시되어 있습니다.

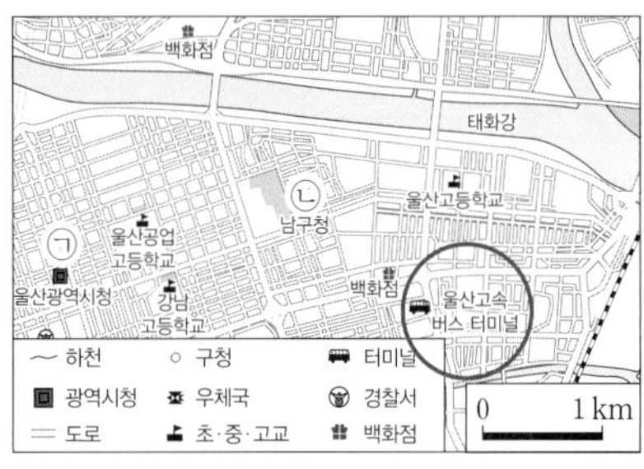

08 축척 막대자의 윗부분에는 지도에서 측정할 수 있는 길이가 표시되어 있고, 아랫부분에는 지도 상에서의 실제 거리가 표시되어 있습니다.

09 지도에서는 등고선과 색깔로 땅의 높낮이를 나타냅니다. 등고선은 땅의 높이가 같은 곳을 연결한 선이고, 땅의 높이가 높을수록 진한 색으로 나타냅니다.

채점 기준

등고선, 색깔의 단어가 모두 들어간 경우 정답으로 합니다.

10 운전을 하며 길을 찾을 때, 길도우미(내비게이션)를 많이 이용합니다.

오답 피하기

병원 안내도는 병원에서 위치를 찾을 때 이용합니다.

11 중심지에는 다양한 편의 시설이 있어 사람들이 많이 모입니다.

12 사람들이 물건을 사기 위해 모이는 장소로는 백화점, 시장, 대형 할인점 등이 있습니다.

13 중심지에는 한적한 자연환경보다는 복잡한 도로, 건물 등이 많으며 지역마다 중심지의 개수는 다릅니다. 중심지가 한 개가 있는 지역도 있으며, 여러 개인 지역도 있습니다.

14 사거리를 중심으로 터미널, 우체국, 시장 등 여러 건물이 모여 있는 중심지의 모습을 나타낸 지도입니다.

15 은행은 돈을 저금하거나 찾는 일과 같이 돈과 관련한 업무를 처리하는 곳입니다.

16 백화점은 상업의 중심지 기능을, 시청은 행정의 중심지 기능을 하는 곳입니다. 이와 같이 한 지역에 여러 가지 기능을 하는 중심지가 있을 수 있습니다.

17 군청, 구청, 시청 등은 행정 업무를 처리하는 곳으로, 행정의 중심지에서 볼 수 있는 시설입니다.

18 물건을 구매하는 것은 상업의 중심지와 관련된 내용입니다.

19 중심지는 사람들이 많이 모이는 곳입니다.

오답 피하기

⑤ 중심지를 직접 방문하는 답사를 통해 중심지의 특징, 중심지에 있는 다양한 시설 등을 조사할 수 있습니다.

20 지도에서 충청남도의 도청이 있는 홍성군을 찾을 수 있습니다.

21 부소산성과 같은 문화유산이 있고, 박물관 등을 관람할 수 있는 지역은 관광의 중심지입니다.

22 아산시에는 공장들이 모여 있어 많은 사람들이 일을 하기 위해 모입니다.

오답 피하기

① 공장, 회사 등이 있는 산업의 중심지는 물건의 생산, 재료의 이동, 일하는 사람들의 출퇴근 등을 위해 교통이 발달한 지역이 많습니다.

23 인터넷 지도 검색을 통해 중심지의 위치를 지도에서 확인할 수 있으며, 중심지에 있는 시설의 종류를 알 수 있습니다.

▲ 인터넷으로 검색하기

24 중심지를 답사하며 알게 된 점을 정리하고, 찍은 사진을 붙이는 활동은 답사가 끝난 후, 답사 결과 정리하기 단계에서 이루어지는 활동입니다.

채점 기준

답사 결과 내용을 정리한다는 의미로 쓴 경우 정답으로 합니다.

25 대형 할인점, 시장 등의 장소를 답사하며 상업의 중심지에서 볼 수 있는 시설, 주변의 도로, 사람들이 시설을 이용하는 모습 등을 사진으로 찍을 수 있습니다. 또한, 그곳에서 일하는 사람과의 면담을 통해 중심지를 찾는 이유 등을 알아볼 수 있습니다.

오답 피하기

① 공장 단지 사진은 산업의 중심지와 관련된 조사 결과에 해당합니다.
②, ③ 행정 중심지를 나타낸 지도와 우체국에서 일하는 사람의 사진은 행정의 중심지와 관련된 자료입니다.

2 단원 우리가 알아보는 지역의 역사

(1) 우리 지역의 문화유산

핵심 개념 문제 40~41쪽

01 문화유산 02 ④ 03 ⑤ 04 ② 05 답사 06 ①
07 문화유산 안내도 08 ③

01 조상 대대로 전해 내려오는 것 중 다음 세대에 물려줄 만한 가치를 지닌 것을 문화유산이라고 합니다.

02 제시된 문화유산인 수원 화성은 형태가 있는 유형 문화유산입니다.

오답 피하기

① 기념품은 어떤 행사 등을 기념하기 위해 만든 물건입니다.
② 기록 유산은 『훈민정음 해례본』과 같이 기록에 해당하는 문화유산입니다.
③ 문헌 자료는 책이나 보고서 등을 말합니다.
⑤ 무형 문화유산은 예술 활동이나 기술처럼 형태가 없는 문화유산입니다.

03 문화 관광 해설사, 박물관 큐레이터 등 전문가에게 문화유산에 대한 설명을 듣거나 여쭈어보는 것을 '전문가 면담하기'라고 합니다.

04 우리 지역의 문화유산을 조사하는 방법으로는 답사하기, 박물관 관람하기, 누리집 검색하기, 책으로 조사하기 등이 있습니다. ② 드라마 시청하기는 문화유산을 조사하는 적절한 방법이 아닙니다.

05 문화유산의 실제 모습을 직접 찾아가 눈으로 보는 것을 답사라고 합니다.

06 제시된 그림은 문화유산을 답사하는 모습입니다. 답사는 직접 보고 느낄 수 있어 문화유산에 대한 관심과 흥미를 높일 수 있습니다.

07 제시된 자료는 지역에 있는 문화유산의 위치와 분포, 특징을 알려 주는 문화유산 안내도입니다.

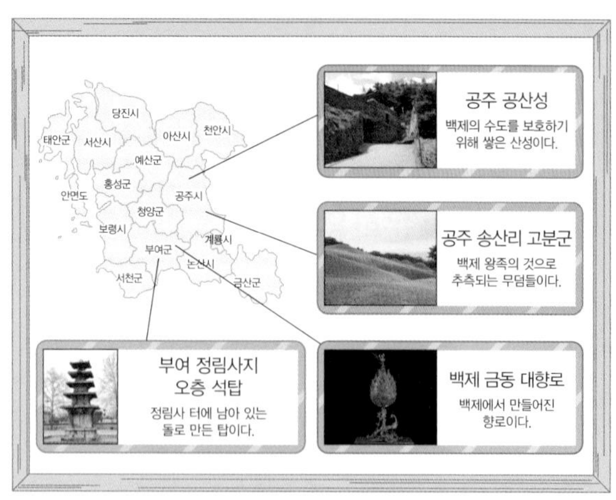

▲ 문화유산 안내도

08 문화유산 소개 자료를 만들 때에는 문화유산의 특징, 가치, 우수성, 문화유산이 제작된 시기 등이 들어가야 합니다.

중단원 실전 문제 42~45쪽

01 ② 02 ④ 03 ② 04 ① 05 (1) 수원 화성, 여주 영릉, 연천 전곡리 유적 (2) 평택 농악, 양주 별산대놀이, 안성 남사당 풍물놀이 06 ⑤ 07 ④ 08 전문가 면담하기(면담) 09 ④ 10 ⑤ 11 ① 12 ⑤ 13 ① 14 ④ 15 ㉡, ㉢ 16 ① 17 ⑤ 18 문화재 지킴이 19 ②, ③ 20 ⑤

01 문화유산은 조상 대대로 전해 내려오는 것 중 다음 세대에 물려줄 만한 가치를 지닌 것입니다.

02 일정한 형태가 있는 유형 문화유산은 불국사입니다.

오답 피하기

탈춤, 판소리, 농악, 씨름은 모두 일정한 형태가 없는 무형 문화유산입니다.

03 차전놀이는 고창 전투의 승리를 기념하기 위해 전해지는 놀이로 무형 문화유산입니다.

04 제시된 자료는 경기도 지역의 문화유산 안내도입니다.

05 수원 화성과 여주 영릉, 연천 전곡리 유적은 유형 문화유산이고, 평택 농악과 양주 별산대놀이, 안성 남사당 풍물놀이는 무형 문화유산입니다.

06 문화유산 조사 계획서에는 조사 목적, 조사할 문화유산, 조사하고 싶은 내용, 조사 방법 및 역할 나누기, 준비물 및 주의할 점 등이 들어가야 합니다. 조사하고 난 뒤 느낀 점은 조사 보고서에 들어가야 할 내용입니다.

07 제시된 조사 방법은 인터넷으로 어린이·청소년 문화재청 누리집을 검색하고 있는 모습입니다.

08 문화 관광 해설사, 박물관 큐레이터 등 전문가에게 문화유산에 대한 설명을 듣거나 여쭈어보는 방법을 '전문가 면담하기'라고 합니다.

09 문화유산을 조사할 때는 '누가 만들었을까?, 언제 만들었을까?, 왜 만들었을까?, 어떻게 만들었을까?, 어떻게 이용되었을까?, 문화유산을 이용한 옛 사람들의 삶은 어땠을까?' 등을 생각해 봅니다. ④ '얼마에 팔 수 있을까?'를 생각하는 것은 문화유산을 조사하는 바람직한 방법이 아닙니다.

10 질서를 지키고 안전에 유의하기, 믿을 만한 자료인지 살펴보기, 박물관을 관람할 때는 조용히 하기 등은 문화유산을 조사할 때 주의할 점에 해당합니다.

11 우리 지역 문화유산을 답사할 때 좋은 점은 새로운 사실을 알 수 있고, 실제 모습을 눈으로 볼 수 있다는 것입니다. 또한 다른 방법으로 얻은 정보가 정확한지 알 수 있고, 문화유산에 대한 관심을 높일 수 있습니다. 하지만 답사는 다른 조사 방법에 비해 비용이 많이 들고, 시간도 많이 걸립니다.

12 문화유산 답사 계획을 세울 때 가장 먼저 해야 할 일은 답사할 문화유산 정하기입니다.

13 문화유산 안내도를 사용하면 문화유산의 위치 및 분포 등을 한눈에 알 수 있습니다.

14 문화유산을 만져서는 안 됩니다.

15 준비물과 미리 조사할 내용은 조사 계획서에 들어갈 내용입니다.

16 문화유산 신문 만들기에서 가장 먼저 할 일은 주제를 정하는 것입니다.

17 문화유산 이름, 우수성이나 특징, 가치를 소개하는 짧은 글, 사진이나 그림, 문화유산을 체험할 수 있는 장소와 시간 등을 소개한 것을 문화유산 안내 포스터라고 합니다.

18 문화유산을 가꾸고 지켜 나가기 위해 문화유산을 청소하거나 화재를 감시하고, 문화유산을 널리 알리기 위한 홍보 활동을 하는 사람을 문화재 지킴이라고 부릅니다.

19 문화유산은 조상에게 물려받은 것이고, 조상의 지혜와 정신 및 우리의 역사가 담겨 있기 때문에 소중히 여겨야 합니다.

20 전 세계에 알릴 가치가 있는 문화유산 중 유네스코(UNESCO)에서 선정한 문화유산을 유네스코 세계 유산이라고 합니다.

오답 피하기

① 국보는 나라에서 지정해 법률로 보호하는 문화재입니다.
② 보물은 예로부터 물려오는 귀중한 가치가 있는 문화재로 국보와 함께 중요한 문화재입니다.

서술형 평가 돋보기 46~47쪽

연습 문제

1 문화유산 안내도 2 위치, 사진 3 예 문화유산에 관심 갖고 공부하기, 문화유산을 소중히 여기는 마음 갖기, 문화재 지킴이가 되어 문화유산 주변을 청소하고 문화유산 훼손 및 화재 감시하기, 문화유산 널리 홍보하기 등

실전 문제

1 (1) 불국사, 부처의 나라 (2) 통일 신라 2 예 문화유산을 직접 눈으로 보며 문화유산에 대한 흥미와 관심을 높일 수 있습니다. 3 (1) 해설 참조 (2) 문화재 지킴이 4 예 조상들에게 물려받은 것입니다. / 조상의 지혜와 정신이 담겨 있습니다. / 우리의 역사가 담겨 있습니다. 등

연습 문제

1 문화유산 안내도를 통해 지역의 문화유산을 한눈에 살펴볼 수 있습니다.

2 문화유산 안내도는 우리 지역에 있는 문화유산의 종류, 분포, 특징을 한눈에 볼 수 있는 안내도입니다. 문화유산 안내도를 만들 때 가장 먼저 할 일은 주제 정하기입니다. 백지도를 활용해 만드는데, 유형 문화유산과 무형 문화유산을 골고루 조사해 소개할 내용을 만듭니다. 마지막 단계에서는 백지도에 표시한 문화유산의 위치와 소개할 내용을 연결합니다.

3 우리 지역의 문화유산을 보호하는 방법으로는 문화유산에 관심 갖고 공부하기, 문화유산을 소중히 여기는 마음 갖기, 문화재 지킴이가 되어 문화유산 주변 청소하고 문화유산 훼손 및 화재 감시하기, 문화유산 널리 홍보하기 등이 있습니다.

채점 기준

문화유산을 보호하고 알리는 적절한 방법을 썼으면 정답으로 합니다.

실전 문제

1 (1) 제시된 자료는 경주 지역 문화유산인 경주 불국사를 소개한 것입니다. 불국사에는 부처의 나라라는 뜻이 담겨 있습니다.

(2) 경주 불국사는 통일 신라 때 만들어진 절입니다.

2 제시된 모습은 경주 불국사를 답사를 하고 있는 모습으로, 답사의 장점은 문화유산을 직접 눈으로 보며 문화유산에 대한 흥미와 관심을 높일 수 있다는 것입니다.

채점 기준

문화유산을 직접 가서 보며 느낄 수 있다는 내용 등을 썼으면 정답으로 합니다.

3 (1) 경복궁에서 아이들이 휴지를 버리는 모습, 낙서하는 모습, 경복궁 난간에 올라간 모습은 문화유산을 훼손하는 모습입니다.

(2) 문화유산을 훼손하는 일을 예방하는 활동을 하는 사람을 '문화재 지킴이'라고 합니다.

4 문화유산을 소중히 해야 하는 이유는 조상에게 물려받은 것이고, 조상의 지혜와 정신이 담겨 있으며, 우리의 역사가 담겨 있기 때문입니다.

채점 기준

문화유산이 가진 가치에 대한 내용을 바탕으로 소중히 해야 하는 이유를 썼으면 정답으로 합니다.

(2) 우리 지역의 역사적 인물

핵심 개념 문제 50~51쪽

01 역사적 02 ① 03 ④ 04 ② 05 역할극 대본 06 ⑤ 07 노래 가사 바꿔 부르기 08 ④

01 우리 지역에는 나라를 지키고 발전시키는 등 훌륭한 업적을 남긴 역사적 인물이 있습니다.

02 중국에서 목화씨를 들여와 재배하여 사람들이 따뜻한 옷을 만들어 입을 수 있게 한 인물은 문익점입니다.

03 우리 지역의 역사적 인물을 조사할 때 가장 먼저 해야 할 일은 조사할 인물 정하기입니다.

오답 피하기

조사 보고서 작성하기는 지역의 역사적 인물에 대한 조사를 마친 후 하는 활동입니다.

04 제시된 그림에는 현장 체험하며 조사하는 모습이 나타나 있습니다.

▲ 현장 체험하기

05 때, 장소, 등장인물, 장면은 역할극 대본에 들어가는 내용입니다.

06 우리 지역 역사적 인물 소개 자료는 역사적 인물의 삶이 잘 드러나게 만들어야 합니다.

오답 피하기

①, ② 우리 지역의 역사적 인물을 소개할 때에 흥미를 위주로 구성하거나 잘한 일만 과장해 소개하는 것은 적절하지 않습니다.
④ 역사적 인물을 중심으로 다루어야 합니다.

07 제시된 자료는 동네 한 바퀴 노래의 가사를 장영실에 대한 가사로 바꾼 것입니다.

08 궁금한 점 묻고 답하기, 친구들이 소개한 내용 평가하기, 느낀 점 이야기하기 등의 활동은 역사적 인물을 소개하는 과정에서 이루어지는 활동입니다.

중단원 실전 문제 52~55쪽

01 ③ 02 김만덕 03 ⑤ 04 ③ 05 ④, ⑤ 06 ④ 07 ㉣ 08 ① 09 ④ 10 ⑤ 11 ② 12 ① 13 노래 가사 바꿔 부르기 14 ②, ⑤ 15 ① 16 뉴스 만들어 소개하기 17 ①, ③ 18 ⑤ 19 ② 20 ④

01 역사적 인물은 조상 중 나라를 지키거나 빛낸 인물입니다.

02 김만덕은 장사로 큰돈을 벌어 자연재해로 굶주림에 시달리는 제주도 사람들에게 곡식을 나눠 주었습니다.

03 우리 지역의 역사적 인물은 우리 지역 조상 중 나라를 발전시키는 등 훌륭한 일을 한 사람입니다.

04 지폐 속 인물인 이황과 관련된 문화유산은 안동 도산 서원입니다. 도산 서원은 이황이 돌아가신 뒤 그가 제자들을 가르치던 곳에 세워진 교육 기관입니다.

05 신사임당을 기리는 그림 그리기 대회가 열리는 모습을 통해 역사적 인물의 삶은 지역의 역사와 관련 있고, 오늘날 역사적 인물을 기리는 행사가 열리고 있음을 알 수 있습니다.

06 제시된 장면은 학생이 어떤 역사적 인물을 조사할지 생각하고 있는 모습입니다. 이것은 조사 과정 중 조사할 인물 정하기에 해당합니다.

07 제시된 대화는 '조사 보고서 작성하기'에 해당합니다.

08 제시된 그림은 위인전 등 책을 찾아 읽으며 우리 지역 역사적 인물에 대해 조사하는 모습입니다.

09 역사적 인물을 인터넷 검색으로 조사하는 방법에는 역사적 인물 관련 기념관 누리집에서 자료 검색하기, 역사적 인물을 다룬 영상 자료 살펴보기 등이 있습니다.

10 조사할 때 이용할 방법은 '조사 방법 정하기'에 해당합니다.

11 우리 지역의 역사적 인물을 조사할 때에는 역사적 인물의 주요 업적, 역사적 인물이 남긴 문화유산, 역사적 인물이 살았던 시대에 대해 조사합니다. 또한 역사적 인물이 어떤 평가를 받는지도 파악합니다.

오답 피하기

역사적 인물을 이용한 광고를 알아보는 것은 적절한 조사 내용이 아닙니다.

12 미리 작성한 질문 내용을 문화 관광 해설사께 여쭈어보고, 설명을 적거나 동영상을 찍는 것은 현장 체험을 통해 할 수 있는 활동입니다.

13 원래 있던 노래의 가사를 바꾸어 우리 지역의 역사적 인물을 소개하는 방법은 노래 가사 바꿔 부르기에 해당합니다.

14 우리 지역의 역사적 인물 소개 자료는 역사적 사실을 바탕으로 만들어야 합니다. 또한 역사적 인물의 삶과 업적이 잘 드러나야 합니다.

15 제시된 자료는 우리 지역의 역사 인물 소개 포스터에 들어갈 내용을 정리할 사람과 그림을 그릴 사람을 정하는 역할 나누기에 해당하는 내용입니다.

16 제시된 자료는 뉴스 대본입니다. 아나운서가 역사적 인물과 관련된 사람들과 인터뷰를 진행하고 있습니다.

17 자료를 통해 알 수 있는 정약용의 업적은 『목민심서』를 썼다는 것과 거중기를 제작했다는 것입니다.

18 제시된 자료는 인물 소개 포스터입니다. 인물 소개 포스터에는 역사적 인물에 대한 그림과 짧은 글이 들어갑니다.

▲ 인물 소개 포스터

19 우리 지역의 역사적 인물을 소개할 때는 역사적 인물의 주요 업적이 잘 드러나야 합니다.

20 우리 지역 역사적 인물을 소개하는 발표를 들을 때에는 궁금한 점이 있으면 기록한 다음, 발표가 끝난 후 질문을 하고, 발표를 들으며 더 알고 싶은 점을 생각해야 합니다.

오답 피하기

흥미 있는 모둠의 발표에만 집중하지 않고 모든 발표를 집중해 들어야 합니다.

서술형 평가 돋보기 56~57쪽

연습 문제

1 예 인터넷 검색하기 2 업적, 거중기, 목민심서, 다산 초당
3 예 정약용의 업적을 더 잘 알게 되었습니다.

실전 문제

1 (1) 업적, 영향 (2) 문익점, 김만덕, 정약용 2 (1) 예 문익점 (2) 예 목화씨를 들여와 재배에 성공해 당시 사람들이 추운 겨울에 조금 더 따뜻한 옷을 입을 수 있게 되었습니다. 3 (1) 책, 인터넷 (2) 현장 체험(답사), 문화 관광 4 (1) 예 인터넷 검색하기 (2) 예 인터넷 백과사전이나 누리집 등을 검색하는 것은 쉽고 다양한 자료를 얻을 수 있기 때문입니다.

연습 문제

1 우리 지역 역사적 인물에 대해 조사하는 방법에는 인터넷 검색하기, 책으로 알아보기 등 다양한 방법이 있습니다.

2 조사한 내용을 정리한 자료를 통해 역사적 인물이 태어난 곳, 업적, 관련 장소 등을 알 수 있습니다. 정약용은 거중기를 제작해 수원 화성 건설에 이용하였으며, 『목민심서』 등 다양한 분야의 책을 쓴 조선 시대 학자입니다. 정약용의 업적과 삶에 대해 더 알아보기 위해서는 수원 화성을 답사하고, 실학 박물관이나 정약용이 귀양살이하였던 다산 초당 등을 현장 체험할 수 있습니다. 이를 통해 정약용이 현재 어떻게 기억되고 있는지도 알 수 있습니다.

3 정약용에 대해 조사하면서 정약용의 업적에 대해 더 잘 알게 되었을 것입니다.

실전 문제

1 (1) 역사적 인물은 우리 조상 중 나라를 지키고 발전시키는 등 역사 속에서 훌륭한 업적을 남긴 인물이나 사회에 영향을 미친 인물입니다.
(2) 문익점은 목화씨를 들여와 의생활에 도움을 준 인물이고, 김만덕은 어려운 사람들을 도운 인물이며, 정약용은 학문 발전에 기여한 인물입니다.

2 (1) 김만덕, 문익점, 정약용 중에서 한 명의 인물을 선택하여 적습니다.
(2) (1)에서 선택한 인물의 업적을 소개하는 내용을 씁니다.

채점 기준

자신이 선택한 역사적 인물의 업적을 바르게 썼으면 정답으로 합니다.

3 (1) 우리 지역의 역사적 인물을 조사하는 방법은 책으로 알아보기, 인터넷 검색하기, 현장 체험하기 등이 있습니다.

▲ 책으로 알아보기

▲ 인터넷 검색하기

▲ 현장 체험하기

(2) 우리 지역 역사적 인물과 관련된 장소를 현장 체험

하면서 문화 관광 해설사와 같은 전문가에게 자세한 설명을 들을 수 있습니다.

4 (1) 우리 지역의 역사적 인물에 대해 언제나 편리하게 조사할 수 있는 방법은 인터넷 검색하기입니다.

(2) 인터넷 백과사전이나 누리집 등을 검색하는 것은 쉽고 다양한 자료를 얻을 수 있기 때문입니다.

채점 기준

자신이 생각하는 편리한 방법에 대해 그 까닭이 드러나게 논리적으로 썼으면 정답으로 합니다.

대단원 마무리 60~63쪽

01 ③ 02 강릉 단오제 03 ②, ④ 04 ③ 05 ⑤ 06 ⑤ 07 ⑤ 08 ②, ③ 09 박물관 10 ① 11 ③, ④ 12 ④ 13 예 문화유산 주변을 청소한다. 등 14 ④ 15 ⑤ 16 예 뛰어난 예술 작품(그림)을 남겼다. 17 ㄹ 18 ② 19 유관순 열사 기념관, 서대문 형무소 역사관 등 20 ④ 21 ②, ③ 22 ③ 23 ⑤ 24 인물 카드 25 예 우리 지역의 역사에 대해 알게 되었고, 지역에 대한 자부심을 기를 수 있었다. 등

01 제시된 자료는 강원특별자치도의 문화유산에 대해 알 수 있는 자료입니다. 이 자료를 통해 자연환경의 변화는 알 수 없습니다.

02 강원특별자치도 문화유산 안내도에 나와 있는 문화유산 중 강릉 단오제는 무형 문화유산에 해당합니다.

03 제시된 조사 방법은 문화유산을 직접 찾아가 보며 문화 관광 해설사의 설명을 듣는 답사입니다. 답사의 장점은 문화유산을 직접 눈으로 볼 수 있으며, 궁금한 것이 있으면 즉시 질문할 수 있습니다.

오답 피하기

① 언제든 필요한 정보를 얻을 수 있는 조사 방법은 인터넷 검색하기입니다.

04 우리 지역에서 열리는 역사 문화 축제를 알리는 초대장을 만들 때는 우리 지역의 역사 문화 축제를 떠올려 보고, 초대장에 담을 내용, 초대 대상 등을 생각합니다. 또 어떤 그림과 형태로 꾸밀지도 생각합니다.

05 우리 지역의 문화유산의 특징 및 내력을 조사할 때 이용할 누리집은 어린이 · 청소년 문화재청 누리집입니다.

06 답사 과정에서 답사할 문화유산을 정한 다음에는 그 문화유산에 대해 사전에 조사해야 합니다.

07 경주 불국사 삼층 석탑이라는 문화유산 이름을 통해 문화유산의 위치, 재료, 형태 등을 알 수 있습니다.

08 문화유산을 조사할 때는 언제 만들어진 것인지, 무엇에 이용되었는지, 왜 만들었는지 등의 질문을 할 수 있습니다.

09 각 지역에서 발견된 옛날 사람들이 만들어 사용했던 다양한 문화유산을 전시하고 연구하는 공간을 박물관이라고 합니다.

10 제시된 자료는 문화유산 카드로 문화유산의 특징을 알 수 있도록 사진 및 그림과 글로 정리한 것입니다.

오답 피하기

③ 문화유산 안내도는 지역에 있는 문화유산의 위치, 분포, 특징을 알려 주는 지도입니다.

11 제시된 장면은 문화 관광 해설사가 되어 문화유산을 소개하는 장면입니다. 문화 관광 해설사가 되어 소개할 때에는 관람객이 질문할 내용을 미리 예상하고, 문화유산의 특징이 잘 드러나게 설명합니다.

12 우리 지역의 문화유산을 소개하는 활동을 통해 우리 지역에 대한 자부심을 기를 수 있습니다.

13 우리 고장의 문화유산을 소중히 여기는 방법은 문화재 지킴이 활동하기, 문화유산에 관심 갖기, 문화유산을 소중히 여기는 마음 갖기, 문화유산 주변 청소하기, 문화유산 훼손 예방하기, 문화유산 널리 홍보하기 등이 있습니다.

채점 기준

문화유산을 소중히 여기는 방법으로 적절하면 정답으로 합니다.

14 우리 지역의 역사적 인물은 역사 속 인물 중 나라를 지키고 발전시키는 등 뛰어난 업적을 남기거나 사회에 영향을 미친 인물입니다. 또한 어려운 사람을 도와 이름을 널리 알린 인물도 있습니다.

15 오만원 권 지폐 속 역사적 인물은 신사임당입니다.

16 신사임당은 뛰어난 예술 작품(그림)을 남긴 사람입니다.

채점 기준

신사임당의 업적을 썼으면 정답으로 합니다.

17 우리 지역의 역사적 인물에 대해 조사할 때는 인물이 한 일, 인물에 대한 평가, 인물과 관련된 장소나 문화유산 등에 대해 조사합니다.

18 유관순은 우리나라의 독립을 위해 만세 운동을 벌인 역사적 인물입니다.

19 유관순에 대해 알아보기 위해 현장 체험 학습하기 좋은 곳은 유관순 열사 기념관, 서대문 형무소 역사관 등입니다.

20 우리 지역 역사적 인물을 조사하는 방법으로는 위인전 읽기, 인터넷 검색하기, 백과사전 살펴보기, 전문가 면담하기, 역사적 인물과 관련된 장소 현장 체험하기 등이 있습니다.

21 역사적 인물을 소개하는 자료를 만들 때 주의할 점은 역사적 사실을 바탕으로 만들어야 하며, 인물의 업적과 삶이 잘 드러나야 합니다.

22 제시된 자료는 아나운서가 문화 관광 해설사에게 인터뷰하고 있는 모습으로 뉴스 만들어 소개하기에 해당합니다.

23 우리 지역의 역사적 인물을 역할극으로 만들 때, 역사적 인물과 관련된 인물이 등장하고, 역사적 인물이 한 일과 관련된 장면이 나와야 합니다. 또 그 인물이 사회에 미친 영향이 드러나야 하며, 그 인물이 살았던 시대적인 배경이 나와야 합니다.

24 역사적 인물의 모습과 업적이 잘 정리되어 있는 카드 형태의 소개 자료를 인물 카드라고 합니다.

25 우리 지역의 문화유산과 역사적 인물에 대해 학습하며 우리 지역의 역사에 대해 알게 되고, 지역에 대한 자부심을 기를 수 있습니다.

채점 기준

우리 지역의 역사에 대해 잘 알게 되었고, 지역에 대한 자부심을 기를 수 있었다는 내용으로 썼으면 정답으로 합니다.

3 단원 지역의 공공 기관과 주민 참여

(1) 우리 지역의 공공 기관

핵심 개념 문제 70~71쪽

01 공공 기관 02 ⑤ 03 소방서 04 ① 05 도서관
06 ① 07 ③ 08 ⑤

01 공공 기관은 개인의 이익이 아닌 주민 전체의 이익과 생활의 편의를 위해 국가가 세우거나 관리하는 곳입니다.

02 행정 복지 센터, 경찰서, 시청, 우체국 등은 공공 기관입니다.

오답 피하기

① 시장, ② 백화점, ③ 영화관, ④ 아파트는 개인이나 기업이 재산상의 이익을 위해 세운 곳이기 때문에 공공 기관이 아닙니다.

03 소방서는 화재를 예방하고 응급 환자를 구조합니다.

04 우체국은 우편 업무와 은행 업무를 합니다.

05 도서관은 책을 읽고 공부하는 공간을 제공하며, 책을 빌릴 수 있습니다.

06 경찰서는 우리 지역의 안전을 책임지고 질서를 유지하는 역할을 합니다.

07 먼저 우리 지역의 여러 공공 기관 중 조사하고 싶은 곳을 정합니다.

08 공공 기관을 조사하는 방법에는 공공 기관 견학, 공공 기관 누리집 방문, 지역 신문이나 방송 찾아보기, 어른께 여쭈어보기 등이 있습니다.

중단원 실전 문제 72~75쪽

01 ⑤ 02 ①, ⑤ 03 ㉣ 04 ③ 05 ① 06 보건소
07 우체국 08 ② 09 교육청 10 ④ 11 도서관 12 ①
13 ⑤ 14 ② 15 소방서 16 ④ 17 ⑤ 18 ⑤ 19 ①
20 ③

01 공공 기관은 주민 전체의 이익과 생활의 편의를 위해 국가가 세우거나 관리하는 곳입니다.

02 공공 기관인 것은 경찰서, 시청, 우체국, 행정 복지 센터, 교육청 등입니다.

03 백화점은 주민들의 생활에 편리함을 제공하지만 기업의 이익을 위해 세운 곳이어서 공공 기관이 아닙니다.

04 공공 기관은 개인이나 기업의 재산상의 이익을 위해서가 아니라 국가에서 설립하여 관리하는 곳이어야 합니다.

05 영화관은 기업의 이익을 위해 세운 곳이어서 공공 기관이 아닙니다.

06 보건소는 감염병과 질병을 예방하고 치료하려고 노력합니다. 또한 예방 접종을 해 줍니다.

07 우체국은 우편 업무와 은행 업무를 합니다.

08 소방서는 화재를 예방하고 응급 환자를 구조합니다.

오답 피하기

① 우체국은 우편 업무와 은행 업무를 합니다.
③ 경찰서는 지역의 안전을 책임지며, 질서를 유지합니다.
④ 슈퍼마켓은 공공 기관이 아닙니다.
⑤ 행정 복지 센터는 다양한 분야에서 주민들의 생활을 돕습니다.

09 교육청에서는 학생들의 교육과 관련된 일을 합니다.

10 행정 복지 센터에서는 주민 등록증 발급, 전입 신고 일을 처리하는 등 다양한 분야에서 주민들의 생활을 돕습니다.

오답 피하기

① 예방 접종을 해 주는 공공 기관은 보건소입니다.
② 지역의 질서를 유지하는 공공 기관은 경찰서입니다.
③ 위험에 빠진 사람을 구조하는 공공 기관은 소방서입니다.
⑤ 학생들의 교육과 관련된 일을 하는 공공 기관은 교육청입니다.

11 도서관에서는 지역 주민이 책을 읽는 공간을 제공하며, 책을 빌려주는 일을 합니다.

12 경찰서에서는 어린이 보호 구역에서 신호를 지키지 않는 차들을 강하게 단속합니다.

13 시 · 도청에서는 지역의 시설 관리를 합니다.

14 우체국은 우편업무와 은행 업무를 합니다.

오답 피하기

① 도서관이 없다면 책을 빌리기 힘듭니다.
③ 보건소가 없다면 건강 관리를 받기 힘듭니다.
④ 경찰서가 없다면 안전하게 생활하기 힘듭니다.
⑤ 소방서가 없다면 위험에 빠진 사람을 구조하기 힘듭니다.

15 공공 기관은 각각 하는 일이 정해져 있지만 때로는 다른 기관과 협력해 일을 합니다. 소방서는 학교와 함께 학생들에게 화재 예방 교육, 화재 대피 훈련을 실시합니다.

16 공공 기관을 조사하는 순서는 '조사하고 싶은 공공 기관 정하기 → 공공 기관에 대해 조사할 내용과 방법 정하기 → 공공 기관 조사하기 → 공공 기관 조사 결과 정리하기 → 공공 기관 조사 결과 발표하기'입니다.

17 보건소에 대해 어떤 내용을 조사할지 정리하는 것입니다.

18 공공 기관을 조사하는 방법에는 공공 기관 누리집 방문, 공공 기관 견학, 공공 기관을 이용한 주민 면담, 공공 기관에 대한 책이나 신문 찾기 등이 있습니다.

19 어떤 장소에 직접 찾아가서 필요한 정보를 얻는 방법을 견학이라고 합니다.

20 박물관은 많은 역사적 유물, 예술품을 수집하여 보관하고 전시하는 일을 합니다.

서술형 평가 돋보기

76~77쪽

연습 문제

1 공공 기관 2 공공 기관, 개인, 주민, 편의, 국가 3 예 경찰서, 국가가 세워 관리하는 곳이고, 지역 주민들에게 도움이 되기 때문입니다.

실전 문제

1 (1) 우체국, 경찰서 (2) 슈퍼마켓, 백화점 2 (1) 예 영화관 (2) 예 영화관은 주민 전체의 이익을 위한 곳이 아니며, 개인이나 기업이 재산상의 이익을 위해서 설립한 곳이기 때문입니다. 3 예 불이 났을 때 불을 끄기 힘들고, 위험에 빠진 사람을 구조하기 힘듭니다. 4 예 공공 기관은 지역 주민들이 안전하고 편리한 생활을 할 수 있게 도와주기 때문에 필요합니다. 5 예 소방서에서는 학생들에게 화재 예방 교육, 화재 대피 훈련을 합니다.

연습 문제

1 경찰서, 시청, 우체국, 행정 복지 센터, 교육청 등은 공공 기관입니다.

2 공공 기관은 개인뿐만 아니라 여러 사람에게 도움이 되는 일을 합니다. 그리고 국가가 세우거나 관리하는 곳입니다.

3 공공 기관은 공공의 이익을 추구하며 많은 사람에게 도움이 되는 일을 합니다.

채점 기준

공공 기관은 주민 전체의 이익을 위해 일을 하며 국가에서 세우거나 관리한다는 내용이 들어가 있으면 정답으로 합니다.

실전 문제

1 시청, 도청, 교육청, 우체국, 경찰서, 행정 복지 센터는 공공 기관이고, 아파트, 슈퍼마켓, 시장, 백화점은 공공 기관이 아닙니다.

2 여러 사람을 위한 일을 하는 곳을 모두 공공 기관이라고 하지 않습니다. 공공 기관은 개인이나 기업이 재산상의 이익을 위해서 설립한 곳이 아니라 나라에서 설립하여 관리하는 곳이어야 합니다.

채점 기준

개인이나 기업이 재산상의 이익을 위해 설립한 곳(또는 국가에서 세우거나 관리하지 않음)이라는 내용이 들어가 있으면 정답으로 합니다.

3 소방서에서는 화재를 예방하고 응급 환자를 구조하는 일을 합니다.

채점 기준

소방서에서 하는 일을 제대로 하기 어렵다는 내용이 들어가 있으면 정답으로 합니다.

4 공공 기관에서는 개인이 하기 어려운 여러 가지 일을 합니다.

채점 기준

공공 기관이 필요한 이유로 지역 주민에게 도움이 되거나 개인이 하기 어려운 일을 해 준다는 내용이 들어가면 정답으로 합니다.

5 공공 기관은 각각 하는 일이 정해져 있지만 학교와 협력해 일을 하기도 합니다.

채점 기준

화재 대피 훈련(또는 화재 예방 교육)과 비슷한 내용이 들어가 있으면 정답으로 합니다.

(2) 지역 문제와 주민 참여

핵심 개념 문제 80~81쪽

01 지역 문제 02 ④ 03 ③ 04 ① 05 공청회 참여하기 06 ① 07 ㉠㉡㉢㉣㉤ 08 ㉠

01 지역 주민의 삶을 불편하게 하거나 지역 주민들 사이에 갈등을 일으키는 문제를 지역 문제라고 합니다.

02 도로에 차들이 너무 많아 교통 혼잡 문제가 발생하였습니다.

03 주민 참여란 지역 문제 해결 과정에 지역 주민이 중심이 되어 참여하는 것입니다.

04 대부분의 지역 문제는 그 지역에 살고 있는 주민들과 직접적으로 관련 있습니다.

05 정책을 결정하기 전 다양한 의견을 나누는 공개회의에 참여하는 것은 주민 참여 방법 중 공청회 참여하기입니다.

06 지역 문제에 뜻이 같은 사람들의 서명을 받는 운동에 참여하는 장면입니다.

오답 피하기

② 정책을 결정하기 전에 다양한 의견을 듣는 공개회의에 참여하는 것입니다.
③ 지역의 일을 결정하기 전에 주민들의 의견을 나누는 회의에 참여하는 것입니다.
⑤ 지역 주민이 지역 문제와 관련하여 시 · 도청 누리집에 의견을 올리는 것입니다.

07 지역의 문제를 해결하는 순서는 '지역 문제 확인 → 지역 문제 원인 파악 → 지역 문제 해결 방안 탐색 → 지역 문제 해결 방안 결정 → 지역 문제 해결 방안 실천'입니다.

08 지역에서 발생하는 문제를 확인하는 방법에는 평소 우리 지역의 문제에 관심 갖기, 시 · 도청 누리집 방문해 검색하기, 지역 신문이나 뉴스 살펴보기, 지역 주민과 면담하기 등이 있습니다.

중단원 실전 문제 82~85쪽

01 ⑤ 02 ⑤ 03 소음 문제 04 ⑤ 05 ① 06 안전 문제 07 주민 참여 08 ④ 09 ④ 10 ③ 11 ④ 12 ① 13 ⑤ 14 ② 15 ② 16 원인 17 ④ 18 대화 19 ② 20 ③

01 지역 주민의 삶을 불편하게 하거나 지역 주민들 사이에 갈등을 일으키는 문제를 지역 문제라고 합니다.

오답 피하기

① 지역 문제는 각 지역의 상황에 따라 다양하게 나타납니다.
② 지역 문제는 개인이 스스로 해결하기 힘듭니다.
③ 지역 문제는 지역의 환경과 관련 있습니다.
④ 지역 문제는 주민 전체의 생활에 영향을 줍니다.

02 지역 문제에는 교통 문제, 소음 문제, 안전 문제, 환경 문제, 시설 부족 문제 등이 있습니다.

03 소음 문제는 주변에서 나는 시끄러운 소리로 생활에 불편을 겪는 것입니다.

04 시설 부족 문제는 우리 지역에서 이용할 수 있는 시설이 없어 불편을 겪는 것입니다.

오답 피하기

① 시설에 훼손된 것이 있어 위험한 것 등이 안전 문제입니다.
② 주변에서 나는 큰 소리 때문에 시끄러운 것 등이 소음 문제입니다.
③ 지어진 지 오래된 주택이 많아 위험한 것 등이 주택 문제입니다.
④ 도로가 자주 막히는 것 등이 교통 문제입니다.

05 하천이 오염되어 물고기들이 살기 힘든 경우, 주변에 공장이 있어 대기 오염이 심각한 경우 등의 환경 문제가 있습니다.

06 안전 문제는 도로나 인도 주변의 울타리가 훼손되거나 환풍구 덮개가 열려 있어서 위험한 경우입니다.

07 주민 참여란 지역 문제를 해결하는 과정에 지역 주민이 중심이 되어 참여하는 것입니다.

08 지역 주민들이 지역 문제를 해결하는 과정에 참여해야 하는 까닭은 지역 문제는 그 지역에 살고 있는 주민들이 가장 잘 알고 있으며 주민들에게 영향을 미치기 때문입니다.

오답 피하기

① 지역 문제는 개인이 스스로 해결하기 힘듭니다.
② 지역의 질서를 유지하기 위해서는 경찰서가 필요합니다.
③ 지역 문제는 그 지역에 사는 모든 주민들에게 영향을 주기 때문에 주민 참여가 필요합니다.
⑤ 공공 기관은 주민들의 생활에 도움이 됩니다.

09 주민 참여 방법에는 공청회 참여, 주민 회의 참여, 주민 투표, 시 · 도청 누리집에 의견 올리기, 서명 운동하기, 시민 단체 활동하기 등이 있습니다.

10 시민 단체는 시민들이 스스로 모여 사회 전체의 이익을 위해 활동하는 단체입니다.

11 공청회는 정책을 결정하기 전에 전문가, 주민 등 다양한 사람들이 모여 의견을 나누는 공개적인 회의입니다.

12 주민 투표는 지역의 일을 결정하기 전에 주민의 의견을 알아보려고 실시하는 투표입니다.

13 인터넷으로 시 · 도청 누리집에 들어가 의견을 올리는 장면입니다.

14 환경 분야에서 활동하는 시민 단체는 지역의 환경 문제에 관심을 가지고 환경 보호 활동을 합니다.

15 지역에서 발생하는 문제를 확인하는 방법에는 평소 우리 지역의 문제에 관심 갖기, 시 · 도청 누리집 방문해 검색하기, 지역 신문이나 뉴스 살펴보기, 지역 주민과 면담하기 등이 있습니다. 면담은 서로 만나서 얼굴을 보고 이야기하는 것입니다.

16 지역 문제를 확인하고 나면 수집한 자료를 분석해 지역 문제의 원인을 찾습니다.

17 쓰레기 무단 투기를 해결할 수 있는 방안에는 쓰레기통 개수 늘리기, 감시 카메라 설치하기, 공공 쓰레기장 설치하기, 쓰레기 버리지 않기 캠페인 등이 있습니다.

18 문제를 해결하기 위해 다양한 의견을 하나로 모으려면 충분한 시간을 두고 의견을 주고받아야 합니다. 대화와 타협을 하며 의견을 조정합니다.

19 다양한 해결 방안이 제시되면 각 해결 방안의 장단점과 필요한 비용 등을 비교합니다. 감시 카메라를 설치하는 방법은 카메라 설치로 인해 주민들이 조심한다는 장점이 있지만, 지역에 감시 카메라를 설치하는 데 비용이 많이 든다는 단점이 있습니다.

20 지역 주민들은 지역 문제 해결에 앞장서는 태도를 가져야 합니다.

오답 피하기

① 소수의 의견도 존중해야 합니다.
② 지역 문제는 시민 단체에 전적으로 맡기면 안 됩니다.
④ 지역 문제 해결은 지역 주민이 중심이 되어 참여해야 합니다.
⑤ 지역 주민은 지역 문제에 관심을 가지고 참여해야 합니다.

서술형 평가 돋보기 86~87쪽

연습 문제

1 지역 문제 2 지역 문제, 환경, 소음, 교통 3 예 지역 주민과 면담하기, 시 · 도청 누리집 방문하기, 지역 신문이나 뉴스 살펴보기 등

실전 문제

1 (1) 쓰레기(쓰레기 무단 투기) (2) 주민 참여 2 예 지역 문제는 그 지역에 사는 주민들이 가장 잘 알기 때문에 / 지역 문제는 지역의 모든 주민에게 영향을 미치기 때문에 3 (1) 주민 회의 (2) 예 시민 단체 활동하기, 서명 운동하기, 시 · 도청 누리집에 의견 올리기 등 4 예 대화와 타협으로 의견을 조정합니다. / 투표를 통해 의견을 모읍니다. / 다수결의 원칙에 따릅니다. 등

연습 문제

1 지역 문제는 지역 주민의 삶을 불편하게 하거나 지역 주민들 사이에 갈등을 일으키는 문제입니다.

2 지역에서 볼 수 있는 다양한 문제에는 교통 문제, 주택 문제, 소음 문제, 환경 문제, 안전 문제, 시설 부족 문제 등이 있습니다.

3 지역에서 발생하는 여러 가지 문제를 확인할 수 있는 방법에는 평소 우리 지역의 문제에 관심 갖기, 시 · 도청 누리집 방문, 지역 신문이나 뉴스 살펴보기, 지역 주민과 면담하기 등이 있습니다.

채점 기준

지역 문제 확인 방법을 두 가지 이상 썼으면 정답으로 합니다.

실전 문제

1 (1) 쓰레기를 무단으로 투기하는 문제가 발생하였습니다.
(2) 지역 문제를 해결하는 과정에서 지역 주민이 중심이 되어 참여하는 것을 주민 참여라고 합니다.

2 지역 문제를 해결하는 과정에 주민들의 참여가 중요한 이유는 지역 문제가 그 지역의 주민들이 가장 잘 아는 문제이며, 지역의 모든 주민에게 영향을 미치기 때문입니다. 또한, 주민들의 의견을 정책에 반영하기 위해서 주민들이 직접 참여하기도 합니다. 그리고 시·도청에서 일을 제대로 하는지 살펴보기 위하여 주민들의 참여가 필요합니다.

채점 기준

주민 참여가 중요한 이유로 지역 문제는 지역 주민과 관련 있어 주민들이 문제 해결에 참여한다는 내용이 들어가면 정답으로 합니다.

3 (1) 제시된 그림은 지역의 교통 문제를 해결하기 위해 주민 회의를 하는 모습입니다.
(2) 주민 참여 방법에는 공청회 참여, 주민 회의 참여, 주민 투표, 시 · 도청 누리집에 의견 올리기, 서명 운동하기, 시민 단체 활동하기 등이 있습니다.

채점 기준

주민 참여 방법을 두 가지 이상 썼으면 정답으로 합니다.

4 지역 문제 해결 방안을 결정할 때에는 각 해결 방안의 장점과 단점을 비교하여 가장 적절한 해결 방안으로 결정합니다.

채점 기준

지역 문제를 해결하기 위해 여러 의견을 하나로 모으기 위한 방법을 한 가지 이상 썼으면 정답으로 합니다.

대단원 마무리

90~93쪽

01 ④ **02** ㉠, ㉢, ㉥ **03** 예 개인이나 기업의 이익을 위해 세운 곳이므로 **04** 소방서 **05** ③ **06** ⑤ **07** 경찰서 **08** ④ **09** ⑤ **10** ③ **11** 예 공공 기관 누리집 찾아보기, 공공 기관 견학하기 등 **12** ⑤ **13** ③ **14** 안전 문제 **15** ② **16** 주민 참여 **17** ① **18** ③ **19** ② **20** ③ **21** ① **22** ② **23** ⑤ **24** ③ **25** 예 지역의 일에 관심을 가지고 함께 참여하여 해결하려는 태도를 가진다.

01 경찰서, 보건소, 우체국, 소방서는 공공 기관입니다.

02 경찰서, 교육청, 시청은 공공 기관입니다.

03 개인이나 기업이 재산상의 이익을 위해서 설립한 곳은 공공 기관이 아닙니다.

채점 기준

개인이나 기업이 재산상의 이익을 위해서 설립(국가에서 설립하여 관리하지 않음)한다는 내용이 들어가면 정답으로 합니다.

04 소방서는 화재를 예방하고 응급 환자를 구조합니다.

05 우편물을 배달해 주는 공공 기관은 우체국입니다.

오답 피하기

① 시장은 공공 기관이 아닙니다.
② 경찰서는 지역의 안전을 책임지며, 질서를 유지합니다.
④ 보건소는 감염병과 질병을 예방하고 치료하며, 주민들의 건강을 책임집니다.
⑤ 백화점은 공공 기관이 아닙니다.

06 다양한 분야(주민 등록증 발급, 전입 신고 등)에서 주민들의 생활을 돕는 공공 기관은 행정 복지 센터입니다.

오답 피하기

① 소방서는 불이 났을 때 불을 끄며, 위험에 빠진 사람을 구조합니다.
② 경찰서는 지역의 안전을 책임지며, 질서를 유지합니다.
③ 도서관은 지역 주민이 책을 읽는 공간을 제공합니다.
④ 박물관은 많은 역사적 유물, 예술품을 수집하여 보관하고 전시합니다.

07 우리 지역의 안전을 책임지고 질서를 유지하는 공공 기관은 경찰서입니다.

08 시·도청이나 군·구청에서 학교 가는 길에 자전거 도로를 설치합니다.

오답 피하기

① 도서관은 지역 주민이 책을 읽는 공간을 제공합니다.
② 교육청은 학생들의 교육과 관련된 일을 합니다.
③ 소방서는 불이 났을 때 불을 끄며, 위험에 빠진 사람을 구조합니다.
⑤ 행정 복지 센터에서는 다양한 분야에서 주민들의 생활을 돕습니다.

09 공공 기관은 지역 주민들이 안전하고 편리한 생활을 할 수 있게 도와주며 여러 가지 어려운 일을 하기 때문에 필요합니다.

10 공공 기관은 각각 하는 일이 정해져 있지만 때로는 다른 기관과 협력해 일을 합니다. 힘을 합치면 더 큰 효과를 볼 수 있기 때문입니다.

11 공공 기관을 조사하는 방법에는 견학하기, 어른들께 여쭈어보기, 지역 신문이나 방송 보기, 공공 기관 누리집 방문하기 등이 있습니다.

채점 기준

공공 기관을 조사하는 방법을 한 가지 이상 썼으면 정답으로 합니다.

12 공공 기관 견학의 좋은 점은 궁금한 점을 직접 여쭈어

볼 수 있으며 공공 기관에 대해 알고 싶었던 점을 직접 확인할 수 있다는 것입니다.

▲ 공공 기관 견학하기

13 우리 지역에서는 많은 사람이 함께 살아가면서 여러 가지 문제가 발생합니다.

14 도로나 인도 주변의 울타리가 훼손되거나 환풍구 덮개가 열려 있어서 위험한 경우는 안전 문제가 발생한 것입니다.

15 하천이 오염되어 물고기들이 살기 힘들며 주변에 공장이 있어 대기가 오염되는 등 심각한 환경 문제를 겪고 있습니다.

16 지역 문제를 해결하는 과정에서 지역 주민이 중심이 되어 참여하는 것을 주민 참여라고 합니다.

17 지역 문제 해결에 주민들의 참여가 중요한 까닭은 지역의 문제가 모든 주민에게 영향을 미치기 때문이며, 또한 지역 문제는 그 지역에 사는 주민들이 가장 잘 알기 때문입니다.

18 시민 단체는 시민들이 스스로 모여 사회 전체의 이익을 위해 활동하는 단체입니다. 환경, 경제, 교육, 정치, 문화, 청소년 문제 등 다양한 분야에서 활동합니다.

오답 피하기

① 공청회는 정책을 결정하기 전에 다양한 의견을 듣는 공개 회의입니다.
② 주민 회의는 지역의 일을 결정하기 전에 주민들의 의견을 나누는 회의입니다.
④ 서명 운동은 지역 문제에 뜻을 같이하는 사람들의 서명을 받는 운동에 참여하는 것입니다.
⑤ 주민 투표는 지역의 일을 결정하기 전에 주민의 의견을 알아보려고 실시하는 투표입니다.

19 공청회는 정책을 결정하기 전에 전문가, 주민 등 다양한 사람들이 모여 의견을 나누는 공개적인 회의입니다.

20 캠페인은 사회 · 정치적 목적 따위를 위하여 조직적이고도 지속적으로 행하는 운동입니다.

21 지역에서 발생하는 여러 가지 문제를 확인할 수 있는 방법에는 평소 우리 지역의 문제에 관심 갖기, 시 · 도청 누리집 방문, 지역 신문이나 뉴스 살펴보기, 지역 주민과 면담하기 등이 있습니다.

22 지역 문제를 확인한 뒤에는 왜 그러한 문제가 생겼는지 원인을 파악할 수 있는 자료를 수집합니다. 수집한 자료를 정리하여 자료에서 문제 해결에 필요한 정보를 찾고 의미를 해석하여 해결 방안을 마련합니다.

23 주차 공간이 부족해서 생기는 문제를 해결하기 위해 저녁 시간에 공공 기관의 주차장을 개방하는 방법을 생각해 볼 수 있습니다.

24 다수결의 원칙은 어떤 일에 대해 많은 사람의 의견에 따라 결정하는 것입니다.

25 지역 주민들은 행정 기관의 계획이나 정책 등에 적극적으로 참여해 의견을 반영해야 합니다.

채점 기준

지역 주민이 지역 문제 해결에 앞장선다는 내용이 들어가면 정답으로 합니다.

1단원 (1) 중단원 쪽지 시험 5쪽

01 지도 02 (실제) 모습 03 ㉠ 북 ㉡ 서 ㉢ 동 ㉣ 남 04 ㉡, ㉢ 05 범례 06 ㉠ 07 등고선 08 (1) ○ (2) × 09 높습니다 10 좁은

6~9쪽

중단원 확인 평가 1 (1) 지도로 본 우리 지역

01 ②, ④ 02 ② 03 ④ 04 학교를 기준으로 우체국은 북쪽에 있다. 05 ① 06 ③ 07 ⑤ 08 ②, ③ 09 ⑤ 10 예 실제 모습과 닮게 단순한 모양으로 표현한다. 11 (가) 12 ② 13 ⑤ 14 예 같은 지역이라도 축척에 따라 지도의 자세한 정도가 다르기 때문이다. 15 ① 16 ⑤ 17 (1) ㉢ (2) ㉠ 18 ①, ③ 19 예 관광 및 여행을 하기 위해 / 다른 지역의 관광지 등을 알기 위해 20 ④

01 지도는 위에서 내려다본 땅의 모습을 일정한 비율로 줄여서 나타낸 것이므로 실제의 크기와 같지 않습니다.

오답 피하기

⑤ 지역에 살고 있는 사람의 수를 나타낸 특정한 지도가 있으나, 일반적인 땅의 모습을 나타낸 지도는 아니며, 정확한 인구 수를 알기는 어렵습니다.

02 (가)는 그림이고, (나)는 지도입니다. 지도는 위에서 내려다본 모습을 정해진 약속대로 나타낸 것입니다.

03 방위표는 방위를 나타내는 표시입니다.

04 우체국은 학교를 기준으로 위쪽에 위치하며 위쪽은 북쪽입니다. 기준에 따라 위치가 달라집니다.

채점 기준

'북쪽'이라는 방위가 정확히 포함된 경우 정답으로 합니다.

05 충청남도는 경기도의 남쪽에 위치합니다.

06 방위표가 없는 경우, 오른쪽은 동쪽, 왼쪽은 서쪽, 위쪽은 북쪽, 아래쪽은 남쪽으로 약속합니다.

07 ▣ 기호는 지도의 '대전광역시청'에서 찾을 수 있습니다.

08 대전광역시청보다 북쪽에 위치한 장소들은 지도에서 시청의 위쪽에 있는 장소들입니다. 대전광역시청의 북쪽에는 정부대전청사, 샘머리공원, 정부청사역, 병원 등이 있습니다.

오답 피하기

종합체육관은 대전광역시청을 기준으로 동쪽에, 탄방역은 대전광역시청을 기준으로 남쪽에 위치합니다.

09 그림으로만 나타낸 자료는 기호와 글자가 없어서 장소의 이름, 위치 등을 정확히 알 수 없습니다.

10 기호는 간단한 그림으로 나타낸다는 특징이 있으며, 기호의 모양은 실제 모습을 간단하게 바꿔 나타내는 경우가 많습니다.

채점 기준

간단하게 나타낸다는 의미가 포함된 경우 정답으로 합니다.

11 (가) 지도에는 대전광역시 및 그 주변의 충청남도, 전북특별자치도 지역까지 나타나 있으므로 주변 지역을 알기 위해서 (가) 지도를 살펴보면 됩니다.

12 ㉠은 축척으로, 실제 거리를 줄인 정도를 나타내는 지도의 기본 요소입니다.

13 (나) 지도의 축척은 0 ▬ 4 km이므로, 지도의 1 cm는 실제 거리 4 km를 의미합니다. 지도에서 자로 잰 길이가 2 cm라면 실제 거리는 8 km에 해당합니다.

14 두 지도에는 부산광역시가 모두 표시되어 있으나 나타낸 지역의 범위와 자세한 정도가 다릅니다. 이것은 축척을 통해 실제 거리를 줄인 정도가 서로 다름을 확인할 수 있습니다.

채점 기준

자세한 정도, 범위, 줄여진 정도 등의 차이를 알 수 있게 해 준다는 의미로 쓴 경우 정답으로 합니다.

15 가장 좁은 지역을 자세하게 나타낸 지도는 지도의 1 cm가 가장 짧은 거리를 나타낸 지도입니다. 지도의 1 cm

가 실제 5 km와 같이 긴 거리를 나타내는 축척이 쓰인 지도는 그만큼 실제 땅을 많이 줄여서 간략하게 나타낸 지도입니다.

16 모형에서 갈색 부분이 초록색 부분보다 높은 곳에 위치하므로 갈색 부분이 지도상에서 더 높은 부분임을 알 수 있습니다.

오답 피하기

등고선과 색깔로 나타낸 것을 모형으로 표현해 보면, 위에서 바라본 모습은 [그림]의 형태이지만, 옆에서 바라본 모습은 [그림]으로 서로 다릅니다. 따라서 지현이의 발표 내용은 바르지 않은 내용입니다.

17 가장 높은 곳은 진한 갈색으로 표시된 ㉢이며, 가장 낮은 곳은 초록색으로 표시된 ㉠ 부분입니다.

18 왼쪽은 초록색인 부분이 많고 오른쪽은 갈색으로 표현된 곳이 많으므로 오른쪽 지역이 땅의 높이가 더 높다고 할 수 있습니다. 또한 지도에 광주역, 광주 종합버스 터미널이 표시되어 있습니다.

오답 피하기

② 광주공항 주변은 초록색 부분이 많으므로 땅의 높이가 낮습니다.
④ 지도의 오른쪽이 동쪽이므로 서쪽보다 동쪽이 땅의 높이가 높습니다.
⑤ 동쪽에 위치한 무등산국립공원이 갈색으로 표시되어 있으므로 광주대학교보다 땅의 높이가 높은 지역임을 알 수 있습니다.

19 관광 안내도는 그 지역을 여행하거나 찾아갈 때, 지역의 여행 계획을 세울 때, 유명한 장소를 찾는 경우 등에 활용할 수 있는 지도입니다.

채점 기준

관광, 여행 등을 위해 관광 안내도를 활용하는 내용으로 쓴 경우 정답으로 합니다.

20 약도는 중요한 것만 간략하게 나타낸 지도입니다.

1단원 (2) 중단원 쪽지 시험

11쪽

01 중심지 02 도청, 교육청 03 지도 04 답사 05 교통 06 면담 07 상업 08 목적 09 ○ 10 ×

12~15쪽

중단원 확인 평가 1 (2) 우리 지역의 중심지

01 ⑤ 02 ④ 03 ㉢ 04 ③ 05 예 여러 사람이 많이 찾는 시설이 모여 있기 때문에 / 사람들의 이동이 많기 때문에 등 06 ④, ⑤ 07 ④ 08 예 공장에서 일을 하기 위해 09 ③ 10 ② 11 ㉡ 12 예 정부세종청사 등 행정 업무를 처리하는 시설이 많기 때문에 13 면담 14 ② 15 ③ 16 관광의 중심지 17 ⑤ 18 ⑤ 19 ② 20 예 사진이나 영상을 찍을 때에는 미리 그 사람에게 허락을 구한다.

01 사람들이 많이 모이는 곳을 중심지라고 합니다.

02 도청, 군청, 교육청 등은 사람들이 생활에 필요한 여러 가지 행정 업무를 처리하기 위해 모이는 곳입니다.

03 중심지는 다양한 시설이 모여 있어 사람들이 많이 찾는 곳으로, 지도에서 시장, 우체국, 도서관, 버스 터미널, 병원 등 여러 시설이 모여 있는 ㉢ 지역이 중심지에 해당합니다.

04 사람들은 편지나 택배 등을 보내기 위해 우체국을 방문합니다.

05 교통의 발달은 중심지의 접근성을 높여 주어 중심지가 만들어지고 발달하는 데 큰 역할을 합니다. 사람들이 많이 찾는 지역은 도로 등이 발달하고, 그에 따라 더 많은 사람이 쉽게 접근할 수 있습니다.

채점 기준

사람들의 이동이 많고, 다양한 시설을 이용하기 위해 교통이 발달한다는 의미로 쓴 경우 정답으로 합니다.

06 공장, 회사 등은 산업의 중심지에서 볼 수 있는 시설입니다.

07 산업은 물건의 생산과 관련된 것이므로 제품이 생산되

는 회사, 공장 등의 위치를 조사하는 것이 조사 주제에 맞습니다.

08 많은 사람이 공장에서 일을 하기 위해 산업의 중심지로 모입니다.

채점 기준

공장에서 일을 하기 위해 모인다는 내용 또는 생산, 산업 활동 등을 하기 위해 모인다는 내용으로 쓴 경우 정답으로 합니다.

09 점촌시외고속버스 터미널과 점촌역은 버스와 기차를 이용할 수 있는 시설로, 다른 지역으로 이동을 편리하게 도와주는 시설입니다.

10 점촌시외고속버스 터미널과 점촌역이 위치해 있어 다양한 교통수단을 편리하게 이용할 수 있습니다.

11 물건을 구매하기 위해 모이는 중심지에는 시장, 대형 할인점, 백화점 등이 있습니다.

12 세종특별자치시에는 정부세종청사가 있어 행정 업무를 처리하는 기관이 많이 있습니다. 행정의 중심지는 사람들의 생활을 편리하게 도와주는 행정 기관이 모여 있는 지역으로 세종특별자치시가 이에 해당합니다.

채점 기준

행정 업무를 할 수 있는 행정 기관들이 모여 있기 때문이라는 내용 또는 행정 업무를 처리하기 위한 사람들이 많이 모이는 지역이라는 내용으로 쓴 경우 정답으로 합니다.

13 면담은 서로 만나서 얼굴을 보고 이야기하는 것으로 직접 궁금한 점, 알고 싶은 점 등을 질문하여 조사할 수 있습니다.

14 제품의 생산 등 다양한 산업 활동과 관련된 것은 산업의 중심지 기능입니다.

15 행정의 중심지와 관련된 장소로는 군청, 구청, 도청 등이 있습니다. 행정 기관의 누리집 검색을 통해 기관이 있는 곳의 위치, 특징, 하는 일, 사람들이 모이는 이유 등을 조사할 수 있습니다. 또한, 직접 행정 기관이 있는 행정의 중심지를 답사할 수도 있습니다.

16 문화유산, 자연환경 등을 보기 위해 많은 사람이 모이는 관광의 중심지에 대한 내용입니다.

17 관광의 중심지는 사람들이 문화유산, 자연환경 등을 직접 보고 여행을 즐기기 위해 모이는 중심지입니다.

18 중심지와 관련된 내용 중, 사람이 적은 곳은 알맞은 내용이 아닙니다. 중심지는 사람이 많이 모이는 곳입니다.

19 상업의 중심지에서 볼 수 있는 시설로는 시장, 대형 할인점, 백화점 등이 있습니다. 상업의 중심지를 답사하며, 시장과 그 주변의 모습, 시장에서 사람들이 물건을 사고파는 모습 등을 사진으로 찍을 수 있습니다.

20 다른 사람의 모습을 영상이나 사진으로 찍을 때에는 그 사람에게 촬영에 대한 허락을 받아야 합니다.

채점 기준

촬영을 위해 미리 다른 사람에게 허락을 구한다는 내용으로 쓴 경우 정답으로 합니다.

16~19쪽

대단원 종합 평가 1. 지역의 위치와 특성

01 ②, ③ 02 ④ 03 ① 04 ⑤ 05 ④ 06 ③ 07 ① 08 ⑤ 09 ③ 10 ① 11 ① 12 ③ 13 ① 14 ③ 15 ③ 16 ② 17 ① 18 ㉡ 19 ① 20 ②

01 지도의 기본 요소로는 기호, 범례, 축척, 등고선, 방위 등이 있습니다.

02 방위표가 지도에 표시되어 있지 않은 경우가 있습니다. 이런 경우 지도의 오른쪽을 동쪽, 위쪽을 북쪽으로 약속합니다.

오답 피하기

⑤ 기준에 따라 장소의 방위가 달라지므로, 기준이 되는 장소의 위치를 먼저 확인해야 합니다.

03 시청을 기준으로 동쪽에는 학교, 서쪽에는 우체국이 있습니다.

04 🖂는 우체국을 나타내는 기호입니다.

05 지역의 다양한 장소와 위치를 자세하게 알기 위해서는 좁은 지역을 자세하게 나타난 지도를 보아야 합니다.

오답 피하기

제시된 지도는 세종특별자치시 지역 외에 주변 지역까지 볼 수 있도록 넓은 지역을 나타낸 지도에 해당합니다. 이러한 지도는 지역을 자세하게 보기보다는 전체적인 위치 등을 보기 위한 지도로 적당합니다.

06 ㉠은 범례입니다. 지도마다 사용되는 기호가 다를 수 있고, 모든 기호를 외우기는 힘들기 때문에 범례를 제시하여 지도에 쓰인 기호의 뜻을 쉽고 간단하게 전달합니다.

07 축척은 땅의 모습을 줄여서 지도에 나타낸 정도로, 축척에 따라 지도의 자세한 정도가 달라집니다.

오답 피하기

㉡은 방위, 방위표와 관련된 내용입니다.
㉢ 축척은 실제 땅의 모습을 크게 나타내기 위한 것이 아닌 줄여진 정도를 나타내기 위해 필요한 것이므로 ㉢은 바르지 않은 설명입니다.

08 초록색으로 나타내는 곳은 땅의 높이가 낮은 곳입니다. ①~⑤ 중 땅의 높이가 가장 낮은 곳은 ⑤입니다.

09 ㈎는 등고선과 색을 이용하여 평면으로 땅의 높낮이를 나타낸 것이고, ㈏는 ㈎의 땅 형태를 입체적인 모형으로 만든 것입니다.

오답 피하기

② ㈎의 ㉠은 ㉡보다 높은 곳이며, ㈏에서 ㉢에 해당합니다.
④ ㉢에서 ㉣로 갈수록 땅의 높이가 낮아집니다.
⑤ ㉢이 더 높은 곳이므로 ㉢을 ㉣보다 진한 색으로 표시하여야 합니다.

10 도로 교통 지도는 모르는 곳의 위치, 길 등을 찾을 때 매우 유용합니다.

11 중심지는 사람들의 이동이 많아 교통이 발달했다는 특징이 있습니다.

12 기차역은 사람들의 이동과 관련된 시설입니다.

13 도서관은 책을 빌리고 반납하기 위해 사람들이 모이는 곳입니다.

14 건강과 관련된 일을 위해 사람들이 모이는 곳으로는 병원 외에도 보건소가 있습니다. 지도에서는 금산보건소를 찾을 수 있습니다.

15 ㈎는 중심지가 아닌 곳, ㈏는 중심지의 지도입니다. 중심지는 다양한 시설이 많기 때문에 많은 사람들이 모이는 특징이 있습니다.

오답 피하기

도로가 많고 복잡한 지역은 ㈏의 특징입니다.

16 문화유산, 역사적 장소 등은 관광의 중심지와 관련된 것들입니다.

17 안동시가 가지는 행정의 중심지로서의 특징을 설명한 내용입니다.

18 상업의 중심지에서는 시장, 백화점, 대형 할인점과 같이 물건을 판매하는 장소를 찾을 수 있습니다.

19 중심지 답사하기는 답사할 중심지 정하기 → 답사 계획 세우기 → 답사하기 → 답사 결과 정리하기의 과정으로 이루어집니다. 중심지를 직접 찾아가 면담을 하고 실제 모습을 확인하는 것은 '답사하기' 단계에서 이루어지는 활동입니다.

20 답사를 통해 알게 된 내용으로는 중심지의 특징, 모습, 중심지의 시설 등이 있습니다.

오답 피하기

① 느낀 점, ④ 더 알고 싶은 점, ⑤ 답사 장소의 사진은 모두 답사 보고서에 들어갈 내용으로 적절한 내용이지만, 주어진 내용에 해당하는 것은 아닙니다.
③ 답사의 목적은 답사를 하기 전, 답사 계획을 세울 때 생각할 내용입니다.

1단원 서술형 평가 20~21쪽

01 해설 참조 (1) 2 (2) 2 02 (1) 예 지도에 쓰인 기호의 뜻을 알려 주기 위해 (2) 예 땅의 높낮이를 나타내기 위해 03 (1) ㈎ (2) 예 우리 지역의 주변에 있는 고장과 바다까지 넓은 지역이 나타나 있으므로 04 예 ㉠보다 ㉡ 지역이 땅의 높이가 더 높다. / ㉡보다 ㉠이 땅의 높이가 더 낮다. 05 예 거제역은 부산광역시청을 기준으로 서쪽에 있다. 06 관광 07 예 한 지역이 여러 기능의 중심지가 될 수 있다. 08 예 산업 중심지의 특징에 대해 알아본다. 09 (1) 답사 (2) 직접 장소를 찾아가 조사하는 것 10 예 지도로 확인한 중심지의 모습과 실제 모습을 비교한다. / 시장을 방문하는 이유를 알아본다. / 상업 중심지의 특징을 알아본다. / 시장 주변의 특징을 조사한다. / 중심지에서 볼 수 있는 것을 살펴본다. / 중심지의 사람들이 하는 일을 알아본다. 등

01

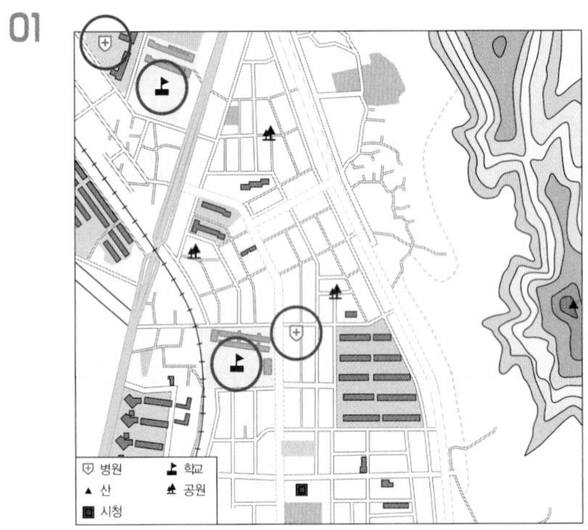

02 지도에서 기호는 정보를 간단하게 나타내기 위해 사용하는 약속입니다. 모든 기호를 외우기 어렵고, 지도마다 쓰는 기호가 다를 수 있기 때문에 범례를 통해 지도의 정보를 쉽고 정확하게 전달할 수 있습니다.

채점 기준

(1) 기호의 뜻을 설명해 준다는 내용이면 정답으로 합니다.
(2) 땅의 높낮이를 나타내기 위한 것이라는 내용이면 정답으로 합니다.

03 주변의 지역과 바다까지 표시된 지도는 ㈎입니다.

채점 기준

넓은 지역을 나타내어 주변까지 볼 수 있다는 의미로 쓴 경우 정답으로 합니다.

04 ㉠보다 ㉡의 색이 짙어지고, 등고선이 많아지는 것을 통해 ㉡이 더 높은 땅임을 알 수 있습니다.

채점 기준

'㉠이 ㉡보다 낮다' 또는 '㉡이 ㉠보다 높다'라는 등 위치와 높낮이 비교 설명이 모두 포함된 경우에 정답으로 합니다.

05 ㉢ 거제역은 부산광역시청보다 왼쪽에 있으므로 방위는 서쪽에 해당합니다.

채점 기준

방위표가 제시되어 있으므로 거제역이 부산광역시청을 기준으로 서쪽에 위치한다고 표현한 경우 정답으로 합니다. 위치를 말하고자 하는 역과 위치의 기준이 되는 시청, 두 가지를 모두 포함하여 써야 합니다.

06 내장산 국립공원이 있는 정읍은 사람들이 자연 경관이나 여가를 즐기기 위해 방문하는 관광의 중심지입니다.

07 행정, 관광 등의 여러 기능을 동시에 가지고 있는 전주시에 대한 설명입니다. 하나의 중심지가 행정, 관광, 상업 등 여러 가지 기능을 가진 중심지가 될 수 있습니다.

채점 기준

두 가지 이상의 중심지 기능을 가지고 있다는 내용으로 쓴 경우 정답으로 합니다.

08 ㉠은 군산시로 공장 단지가 있는 산업의 중심지입니다. 이 곳을 답사할 경우 산업 중심지의 특징을 알아보는 목적을 가지고 조사할 수 있습니다.

채점 기준

중심지의 기능을 조사하기 위한 답사이므로, 일반적인 중심지의 특징을 조사한다는 내용과 구분 지어 산업의 중심지를 조사하는 목적이라는 내용으로 쓴 경우 정답으로 합니다.

09 답사 계획서를 통해 답사임을 알 수 있습니다. 답사는 직접 장소에 찾아가 조사하는 것입니다.

오답 피하기

직접 장소에 찾아가 조사한다는 내용으로 쓴 경우 정답으로 합니다.

10 상업의 중심지의 특징에 대해 조사하거나, 면담을 할 계획이므로 사람들에게 시장에 온 이유 등을 질문할 수 있습니다. 또한, 미리 조사할 내용으로 지도에서 중심지의 위치 알아보기 활동이 있으므로 실제 중심지를 답

사하며 미리 조사한 내용과 비교해 볼 수 있습니다.

채점 기준

상업의 중심지, 중심지의 특징, 면담, 미리 조사한 내용 등과 관련된 내용으로 답사 내용을 한 가지 썼다면 정답으로 합니다.

2단원 (1) 중단원 쪽지 시험 25쪽

01 문화유산 02 유형 문화유산 03 무형 문화유산 04 전문가 면담하기(면담) 05 답사 06 답사 보고서 07 문화유산 안내도 08 문화유산 신문 09 문화재 지킴이 10 조상

26~29쪽

중단원 확인 평가 2 (1) 우리 지역의 문화유산

01 ④ 02 (1) ㉡, ㉢ (2) ㉠, ㉣ 03 ① 04 ① 05 ㉣ 06 신라 07 ① 08 ⑤ 09 ②, ⑤ 10 ④ 11 ① 12 ① 13 ⑤ 14 예 이름을 불국사라고 지은 까닭은 무엇일까? 등 15 ⑤ 16 문화 관광 해설사 17 ① 18 ③ 19 ⑤ 20 ①, ④

01 문화유산은 조상 대대로 전해 내려온 것 중 예술적, 문화적 가치가 높은 것입니다. 또한 후손들에게 물려줄 만한 가치가 있는 것으로, 무형 문화유산과 유형 문화유산이 있습니다. 문화유산은 판매할 수 있는 물건이 아닙니다.

02 제시된 문화유산 중 유형 문화유산은 경주 첨성대와 경주 불국사 삼층 석탑입니다. 무형 문화유산은 강강술래와 강릉 단오제입니다.

03 제시된 자료에서 기록과 관련된 문화유산은 없습니다.

04 충청남도 지역은 백제라는 국가의 수도가 있던 곳으로, 제시된 자료의 설명을 통해 백제의 문화유산임을 알 수 있습니다.

05 향을 피우는데 사용된 문화유산은 백제 금동 대향로입니다.

06 제시된 자료는 경상북도 경주를 돌아보고 쓴 글입니다. 경주는 신라의 수도였습니다.

07 경주 지역에서 볼 수 있는 문화유산이 아닌 것은 창덕궁입니다. 창덕궁은 서울에 있는 조선의 궁궐입니다.

08 유네스코에 등재된 한국의 세계 기록 유산으로 한글이 어떻게 만들어졌는지 그 원리를 알 수 있는 문화유산은 『훈민정음 해례본』입니다.

09 우리 지역의 문화유산을 조사하는 방법에는 문화재청 누리집 검색하기, 도서관에서 문화유산 관련 책자 찾아보기 등이 있습니다.

10 문화유산이 만들어진 시대, 문화유산의 용도 및 특징 등을 알아보는 것은 조사 계획하기 중 조사하고 싶은 내용 파악하기에 해당합니다.

11 답사 계획서에 들어갈 내용으로 알맞은 것은 답사 목적 및 답사 방법입니다.

12 답사할 때 주의할 점으로 알맞지 않은 것은 학급 친구들끼리만 답사한다는 내용입니다. 답사는 반드시 보호자와 함께 해야 합니다.

13 불국사는 어느 지역에 있을까?, 불국사의 구조는 어떻게 생겼을까?, 사람들은 불국사에 와서 무엇을 했을까? 등은 답사하며 조사할 내용입니다.

14 이름을 불국사라고 지은 이유는 무엇일까? 등 답사하며 조사할 내용이 들어가야 합니다.

채점 기준

조사할 내용을 썼으면 정답으로 합니다.

15 불국사를 답사하기 전 미리 조사할 내용은 불국사의 특징, 불국사에 얽힌 이야기, 불국사가 만들어진 시대, 불국사라는 이름이 붙은 까닭 등입니다.

16 제시된 자료는 문화 관광 해설사를 만나 면담한 내용입니다.

17 문화 관광 해설사의 설명을 들으며 궁금한 점을 직접 질문할 수 있습니다.

18 문화유산 안내도를 통해 문화유산의 위치 및 분포 등을 한눈에 알 수 있습니다.

오답 피하기

역사적 인물 소개 포스터 등 역사 인물을 소개하는 다양한 자료를 통해 우리 지역 역사적 인물에 대해 자세히 알 수 있습니다.

19 문화재 지킴이는 문화유산 주변을 청소하고, 문화유산의 화재를 예방하며, 문화유산이 훼손되지 않도록 합니다. 또 문화유산을 널리 알리는 활동도 합니다. 문화유산의 가격을 정하는 활동은 문화재 지킴이의 활동 내용이 아닙니다.

20 우리 지역의 문화유산 소개 활동을 하며 우리 지역의 역사를 더 잘 알게 되고, 우리 지역의 문화유산을 소중히 여기는 마음을 가질 수 있습니다.

2단원 (2) 중단원 쪽지 시험

31쪽

01 역사적 인물 02 이순신 03 책(문헌, 백과사전) 04 인터넷 05 현장 체험(답사) 06 업적(한 일) 07 인물 소개 포스터 08 역할극 09 느낀 점 10 자부심(자긍심)

32~35쪽

중단원 확인 평가 2 (2) 우리 지역의 역사적 인물

01 ② 02 생각 그물(주제망, 조사 내용 그물) 03 ④ 04 ④ 05 ⑤ 06 ③ 07 ⑤ 08 ㉠ 자료의 출처를 밝힌다. 답사할 때는 안전하게 이동한다. 등 09 ⑤ 10 ① 11 ③ 12 ⑤ 13 ③ 14 시간의 흐름에 따라 정리하기 15 ④ 16 ⑤ 17 역할극 공연하기(역할극) 18 ①, ② 19 ① 20 ①, ③

01 이순신, 유관순, 장영실, 김만덕 등 우리 조상 중 나라를 지키고 발전시키는 등 역사 속에서 훌륭한 업적을 남긴 인물이나 사회에 영향을 미친 인물을 역사적 인물이라고 합니다. ② 동화에 나오는 흥부같이 만들어진 인물은 역사적 인물이 아닙니다.

02 제시된 자료는 정약용의 업적과 그가 살았던 시대 등을 생각 그물로 나타난 것입니다.

03 정약용은 수원 화성 건설에 이용된 거중기를 만들었습니다.

오답 피하기

④ 자격루는 장영실이 발명한 기구입니다.

04 오만 원권 지폐 속 인물인 신사임당은 풀과 곤충을 그린 「초충도」 등 뛰어난 예술 작품을 남겼습니다.

05 만 원권 지폐 속 인물인 세종 대왕은 한글이 만들어진 원리를 알 수 있는 책인 『훈민정음 해례본』을 남겼습니다.

06 제시된 내용은 조사할 내용에 해당합니다.

07 역사적 인물에 대한 조사 방법으로는 인터넷으로 검색하기, 역사적 인물에 대한 책 읽기, 역사적 인물에 관한 기록 찾아보기, 역사적 인물과 관련된 장소 답사하기 등이 있습니다.

08 역사적 인물을 조사할 때는 자료의 출처를 밝히고, 답사할 때는 안전하게 이동해야 합니다.

채점 기준

출처를 밝히거나 믿을만한 자료인지 확인한다 등의 내용으로 썼으면 정답으로 합니다.

09 제시된 자료는 역사적 인물과 관련된 장소인 전시관을 답사하는 모습입니다.

10 도서관에서 위인전 등 역사적 인물과 관련된 책을 읽으며 역사적 인물의 일생을 알 수 있습니다.

11 미리 작성한 질문 내용을 문화 관광 해설사께 직접 여쭈어보고, 설명을 적거나 동영상을 촬영할 수도 있는 것은 현장 체험하며 조사하는 방법입니다.

12 역사적 인물의 업적을 과장해 소개한 소설은 사실과 다른 내용이 있을 수 있으므로 조사 보고서 내용으로 알맞지 않습니다.

13 정약용의 업적을 알 수 있는 실학 박물관이 세워진 것을 통해 역사적 인물은 다양한 형태로 기억되고 있음을 알 수 있습니다.

14 제시된 자료는 시간의 흐름에 따라 역사적 인물의 일생 및 업적 등을 정리한 것입니다.

15 시간의 흐름에 따라 정리된 자료를 통해 인물의 일생을 시간 순서대로 알 수 있습니다.

16 우리 지역 역사적 인물을 기억하고 기념하는 방법으로는 인물을 기념하는 우표 제작하기, 인물의 활동을 재현한 축제 열기, 인물을 주인공으로 한 연극 공연하기, 역사적 인물의 업적을 알 수 있는 공원 조성하기 등이 있습니다.

오답 피하기

역사적 인물이 살았던 지역의 경제 상황 발표는 역사적 인물을 기억하는 방법으로는 적절하지 않습니다.

17 때, 등장인물, 장면과 대사가 있는 것은 역할극을 위한 대본입니다.

18 역할극 대본에는 역사적 인물이 살았던 때, 역사적 인물과 관련된 인물 등이 나타나 있습니다.

19 이순신과 관련된 행사가 여러 지역에서 열리는 사실을 통해 역사적 인물은 여러 지역과 관련되어 있음을 알 수 있습니다.

20 우리 지역의 역사적 인물을 소개할 때 이루어지는 활동은 질문할 내용을 기록하고, 발표를 들으며 느낀 점 등을 이야기하는 것입니다.

36~39쪽

대단원 종합 평가 2. 우리가 알아보는 지역의 역사

01 문화유산(문화재) 02 ① 03 ⑤ 04 ④ 05 ② 06 ⑤ 07 ⑤ 08 ⑤ 09 ② 10 ⑤ 11 ② 12 ③ 13 ① 14 ② 15 ④ 16 ⑤ 17 ④ 18 ① 19 ③ 20 ①, ②

01 문화유산은 조상 대대로 전해 내려오는 것 중 다음 세대에 물려줄 만한 가치를 지닌 것입니다. 경주 불국사와 강강술래 등도 문화유산입니다.

02 예술 활동이나 기술처럼 일정한 형태가 없는 문화유산을 무형 문화유산이라고 합니다. 임실 필봉 농악, 강릉 단오제, 영산 줄다리기, 제주 해녀 문화 등은 모두 무형 문화유산입니다. ① 경주 첨성대는 유형 문화유산입니다.

03 유네스코 세계 유산에 등재된 한국의 문화유산은 수원 화성, 창덕궁, 종묘, 남한산성, 고창·화순·강화의 고인돌 유적 등입니다.

04 제시된 장면은 전시관을 관람하고 있는 모습입니다.

05 언제든지 필요한 정보를 얻고 사진, 영상 자료에 대해 빠르게 이해할 수 있는 장점을 가진 조사 방법은 인터넷으로 검색하기입니다.

06 문화유산은 언제 만들어졌을까?, 문화유산을 만든 이유는 무엇일까?, 사람들은 이 문화유산을 어떻게 이용했을까? 등은 답사하며 조사할 내용입니다.

07 답사할 때는 촬영이 가능한 곳에서만 촬영해야 합니다. 촬영이 제한된 곳에서는 촬영을 해서는 안 됩니다.

08 문화유산 이름, 우수성이나 특징, 가치를 소개하는 짧은 글과 사진이나 그림으로 구성되며, 문화유산을 체험할 수 있는 장소와 시간 등을 소개하는 것은 문화유산 안내 포스터입니다.

09 제시된 자료는 문화유산 안내도를 만드는 순서입니다. 문화유산 안내도는 문화유산의 위치, 분포 등을 알려 줍니다.

10 박물관에서 문화유산을 전시하기 위한 계획을 세우는 일은 박물관 관계자들이 하는 일입니다.

11 우리 지역의 역사적 인물은 우리 삶에 영향을 미치고 있습니다.

12 정약용이 제작한 거중기가 수원 화성 공사에 이용되었습니다.

13 이순신은 거북선을 만들어 임진왜란 때 일본군을 물리쳤습니다.

오답 피하기

② 중국에서 목화씨를 들여온 인물은 문익점입니다.
③ 조선 시대 대표적인 서예가로는 한석봉 등이 있습니다.
④ 장영실은 조선 세종 때의 인물로 자격루, 앙부일구 등 다양한 과학 기구를 발명하였습니다.
⑤ 일본에 나라를 빼앗겼을 때 독립 만세 운동을 벌인 대표적인 인물은 유관순입니다.

14 제시된 경상남도 지역의 역사적 인물 안내도에는 독립 운동과 관련된 인물은 없습니다.

15 지도를 통해 경상남도 산청군이 목화씨를 들여온 문익점과 관련된 지역임을 알 수 있습니다. 문익점을 기념하기 위해 경상남도 산청군에서는 산청 목화 축제가 열립니다.

오답 피하기

홍길동 축제는 전라남도 장성군, 정약용 문화제는 경기도 남양주시, 아우내 봉화 축제는 충청남도 천안시에서 열립니다.

16 역사적 인물을 소개할 때에는 사실에 기초하여 조사한 자료를 바탕으로 소개합니다. 드라마는 흥미를 위해 과장하거나 허구를 넣을 수 있습니다.

17 홍보 계획을 세울 때 홍보로 얻게 되는 것이 무엇인지를 생각할 필요는 없습니다.

18 제시된 자료는 아나운서가 역사학자와 대화를 나누며 뉴스를 진행하는 모습입니다. 이와 같이 역사적 인물을 소개하려면 뉴스 대본을 미리 준비해야 합니다.

19 제시된 소개 방법은 노래 가사 바꾸어 부르기입니다.

20 우리 지역의 문화유산과 역사적 인물에 대해 배우게 되면 우리 지역의 역사를 더 잘 알게 되고, 우리 지역에 대한 자부심이 생길 것입니다.

2단원 서술형 평가 40~41쪽

01 문화유산 안내도 02 예 문화유산의 위치, 분포 등을 한 눈에 알 수 있다. 03 예 강릉 오죽헌, 형태가 있는 문화유산이다. 등 04 예 문화유산을 직접 눈으로 생생하게 볼 수 있다. 등 05 예 문화유산을 스스로 보호하기 위해서이다. 등 06 예 우리 역사 속 인물로 다양한 업적을 남긴 사람들이다. 등 07 예 유관순은 일제 강점기 때 만세 운동을 벌이며 독립을 위해 노력한 인물이다. 등 08 예 어린 시절, 살았던 때, 업적, 관련 장소 등을 조사한다. 09 예 우리 지역의 역사적 인물에 대해 한눈에 알 수 있다. 등 10 예 궁금한 점이 있으면 질문한다. / 중요한 내용은 기록하며 듣는다. / 발표를 들으며 느낀 점을 이야기한다. 등

01 제시된 자료는 강원특별자치도 지역의 문화유산 안내도입니다.

02 문화유산 안내도는 문화유산의 위치, 분포 등을 알 수 있는 자료입니다.

채점 기준

문화유산 안내도의 특징이나 장점을 서술했으면 정답으로 합니다.

03 제시된 문화유산 안내도에서 강릉 오죽헌, 양양 오산리 유적, 평창 월정사 팔각 구층 석탑은 유형 문화유산이며, 유형 문화유산은 형태가 있는 문화유산입니다.

채점 기준

여러 유형 문화유산 중 한 가지를 쓰고, 유형 문화유산의 특징을 서술했으면 정답으로 합니다.

04 제시된 장면은 문화유산을 답사하는 모습입니다. 답사를 하면 문화유산을 직접 생생하게 볼 수 있습니다.

채점 기준

답사의 특징이나 장점을 서술했으면 정답으로 합니다.

05 문화재 지킴이는 문화유산을 스스로 보호하기 위한 다양한 활동을 벌이고 있습니다.

채점 기준

문화재 지킴이 활동을 하는 이유를 썼으면 정답으로 합니다.

06 문익점, 정약용, 김만덕, 신사임당, 유관순 등은 역사적 인물입니다.

채점 기준

우리 역사 속 인물이라는 내용으로 서술했으면 정답으로 합니다.

07 유관순은 일본에게 나라를 빼앗겼을 때 독립을 위해 만세 운동을 벌였고, 정약용은 조선 시대 학자로 다양한 분야의 책을 남겼고, 거중기를 만들어 수원 화성 건설에 이용하였습니다. 문익점은 중국에서 목화씨를 들여와 재배하여 사람들이 따뜻한 옷을 만들어 입을 수 있게 되었으며, 김만덕은 장사로 큰돈을 벌어 자연재해로 굶주림에 시달리는 제주도 사람들에게 곡식을 나눠주었습니다. 신사임당은 풀과 곤충을 주제로 한 그림을 그렸습니다.

채점 기준

제시된 역사적 인물 중 한 명을 골라 그의 업적을 썼으면 정답으로 합니다.

08 역사적 인물에 대해 조사할 때는 인물의 어린 시절, 살았던 때, 업적, 관련 장소 등을 조사합니다.

채점 기준

역사적 인물에 대해 조사할 내용을 서술하였으면 정답으로 합니다.

09 역사적 인물을 소개하는 포스터를 보면 역사적 인물에 대해 한눈에 알 수 있습니다.

채점 기준

인물 소개 포스터의 장점에 대해 썼으면 정답으로 합니다.

10 우리 지역의 역사적 인물을 소개하는 발표를 들을 때에는 궁금한 점이 있으면 질문하고, 중요한 내용은 기록하며 듣습니다. 또 발표를 들으며 느낀 점을 이야기합니다.

채점 기준

우리 지역의 역사적 인물을 소개하는 발표를 들을 때의 자세나 해야 할 활동에 대해 썼으면 정답으로 합니다.

3단원 (1) 중단원 쪽지 시험

45쪽

01 국가 02 행정 복지 센터 03 소방서 04 우체국 05 보건소 06 경찰서 07 시 · 도청 08 편리 09 방법 10 견학

46~49쪽

중단원 확인 평가 3 (1) 우리 지역의 공공 기관

01 ⑤ 02 ㈐ 03 행정 복지 센터 04 ④ 05 ③ 06 ① 07 ② 08 ① 09 예 주민들이 안전하고 편리한 생활을 할 수 있도록 한다. 10 ② 11 ② 12 ④ 13 교육청 14 ⑤ 15 ① 16 ④ 17 ① 18 ② 19 ③ 20 예 조사 일시, 조사 장소, 조사 방법, 알게 된 점, 느낀 점 등

01 공공 기관은 주민 전체의 이익과 생활의 편의를 위해 국가가 세우거나 관리하는 곳입니다.

02 백화점은 기업이 재산상의 이익을 위해서 설립한 곳이므로 공공 기관이 아닙니다.

03 행정 복지 센터는 주민 등록증 발급, 전입 신고 등 다양한 분야에서 주민들의 생활을 돕습니다.

04 보건소는 감염병과 질병을 예방하고 치료하려고 노력하며 예방 접종을 해 줍니다.

오답 피하기

① 시청에서는 여러 시설을 관리하며 좋은 환경을 만들려고 노력합니다.
② 우체국에서는 우편 업무와 은행 업무도 같이 합니다.
③ 경찰서에서는 지역의 안전을 책임지며, 질서를 유지합니다.
⑤ 교육청에서는 학생들의 교육과 관련된 일을 합니다.

05 우체국은 우편, 택배, 은행 업무를 합니다.

06 시청에서는 여러 시설을 관리하며 좋은 환경을 만들려고 노력합니다.

07 공공 기관은 개인이나 기업이 재산상의 이익을 위해서 설립한 곳이 아니라 국가에서 설립하여 관리하는 곳이어야 합니다.

오답 피하기

① 공공 기관은 개인이나 기업이 세운 곳이 아닙니다.
③ 공공 기관은 상업이 발달하지 않은 곳에도 있습니다.
④ 기업의 이익을 위해 상품을 판매하는 곳은 백화점, 대형 할인점 등입니다.
⑤ 공공 기관은 문화생활을 즐기기 위해 모이는 곳이 아닙니다.

08 도서관은 지역 주민에게 책을 읽을 공간을 제공하고 책을 빌려줍니다.

09 공공 기관은 우리 지역의 여러 사람들을 위해 일을 하는 곳이기 때문에 공공 기관이 없다면 지역에 여러 가지 문제가 생기거나 주민들의 생활이 불편해질 수 있습니다.

채점 기준

공공 기관이 지역 주민들을 위해 일을 한다는 내용이 들어가면 정답으로 합니다.

10 지역의 안전을 책임지고 질서를 유지하는 공공 기관은 경찰서입니다.

11 시 · 도청에서는 주민들의 요구 사항을 알아보고 지원합니다. 그리고 여러 시설을 관리하며 좋은 환경을 만들려고 노력합니다.

오답 피하기

① 법에 따라 공정한 판결을 내리는 공공 기관은 법원입니다.
③ 책을 읽고 공부하는 공간을 제공하는 공공 기관은 도서관입니다.
④ 화재를 예방하고 응급 환자를 구조하는 공공 기관은 소방서입니다.
⑤ 감염병을 예방하고 치료하려고 노력하는 공공 기관은 보건소입니다.

12 소방서에서는 불이 났을 때 불을 끕니다.

13 교육청에서는 학생들의 교육과 관련된 일을 합니다.

14 국립 박물관은 많은 역사적 유물, 예술품을 수집하여 보관하고 전시합니다.

15 경찰서는 학교에 학교 전담 경찰관을 보내 학교 폭력 예방 교육을 합니다.

16 공공 기관을 조사하는 방법에는 공공 기관 누리집 방

문, 공공 기관 견학, 공공 기관을 이용한 주민 면담, 공공 기관에 대한 신문이나 방송 보기 등이 있습니다.

17 직접 찾아가서 필요한 정보를 얻는 방법은 견학입니다.

18 견학을 다녀온 후 견학한 내용을 바탕으로 견학 보고서를 작성합니다.

19 소방서는 화재를 예방하고 응급 환자를 구조합니다.

20 공공 기관 조사 보고서에는 조사 주제, 조사 일시, 조사 방법, 알게 된 점, 느낀 점, 더 알고 싶은 점이 들어갑니다.

채점 기준

공공 기관 조사 보고서에 들어가야 할 내용을 두 가지 이상 썼으면 정답으로 합니다.

3단원 (2) 중단원 쪽지 시험

51쪽

01 지역 문제 02 소음 문제 03 시설 부족 문제 04 환경 문제(쓰레기 무단 투기 문제) 05 주민 참여 06 서명 운동 07 시민 단체 08 누리집 09 원인 10 다수결

52~55쪽

중단원 확인 평가 3 (2) 지역 문제와 주민 참여

01 ④ 02 ⑤ 03 ③ 04 환경 문제 05 ④ 06 주원 07 ② 08 예 지역 문제는 주민들에게 영향을 미치기 때문에 등 09 ⑤ 10 ③ 11 ① 12 ③ 13 예 지역 신문이나 뉴스 살펴보기, 시·도청 누리집 방문, 지역 주민 면담 등 14 ⑤ 15 ① 16 ⑤ 17 ③ 18 다수결의 원칙 19 ⑤ 20 예 지역의 일에 관심을 가지고 함께 참여하여 해결하려는 태도를 가진다. 등

01 지역 문제는 지역 주민의 삶을 불편하게 하거나 지역 주민들 사이에 갈등을 일으키는 문제입니다.

02 지역 문제에는 교통 문제, 소음 문제, 환경 문제, 시설 부족 문제, 안전 문제 등이 있습니다.

03 도로나 인도 주변의 울타리가 훼손되거나 환풍구 덮개가 열려 있어서 위험한 경우는 안전 문제에 해당됩니다.

04 대기 오염, 하천 오염 등은 환경 문제에 해당합니다.

05 소음은 시끄러운 소리로 생활에 불편을 줍니다.

오답 피하기

① 매연으로 공기가 오염되어 눈이 아픈 것은 환경 문제입니다.
② 지어진 지 오래된 주택이 많아 위험한 것은 주택 문제입니다.
③ 도서관이 없어 멀리 나가야 해서 불편한 것은 시설 부족 문제입니다.
⑤ 쓰레기가 제대로 버려지지 않고 쌓여 있어 보기 안 좋은 것은 쓰레기 무단 투기 문제입니다.

06 지역 문제는 지역의 환경에 따라 다르게 나타납니다.

오답 피하기

지역마다 겪는 문제는 같지 않으며, 주민들의 생활에 많은 영향을 미칩니다.

07 주민 참여는 지역 문제를 해결하는 과정에서 지역 주민이 중심이 되어 참여하는 것입니다.

08 지역 문제를 해결하는 과정에 주민들의 참여가 중요한 이유는 지역 문제가 그 지역의 주민들이 가장 잘 아는 문제이며, 지역의 모든 주민에게 영향을 미치기 때문입니다. 또한 주민들의 의견을 정책에 반영하기 위해서 주민들이 직접 참여하기도 합니다. 그리고 시·도청에서 일을 제대로 하는지 살펴보기 위하여 주민들의 참여가 필요합니다.

채점 기준

지역 문제 해결에 주민 참여가 중요한 이유를 한 가지 이상 썼으면 정답으로 합니다.

09 주민 참여 방법에는 공청회 참여, 주민 회의 참여, 주민 투표, 시·도청 누리집에 의견 올리기, 서명 운동하기, 시민 단체 활동하기 등이 있습니다.

10 시민 단체는 시민들이 스스로 모여 사회 전체의 이익을 위해 활동하는 단체입니다. 환경, 경제, 교육, 정치, 문화, 청소년 문제 등 다양한 분야에서 활동합니다.

오답 피하기

① 공청회는 정책을 결정하기 전에 다양한 의견을 듣는 공개 회의입니다.
② 주민 회의는 지역의 일을 결정하기 전에 주민들의 의견을

나누는 회의입니다.
④ 공공 기관은 개인의 이익이 아닌 주민 전체의 이익과 생활의 편의를 위해 국가에서 세우거나 관리하는 곳입니다.
⑤ 캠페인 활동은 사회 · 정치적 목적을 위하여 조직적이고도 지속적으로 행하는 운동입니다.

11 공청회는 정책을 결정하기 전에 전문가, 주민 등 다양한 사람들이 모여 의견을 나누는 공개적인 회의입니다.

12 서명 운동은 지역 문제에 뜻을 같이하는 사람들의 서명을 받는 운동에 참여하는 것입니다.

13 지역에서 발생하는 여러 가지 문제를 확인할 수 있는 방법에는 평소 우리 지역의 문제에 관심 갖기, 시 · 도청 누리집 방문, 지역 신문이나 뉴스 살펴보기, 지역 주민과 면담하기 등이 있습니다.

채점 기준

지역 문제를 알아보는 방법을 한 가지 이상 썼으면 정답으로 합니다.

14 지역 문제를 확인한 뒤에는 왜 그러한 문제가 발생했는지 원인을 파악할 수 있는 자료를 수집합니다.

15 쓰레기 무단 투기 문제를 해결하기 위해 쓰레기통 개수를 늘리는 방법을 생각해 볼 수 있습니다.

16 다양한 해결 방안이 제시되면 각 해결 방안의 장단점과 필요한 비용 등을 비교해 가장 적절한 방안을 선택합니다.

17 지역 문제를 해결하려면 여러 가지 의견을 모으는 과정이 필요합니다. 이를 위해서는 시간을 두고 대화와 타협으로 의견을 조정해야 합니다.

18 다수결의 원칙은 어떤 일에 대해 많은 사람의 의견에 따라 결정하는 것입니다.

19 지역 문제를 해결하기 위한 방안을 실천하는 것입니다.

20 우리 지역을 잘 알고 있는 지역 주민이 지역 문제 해결에 앞장서는 태도를 가져야 합니다.

채점 기준

지역 주민이 지역 문제 해결에 앞장선다는 내용이 들어가면 정답으로 합니다.

56~59쪽

대단원 종합 평가 3. 지역의 공공 기관과 주민 참여

01 ② 02 ⑤ 03 ③ 04 ⑤ 05 ② 06 ① 07 ② 08 ⑤ 09 ② 10 ① 11 ⑤ 12 ① 13 ⑤ 14 ① 15 ① 16 ④ 17 ⑤ 18 ⑤ 19 ④ 20 ④

01 시장은 개인이나 기업이 재산상의 이익을 위해 설립한 곳이므로 공공 기관이 아닙니다.

02 소방서에서는 불이 났을 때 불을 끄며, 위험에 빠진 사람을 구조합니다.

오답 피하기

① 우편 업무를 하는 공공 기관은 우체국입니다.
② 여러 시설을 관리하는 공공 기관은 시 · 도청입니다.
③ 지역의 안전을 책임지는 공공 기관은 경찰서입니다.
④ 책을 읽는 공간을 제공하는 공공 기관은 도서관입니다.

03 경찰서에서는 지역의 안전을 책임지고 질서를 유지합니다.

오답 피하기

① 여러 시설을 관리하는 일을 하는 공공 기관은 시 · 도청입니다.
② 많은 예술품을 전시하는 일을 하는 공공 기관은 박물관입니다.
④ 불이 났을 때 불을 끄는 일을 하는 공공 기관은 소방서입니다.
⑤ 감염병과 질병을 예방하는 일을 하는 공공 기관은 보건소입니다.

04 행정 복지 센터는 주민 등록증 발급, 전입 신고 등 다양한 분야에서 주민들의 생활을 돕습니다.

05 보건소에서는 감염병과 질병을 예방하고 치료하려고 노력합니다. 그리고 예방 접종을 해 줍니다.

06 도서관이 없다면 책을 빌리기 힘듭니다.

07 우체국에서는 우편 업무와 은행 업무를 합니다.

오답 피하기

①, ⑤ 예방 접종을 하는 모습, 건강과 관련된 검사를 하는 모습을 볼 수 있는 공공 기관은 보건소입니다.
③ 안전 체험 활동을 하는 모습을 볼 수 있는 공공 기관은 소방서입니다.

④ 읽고 싶은 책을 빌리는 모습을 볼 수 있는 공공 기관은 도서관입니다.

08 공공 기관은 지역 주민들이 안전하고 편리한 생활을 할 수 있게 도와주며 여러 가지 어려운 일을 하기 때문에 필요합니다.

09 견학은 직접 찾아가서 필요한 정보를 얻는 방법입니다.

10 경찰서에서는 지역의 안전을 책임지고 질서를 유지합니다.

11 소음 문제, 쓰레기 무단 투기 문제는 지역 문제입니다.

12 하천이 오염되어 물고기들이 살기 힘들거나 주변에 공장이 있어 대기 오염이 심각한 것은 환경 문제입니다.

13 고속버스 터미널이나 도서관이 없어서 멀리 나가야 하기 때문에 불편한 것은 시설 부족 문제입니다.

14 지역 문제를 해결하는 과정에 주민들의 참여가 중요한 이유는 지역 문제가 그 지역의 주민들이 가장 잘 아는 문제이며, 지역의 모든 주민에게 영향을 미치기 때문입니다. 또한 주민들의 의견을 정책에 반영하기 위해서 주민들이 직접 참여하기도 합니다. 그리고 시·도청에서 일을 제대로 하는지 살펴보기 위하여 주민들의 참여가 필요합니다.

15 공청회는 정책을 결정하기 전에 전문가, 주민 등 다양한 사람들이 모여 의견을 나누는 공개적인 회의입니다.

16 시민 단체는 시민들이 스스로 모여 사회 전체의 이익을 위해 활동하는 단체입니다. 환경, 경제, 교육, 정치, 문화, 청소년 문제 등 다양한 분야에서 활동합니다.

17 지역에서 발생하는 여러 가지 문제를 확인할 수 있는 방법에는 평소 우리 지역의 문제에 관심 갖기, 시 · 도청 누리집 방문, 지역 신문이나 뉴스 살펴보기, 지역 주민과 면담하기 등이 있습니다.

18 다양한 해결 방안이 제시되면 각 해결 방안의 장단점과 필요한 비용 등을 비교해 가장 적절한 방안을 선택합니다.

19 지역 문제를 해결하기 위해 여러 가지 의견을 하나로 모으는 방법에는 충분히 대화하고 타협하기, 다수결의 원칙 따르기, 소수의 의견 존중하기 등이 있습니다.

20 우리 지역을 잘 알고 있는 지역 주민이 지역 문제 해결에 앞장서는 태도를 가져야 합니다.

3단원 서술형 평가

60~61쪽

01 경찰서, 시청, 우체국, 행정 복지 센터, 교육청 02 예 개인의 이익이 아닌 주민 전체의 이익과 생활의 편의를 위해 국가가 세우거나 관리하는 곳이기 때문이다. 등 03 해설 참조 04 예 주민들이 안전하고 편리한 생활을 할 수 있도록 한다. 등 05 (1) 지역 문제 (2) 주차 문제(교통 문제) 06 예 평소 우리 지역의 문제에 관심 갖기, 시 · 도청 누리집 방문하기, 지역 신문 살펴보기, 지역 주민과 면담하기 07 (1) 주민 참여 (2) 주민 투표 08 예 지역의 문제는 지역의 모든 주민에게 영향을 미치기 때문이다. 등

01 경찰서, 시청, 우체국, 행정 복지 센터, 교육청은 공공 기관입니다.

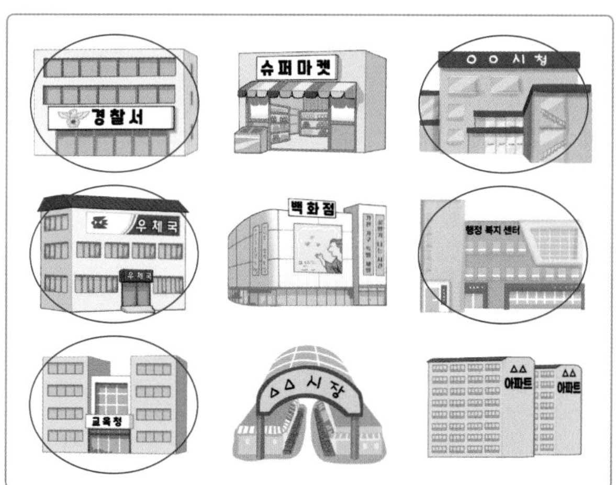

02 공공 기관은 개인이나 기업이 재산상의 이익을 위해 설립한 곳이 아니라 국가에서 설립하여 관리하는 곳이어야 합니다.

채점 기준

공공 기관은 주민 전체의 이익을 위해 일을 하며 국가에서 세우거나 관리한다는 내용이 들어가면 정답으로 합니다.

03

공공 기관	하는 일
경찰서	지역의 안전을 책임지며 질서를 유지한다.
시청	주민들의 요구 사항을 알아보고 지원한다. 또한 여러 시설을 관리하며 좋은 환경을 만들려고 노력한다.
우체국	우편 업무와 은행 업무를 한다.
행정 복지 센터	다양한 분야에서 주민들의 생활을 돕는다.
교육청	학생들의 교육과 관련된 일을 한다.

채점 기준

공공 기관에서 하는 일을 알맞게 썼으면 정답으로 합니다.

04 공공 기관은 우리 지역의 여러 사람들을 위해 일을 하는 곳이기 때문에 공공 기관이 없다면 지역에 여러 가지 문제가 생기거나 주민들의 생활이 불편해질 수 있습니다.

채점 기준

공공 기관이 지역 주민들을 위해 일을 한다는 내용이 들어가면 정답으로 합니다.

05 지역 주민의 삶을 불편하게 하거나 지역 주민들 사이에 갈등을 일으키는 문제를 지역 문제라고 합니다.

06 지역에서 발생하는 여러 가지 문제를 확인할 수 있는 방법에는 평소 우리 지역의 문제에 관심 갖기, 시 · 도청 누리집 방문, 지역 신문이나 뉴스 살펴보기, 지역 주민과 면담하기 등이 있습니다.

채점 기준

지역 문제를 확인하는 방법을 두 가지 썼으면 정답으로 합니다.

07 주민 참여는 지역 문제를 해결하는 과정에서 지역 주민이 중심이 되어 참여하는 것입니다.

08 지역 문제를 해결하는 과정에 주민들의 참여가 중요한 이유는 지역의 문제는 지역의 모든 주민에게 영향을 미치기 때문입니다. 지역 문제는 그 지역에 사는 주민들이 가장 잘 알기 때문입니다. 주민들의 의견을 정책에 반영하기 위해서입니다. 시·도청에서 일을 제대로 하는지 살펴봐야 하기 때문입니다.

채점 기준

지역 문제 해결에 주민들이 참여해야 하는 이유를 한 가지 이상 썼으면 정답으로 합니다.

〈인용 사진 출처〉

MEMO

MEMO

MEMO

MEMO